THE SMARTEST KIDS IN THE WORLD
AND HOW THEY GOT THAT WAY

世界上最聪明的孩子们

[美] 阿曼达·里普利 著

王少博 译

图书在版编目（CIP）数据

世界上最聪明的孩子们 /（美）里普利著；王少博译. —北京：中信出版社，2015.2（2022.5 重印）
书名原文：The smartest kids in the world
ISBN 978-7-5086-4116-4

I.①世… II.①里…②王… III.①基础教育—教育工作—研究—国外 IV.① G639.1

中国版本图书馆 CIP 数据核字（2015）第 011499 号

THE SMARTEST KIDS IN THE WORLD by Amanda Ripley
Original English language edition copyright © 2013 by Amanda Ripley
Published by arrangement with the original publisher Simon & Schuster, Inc.
Simplified Chinese translation copyright © 2022 by CITIC Press Corporation
ALL RIGHTS RESERVED
本书仅限中国大陆地区发行销售

世界上最聪明的孩子们

著者：　　[美]阿曼达·里普利
译者：　　王少博
出版发行：中信出版集团股份有限公司
　　　　　（北京市朝阳区惠新东街甲 4 号富盛大厦 2 座　邮编　100029）
承印者：　北京通州皇家印刷厂

开本：787mm×1092mm　1/16　　印张：19　　字数：229 千字
版次：2015 年 2 月第 1 版　　　　印次：2022 年 5 月第 6 次印刷
京权图字：01-2013-8895　　　　　书号：ISBN 978-7-5086-4116-4
定价：68.00 元

版权所有·侵权必究
如有印刷、装订问题，本公司负责调换。
服务热线：400-600-8099
投稿邮箱：author@citicpub.com

CONTENTS 目录

主要人物　　　V

开篇："学习机器"的秘密　　　001

为什么有的孩子能学到那么多知识，有的孩子学到的东西却少得可怜？

第一部分　秋

第 1 章　寻找最好教育的旅程　　　013

PISA 无法向我们解释，为何芬兰、韩国、波兰的孩子如此聪明，也无法向我们揭示，与美国孩子相比，那些国家的孩子每天的生活是如何度过的。孩子们的人生机遇与任何考试都衡量不了的某些因素息息相关。韩国孩子是被动去学还是顺其自然地取得了成功呢？芬兰学生的个性、品质和他们在数学测试上的表现一样杰出吗？

第 2 章　学术能力评估测试带来的改变　　　027

孩子对大人态度的感知能力很强，如果他们知道大人不重视某件事情，那么相应地，他们也就不会在这件事上多做努力。

第 3 章　韩国的隐形教育系统——校外辅导　　049

南山高中似乎旨在通过简朴的教室和残酷的成绩分级来告诫学生：他们的前途并不取决于他们的体育比赛得分、自尊心或者在社交媒体上的活跃度，而在于他们有多么努力地掌握严谨的学术知识。

教育就像韩国反贫困计划中的一支疫苗，它会让家庭背景对孩子人生发展的影响越来越小。

第 4 章　为什么美国学生不擅长数学？　　071

长期以来，美国孩子所学的知识都是随机决定的，而数学是层次分明的学科，只有掌握了基础知识，才能学会更高层次的内容。学生在人生起步阶段的代数课程影响深远，它甚至关系到学生在高中是继续学习微积分还是彻底放弃学习数学。

第二部分　冬

第 5 章　芬兰教育为什么成功？　　085

芬兰的领导层一致认为，教育是使国家摆脱落后的唯一方法，而认真对待教育的唯一办法就是选拔高学历的教师，从每一代年轻人中选择最优秀的那一小部分并加以严格训练。随着更高的选拔标准和更严格的教师培训日见成效，芬兰自上而下的"不让一个孩子掉队"式的指令变得多余，更成了一个负担，因为这种做法反而会阻止教师和学校变得更优秀。

第6章　为什么韩国学生都拼命学习？　　109

　　家庭在孩子的教育中参与度越高，孩子便越可能有更高的排名、更可喜的考试成绩、更得体的行为举止以及更好的考勤记录。学校和家长有多种途径来激发学生的内驱力，比如通过更明智、更有意义、更能对学生的学习产生真正效果的考试，通过慷慨给予学生自主安排学习的权利，通过由接受过最好教育的老师完成更高质量、更具挑战性的教学工作等。

　　但是，所有这些策略都与学生秉承的刻苦努力的信念密不可分。

第7章　波兰教育提升的秘密——延迟分流　　129

　　从直觉来看，分流是合理的。如果一个班所有的孩子都处在同一水平，那么课堂运转将会更高效。但现实的情况是，人们对"下游"孩子的期望值本身就不高。从数据上说，无论何时分流，都会造成孩子们学习积极性的下降，或者加剧学生之间教育不平等的状况。一旦孩子们像被贴上标签一样，被分到更低的分流层中，他们的学习就会随之懈怠。

第三部分　春

第8章　在芬兰，生活与教育是可以共存的　　159

　　芬兰似乎找到了可调解学生压力的教学方法，不会强迫数百万学生每天学习15—18小时。既然芬兰人在教学质量、自主性和公平性上已经取得了长足的进步，这就意味着老师们不必对学生施加过大的压力。

第 9 章　年薪 400 万美元的老师　　181

自由市场的激励机制很有效，至少在学生看来如此。教师对待学生更像是对待自己的客户。韩国补习机构的成功能够证明美国的特许学校模式也会蓬勃发展吗？教育市场化的竞争诚然带来了利润，也让学生和家长们的需求得到了一定程度的满足，但是孩子们真的从辅导学院学到了更多知识吗？

第 10 章　严格教育的力量　　193

在芬兰、韩国和波兰，几乎都存在一个共识，那就是为了获得成功，孩子们都应该学会更深入地思考。在任何情况下，这种共识的形成都源于民族危机感：要想发展经济、振兴国家，仅有美好的愿景是不行的。于是，大家逐渐对凡事应该付出艰苦努力产生了共识，并随之改变了一切。

后记　　215
附录 A　如何发现世界一流的学校　　221
附录 B　AFS 国际文化交流组织学生体验调查　　233
注释　　255

主要人物

德 国

安德烈亚斯·施莱歇尔（Andreas Schleicher）

发达国家的智库之一——经济合作与发展组织（OECD，以下简称经合组织）的德国科学家。他帮助创建了国际学生评估项目（Program for International Student Assessment，以下简称PISA），这一测试旨在评估全世界15岁的孩子对参与社会所需知识与技能的掌握情况。

托马斯·内维尔·波斯尔思韦特（Thomas Neville Postlethwaite）

英国科学家，是"世界各地的孩子所了解的知识"这一研究课题的开发者，也是安德烈亚斯·施莱歇尔的导师。

美 国

斯科特·贝瑟尔（Scott Bethel）

俄克拉何马州萨利索（Sallisaw）的一位橄榄球教练，也是金的数学老师。

马克·布兰查德（Mark Blanchard）

宾夕法尼亚州葛底斯堡（Gettysburg）某高中的校长。汤姆是该校的学生。

夏洛特（Charlotte）

金的母亲，俄克拉何马州萨利索某小学的教师。

斯科特·法默（Scott Farmer）

俄克拉何马州萨利索某学区的教育学监，负责监管学区内所有校长，金就读的学校在他所管辖的学区。

德博拉·吉斯特（Deborah Gist）

罗得岛州教育厅厅长。

埃利娜（Elina）

芬兰人，16岁时离开芬兰首都赫尔辛基，去美国密歇根州科隆（Colon）做一年交换生。

厄尼·马滕斯（Ernie Martens）

金在俄克拉何马州萨利索就读的高中的负责人。

威廉·泰勒（William Taylor）

华盛顿特区一所公立学校的数学老师。

韩　国

车炳哲（Cha Byoung-chul）
韩国首尔江南区教育办公室的一名负责人。

李载延（Lee Chae-yun）
在韩国首尔拥有5家分店的某家庭教育连锁机构老板。

埃里克（Eric）
美国交换生，18岁时离开明尼苏达州明尼通卡（Minnetonka），2010—2011学年在韩国釜山做交换生。

珍妮（Jenny）
曾在美国生活过的韩国学生，并在韩国釜山与埃里克成为好朋友。

李周浩（Lee Ju-ho）
韩国原教育科技部部长，拥有美国康奈尔大学经济学博士学位。

安德鲁·金（Andrew Kim）
因在韩国最大的在线培训机构，也是韩国最大的私人辅导学校之一的Megastudy执教而发迹的英语老师。

波 兰

米罗斯瓦夫·汉德克（Mirosław Handke）

化学家，曾于1997—2000年担任波兰教育部部长，其间他积极推进教育改革。

乌祖拉·斯堡卡（Urszula Spałka）

波兰弗罗茨瓦夫市某高中校长，汤姆为该校交换生。

汤姆（Tom）

美国交换生，17岁时离开宾夕法尼亚州葛底斯堡，2010—2011学年在波兰弗罗茨瓦夫市做交换生。

保拉·马歇尔（Paula Marshall）

百麦（Bama）公司驻美国俄克拉何马州、中国和波兰分公司的CEO。

芬 兰

金（Kim）

美国交换生，15岁时离开俄克拉何马州萨利索，2010—2011学年在芬兰皮耶塔尔萨里（Pietarsaari）做交换生。

蒂纳·斯塔拉（Tiina Stara）

金在芬兰皮耶塔尔萨里做交换生时的芬兰语老师。

苏珊（Susanne）

金在芬兰皮耶塔尔萨里第一个寄宿家庭的妈妈（金在她家寄宿了6个月）。

海基·沃里宁（Heikki Vuorinen）

蒂斯迪拉（Tiistilä）学校的老师。这所学校有三分之一的学生是移民。学校位于芬兰赫尔辛基附近的埃斯波（Espoo）。

开篇："学习机器"的秘密

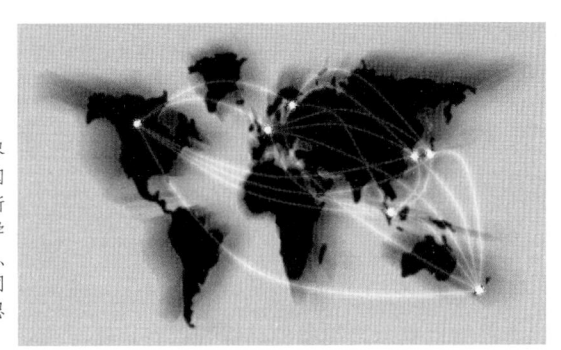

数据热图：世界上有一小部分国家，那里几乎所有的孩子都在学习数学、阅读、科学等学科的同时，发展批判性思维能力。

在我就职于《时代》及其他杂志社的大半职业生涯中，总是尽力回避有关教育的选题。如果编辑让我写一篇关于学校或考试的文章，我就提出有关恐怖主义、飞机失事或流感暴发之类的选题。这一招通常很管用。

虽然我没有明说，但教育类新闻听上去实在让人提不起劲。这些文章的标题往往采用板报字体，还会加上一些铅笔涂鸦。文章中满是无凭无据的美好愿望，引用的话大多出自成人之口，孩子只会出现在照片中，安静地微笑。

后来，编辑让我写一写华盛顿特区主管公立学校的一位颇具争议的新领导人——米歇尔·李（Michelle Rhee）。我对此人知之甚少，仅有的一点了解是她穿细高跟鞋，接受访问时常说"胡扯"这样的词。[1] 所以，我觉得这会是个好故事，尽管它会让我陷入教育的迷雾。

但是，在那层迷雾中，发生了意想不到的事情。我花了几个月去跟孩子、家长、老师，还有那些采用创新方式研究教育的人交流。很快，我就意识到李是个很有意思的人，但她还不是这里最大的谜团。

真正的谜团是：为什么有的孩子能学到那么多知识，有的孩子学到的东西却少得可怜？

突然之间，教育变成了一个充斥着各种数据的领域。从一个社区或教室到下一个社区或教室，对于哪些事情正在发生或哪些事情没能发生，我们比任何时候知道得都多，但这并不能说明什么。无论是富人社区还是穷人社区，白人社区还是黑人社区，公立学校还是私立学校，每到一处，我都会发现孩子们懂得的事情有多有少，这没什么意义。全国范围内的调查数据也显示出类似的高峰和低谷，就像翻转穿行、让人头晕目眩的过山车。出现这些高低起伏的部分原因在于我们通常所说的金钱、种族或民族因素。但这些并非全部，还有其他一些因素也在其中发挥作用。

在接下来的几年里，我又写了一些有关教育的文章，也一再遇到这个谜团。在华盛顿特区的肯勃小学里，我看见五年级的学生乞求（这样说一点也不夸张）他们的老师点名，让他们上台解答黑板上复杂的数学题。如果得出的答案正确，他们就会握紧拳头，轻轻地叫一声"太棒了"。事实上，在这个社区，几乎每周都会有一个人遭到杀害，社区人口的失业率也高达18%。[2]

而在其他地区的一些学校，我却看到了百无聊赖的小孩子，当像我一样的陌生人走进教室时，他们就会抬起头，看看我是否能弄出点新花样，好转移自己的注意力，让下一个钟头不再那么无聊。

有一段时间，我告诉自己，这就是我们在不同社区的学校之间，不同校长或不同老师所负责的课堂之间可能会看到的差别。在我看来，有的孩子只是运气好，因为大多数关键的差别都与金钱和特权有关。

然而，当某天看到下页这张图时，我还是感到震惊。

随着时间的推移，美国学生的测试结果基本上保持平稳，但那只是个例外。让我们看看芬兰吧，它从世界上垫底的落后国家一跃而升为世界第一，甚至都不需要过渡。它的邻国挪威尽管几乎没有贫困儿童，学生的测试结果却一步步滑向低谷。还有加拿大，以前的测试成绩平平，现在却渐趋上升到可与日本比肩。如果说教育只是文化的一部分，那么文化能出现如此剧烈且迅速的变化吗？

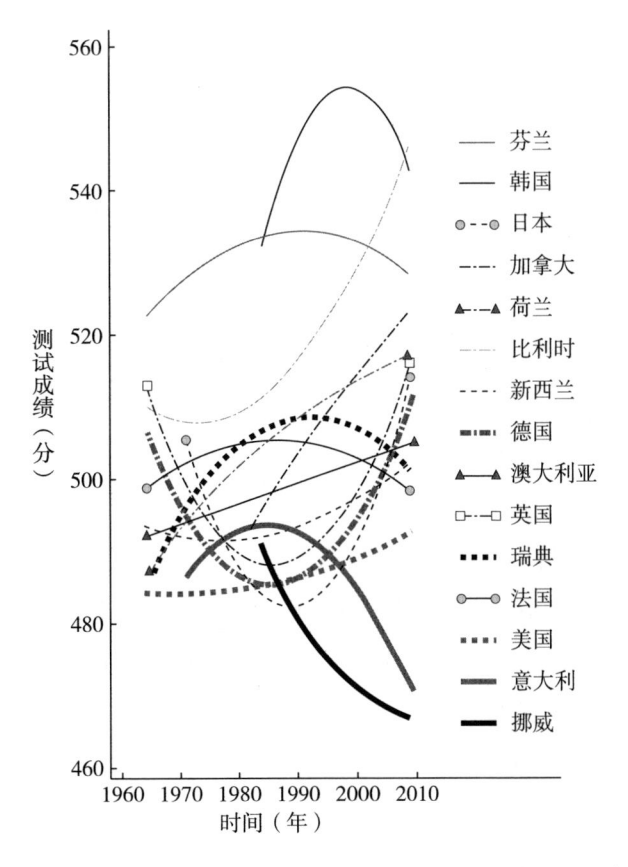

各国的变化：半个多世纪以来，不同国家针对本国的孩子进行了18次不同的测试。经济学家卢德格尔·沃斯曼因（Ludger Woessmann）和埃里克·哈努谢克（Eric Hanushek）根据这些测试的结果制作了一张图。结果表明，随着时间的推移，每个国家的教育水平都发生了非常显著的变化，有的国家变得更好，有的则更糟了。[3]

孩子的各项能力有时会在很短的时间内出现起落，全世界都一样，这种变化没有规律可循，但也让人满怀希望。在华盛顿特区，我发现的情况更有趣。绝大多数国家并没有设法让所有孩子，包括那些家境富裕的孩子接受高等教育。与大多数国家相比，美国的教育现状很有代表性，不太好也不太糟。但在少数几个情况大不相同的国家，出现了一些不可思议的现象。那里几乎所有孩子都在通过对数学、科学和阅读的学习来发展自己的批判性思维能力。他们不仅要牢记各种知识，还要培养解决问题和适应环境的能力。也就是说，他们所接受的是如何在现代社会中生存与发展的教育。

对这些做何解释呢？总体而言，与日本、新西兰和韩国的一般孩子相比，美国孩子的家境要更为优渥，但是在数学学习能力上，美国孩子却远不及另外三个国家的孩子。[4] 在美国，条件最为优越的孩子既有受过高等教育的父母，自身也在享誉世界的学校里接受教育。然而，与世界各地和他们同等条件的同龄人相比，他们的数学测试成绩仅排名第18位，得分远低于新西兰、比利时、法国和韩国等国家中与他们一样衣食无忧的孩子。[5] 而生活在比弗利山庄豪宅里的孩子，在数学测试上的表现还要低于平均水平，甚至比不上加拿大孩子的平均水平。美国大众认为的"好的教育"，实际上相当普通。[6]

起初，我告诫自己要把眼光放长远。我们的教育成果是否排名世界第一，这真的很重要吗？排名第10又如何？我们的小学生在国际测试中表现得很好，尤其在阅读方面。问题出现在数学和科学两门学科上，而且当孩子们长到十几岁以后，问题更加突出。美国十几岁的孩子在数学逻辑思维测试中的表现低于发达国家的平均水平，排名第26位，可那又如何？我们的青少年在国际测试中的成绩也曾多次处于平均水平或低于平均水平，这对我们的经济发展并没有产生多大影响，为什么在将来就会产生重大影响呢？

美国是个幅员辽阔的多元国家。虽然我们的 K-12[①]教育体系看起来没什么特别之处，但还有其他许多优势能让人眼前一亮，不是吗？我们拥有世界一流的研究型大学，而且我们会继续投入比其他任何国家都多的研发经费。[7] 与地球上其他大多数地方相比，在这里创业也容易得多。而且，美国一贯推崇勤奋工作、自给自足的价值观。

但是，当我作为一名记者到各地采访时，才发现这世界原来早已改变。[8] 高中毕业之前，我们的孩子在学校里度过的 2300 天比以往任何时候都重要。在俄克拉何马州，有一家专为麦当劳做苹果派的公司，他们的 CEO 告诉我，在经济衰退期间，很难雇到足够多的能够胜任现代化工厂工作的美国员工。那些只需要手工揉面团和人工把苹果派放到包装盒里的日子一去不复返了，工厂现在需要的是具备阅读能力、能够解决问题且善于沟通的员工，而在俄克拉何马州的高中和社区大学中，符合这些要求的毕业生数量根本不够。[9]

万宝盛华（Manpower）[②]的员工和办事处遍及全球 82 个国家和地区，它的负责人曾说过这样的话：无论在什么地方，销售岗位都最难找到合适的员工。以前，销售人员必须厚脸皮，还得会打高尔夫。然而，产品和金融市场在这些年里变得更为复杂，任何人（包括客户）都能获取到相关信息，人脉不再意味着一切。为了取得成功，销售人员必须对那些越来越精细和更加个性化的产品有细致的了解，就像它们的研发工程师一样。[10]

突然间，平庸的学术能力成了沉重的包袱。如果没有高中文凭，在纽约连一份清洁工的工作都找不到，也不能加入空军。然而，美国仍有四分之一的孩子从高中辍学，再也没有回到学校。

就在不久前，美国的高中毕业率还是世界第一。但截至 2009 年，已有大约 20 个国家的高中毕业率超过了美国。[11] 在知识取得了前所未有的重要地位的时代，为什么我们的孩子所掌握的知识都达不到他们应有的水

---

① K-12 指美国人从幼儿园到高中毕业所接受的基础教育。——译者注
② 万宝盛华集团为全球企业提供人力资源服务。——译者注

平呢？这些问题在多大程度上要归咎于一个国家的多样性、贫困或幅员广阔？我们的劣势主要在于政策、文化、政客或家长的失败吗？

我们告诉自己，至少美国在培养更具创造性的孩子，他们可能不擅长电气工程，却拥有据理力争、创造发明以及尝试一切的勇气。但是，如何证明我们的想法是对的？

"学习机器"的秘密

教育专家们曾不遗余力地解释不同国家的测试结果完全不同的原因。他们特意长途跋涉前往各个学校参观，也听取了政界人士和各学校校长的报告，并在返回之后将所有的收获制成PPT向大家展示。但他们得出的结论却抽象得令人抓狂。

以测试结果名列世界第一的芬兰为例，美国教育专家将芬兰描述得跟天堂一样美好。在那里，所有教师都得到了应有的尊重，孩子们也都受到爱护。他们坚信芬兰教育之所以如此出色，部分原因是芬兰的儿童贫困率很低，而美国的儿童贫困率相对较高。按照这种逻辑，如果我们不先消除贫困，教育问题将永远无法解决。

贫困给人们的感受非常直接。美国儿童贫困率在20%左右，这是我们国家不甚光彩的一面。这些贫困儿童，在他们本不该品尝苦痛的年纪承受了太多的艰辛。他们在家里几乎学不到什么知识，因此非常需要学校的帮助。

然而教育的谜题无法简单地通过消除贫困解决。如果贫困是问题的根源，那我们如何解释挪威的情况呢？高税收、全民医保，并拥有丰富的自然资源，这些使得挪威成为北欧的高福利国家之一。和芬兰一样，挪威的儿童贫困率不到6%，是全球儿童贫困率最低的国家之一。挪威在教育方面的资金投入与美国不相上下，也就是说，与其他国家相比，挪威在教育上投入的资金非常多。然而，在2009年的科学素养国际测试中，挪威的孩子却和美国孩子一样表现平平。这说明挪威的教育也出了问题，而且问题的根源并不是贫困。[12]

与此同时，芬兰人就他们在教育上取得的成就给出了模糊的解释。芬兰人告诉我，几百年来，他们一直非常重视教育，这就是答案。但是，为什么在20世纪50年代，芬兰只有10%的孩子完成了高中学业？为什么在20世纪60年代，芬兰农村的孩子和城市的孩子认知与学习能力的差距如此巨大？这反映出芬兰人在那些年代对于教育的热情非常不均衡，到底是怎么回事呢？

另一方面，美国前总统奥巴马和他任命的教育部长都表示非常羡慕韩国的教育体制，称赞备受尊敬的韩国老师和要求极高的家长。[13] 至少从表面看来，韩国与芬兰毫无共同之处。韩国的教育体系受考试驱动，韩国的青少年花在学习上的时间比美国孩子睁着眼度过的时间都多。

关于这些国家的讨论此起彼伏、不绝于耳，使我一直都想知道在那些考试成绩好、辍学率为零、充满大学毕业生的神奇土地上，孩子们过着什么样的生活。芬兰孩子是我一直以来了解的"北欧学习机器"吗？韩国孩子也觉得他们享有的教育体制是世界领先的吗？他们的父母对此又是怎么想的？没有人讨论过这些。父母的作用难道不比老师更大吗？

我决定花一年时间，去那些培育"聪明孩子"的国家进行实地考察。我想亲自接触一下那些小"学习机器"，了解一下周二上午10点他们究竟在干什么。当他们结束一天的学习回到家时，父母会对他们说些什么。他们究竟快不快乐。

交换留学一年的观察

为了与北欧小"学习机器"们会面，我需要一些"内部资源"——

能深入观察并帮我完成一些仅凭我一己之力无法做到的事情的孩子。为此，我招募了一个年轻的"专家团队"来帮忙。

在 2010 — 2011 学年，我跟着三位优秀的美国青少年，来到了他们交换留学的、培养出了"聪明孩子"的国家。这几个孩子自愿在他们为期一年的交换学习期间，帮助我完成这个项目。我到他们在交换国居住的寓所拜访了他们，并和他们一直保持着密切联系。

这几个孩子分别是金、埃里克和汤姆，他们担任我在寄宿家庭或就餐食堂的"保镖"，自愿成为我在国外的协调人。金离开美国俄克拉何马州，到芬兰交换留学，埃里克则是从美国明尼苏达州交换到了韩国，而汤姆是从美国宾夕法尼亚州去往波兰进行交换。他们来自美国的不同地区，选择交换留学的原因也不尽相同。我是通过 AFS 国际文化交流组织[①]、YFU 国际学生交流协会[②]和扶轮社[③]等在世界各地开展交流项目的组织认识他们的。

刚开始我只是想让这几个年轻人做我的顾问，但渐渐地，他们成了故事真正的主角。他们并不能代表所有的美国孩子，其经历也不能反映他们去到的交换国家所有孩子的真实情况，但通过他们的故事，我发现了官方报道以外的真实生活。

金、埃里克和汤姆都对我坦诚相待。他们不想和我聊什么职业规划或是虎妈的问题，卸下了成人世界的种种焦虑之后，他们跟我聊了很多其他孩子的故事。对十几岁的青少年来说，同龄人的影响是最大的。他们整天设想着新生活，从寄宿家庭的厨房聊到学校浴室，他们似乎有永远也说不完的话题。

[①] AFS 国际文化交流组织是一个促进国际教育交流的非营利性的国际民间组织，前身是美国战地服务团 (American Field Service)。——译者注
[②] YFU 国际学生交流协会，全称 Youth for Understanding，是一个覆盖世界上 60 多个国家的非营利性的国际教育文化交流机构。——译者注
[③] 扶轮社，全称 Rotary Clubs，是全世界历史最悠久的一个服务性社团组织。——译者注

我每到一个国家,这里的"外勤特工"都会介绍我与当地的其他孩子、家长和老师相互认识,并和他们一起来完成我的这一项目。比如在韩国,埃里克就把我介绍给了他的朋友珍妮,珍妮的童年有一半时光是在美国度过的,另一半则是在韩国。可以说,珍妮对美国和韩国的教育都有一定的了解,因而她回答了一些埃里克答不出来的问题。

为了证实他们提供给我的信息及一些结论的普遍性,我又对上百个交换生的经历进行了调研,既包括来美国交换学习的,也包括从美国交换出去的。这些年轻人都有交换学习的亲身经历,不像其他人,只能提供对别的国家教育制度的主观评价。我询问这些孩子对于他们本地和交换地的父母、学校和生活的看法,他们的答案改变了我对美国教育的优势和不足的认知。这些孩子知道美式教育与其他国家教育的不同之处在哪里,而且无论好坏,他们基本上都会直言不讳地如实相告。[14]

最后结束项目回到美国时,我的真实感受是更乐观了,并没有觉得情况比想象中更糟。很明显,我们在很多无关紧要的事情上浪费了大量时间和金钱。与我所了解的芬兰、韩国、波兰的学校和家庭相比,美国的学校和家庭似乎都很困惑、很迷茫,美国教育体制最关键的不足之处是没有清晰而明确的教育目的。然而我并不认为,美国父母、孩子和老师在以后的日子里,不能够在这方面做好,他们甚至可能比其他国家的人做得更好。

我所了解到的是,这几代孩子受到了他们理应受到的教育。也许孩子们并不总是能将所学的知识很好地吸收消化,但他们毕竟还是获得了应有的教育。尽管诸如政治因素、官僚体制、陈旧的教职员工聘用体制和家庭教育盲点等许多国家都有的教育弊端仍然存在,但我们在教育上的期待终究都会实现。其他国家——那些走在我们前面的国家——也会帮助我们,帮我们指明正确的道路。

第一部分

秋

fall

第 1 章　寻找最好教育的旅程

藏宝图制作人：安德烈亚斯·施莱歇尔，在巴黎。

安德烈亚斯·施莱歇尔在教室后面安静地坐下，尽量不引起其他人的注意。他时不时就会这样，漫无目的地走进某个他无意选修的课堂。[1] 这发生在20世纪80年代中期，准确地说，他当时在汉堡大学（德国一所顶尖大学）学习物理。然而在课余时间里，施莱歇尔却像浏览电视频道一样，随意走到其他课堂旁听。

他现在旁听的这门课是由自称"教育科学家"的托马斯·内维尔·波斯尔思韦特所讲授的，施莱歇尔对这个头衔非常好奇。施莱歇尔的父亲是汉堡大学的教育学教授，并一直将教育当作一门神秘的艺术（比如瑜伽）谈论。他父亲总喜欢说"人们永远无法衡量教育中很重要的那个部分——人的品质"。而在施莱歇尔看来，教育是毫无科学性可言的，这也是他偏爱物理的原因。

但这个英国"教育科学家"似乎与施莱歇尔的父亲对教育的看法大相径庭。波斯尔思韦特是"新式朦胧派"研究者中的一员,这一学派就像物理学家研究教育课题那样(如果可能的话),总是试图以定量的方式来分析无形的主题。

施莱歇尔仔细地听着关于数据和取样的讨论,他淡蓝色的眼睛里流露出专注而殷切的神色。虽然他知道父亲不会赞同这位老师的观点,但心中却开始想象,如果有人真的可以比较世界各地的孩子所掌握的知识量,并通过调控种族、经济状况等影响因素来进行比照分析,那会出现什么样的结果呢?他发现自己不知不觉地举起了手,加入到讨论中来。

在他看来,德国学校并不像德国的教育工作者所认为的那样出色。上小学时,他有很多时候都感觉上课很无聊,而且考试成绩平平。但是到了十几岁以后,在几位老师的鼓励下,他对科学和数据产生了兴趣,他的成绩也在那时得到了提高。到了高中,他已经获得了国家科学奖,这意味着他大学毕业后至少能在企业找一份高薪的工作。在走进波斯尔思韦特的课堂之前,他也正是这么计划的。

下课后,教授让施莱歇尔留了下来。他看出了这个说话声音微弱、面容清瘦的年轻人有些与众不同。

"你愿意协助我做这项研究吗?"

施莱歇尔惊讶地望着他:"可我不懂教育。"

波斯尔思韦特微笑着说:"没关系,这不重要。"

从那以后,两人开始了合作,并最终创立了世界上最早的国际阅读测试系统。这个测试系统很简单,所以并没有被教育从业者放在眼里,包括施莱歇尔的父亲。但是这位年轻的物理学家对数据深信不疑,无论结果如何,他都会继续研究下去。

聪明的孩子并不会永远那么聪明

2000年春，来自43个国家的30多万名中小学生用两小时完成了一个他们前所未见的测试。这个陌生的新测试被称为PISA，与其他的测试不同，这个测试可能会问购买某种商品需要使用什么样的硬币组合，也可能要求你在试卷上设计自己的硬币。[2]

PISA是由经合组织研发的，研发该测试的核心科学家正是安德烈亚斯·施莱歇尔。这时，距离施莱歇尔到波斯尔思韦特的课堂旁听已经过去了十几年。那堂课以后，他开发和设计过许多测试，不过一直名不见经传。根据多年来积累的经验，他认为，想要在现代社会中脱颖而出，人们需要具备良好的思维能力和沟通能力，因此，这个世界需要一种可以衡量思维和沟通能力的更智能的测试。

在PISA之前，也出现过一些总让人记不住名字的国际测试，但这些测试倾向于评估孩子们记住了什么，或老师在课堂上给他们灌输了什么内容。也就是说，这些测试通常都是为了测量学生的升学能力，而非生存能力。当时，还没有一种测试是专门测评青少年在数学、阅读和科学方面的逻辑思维和解决问题能力的。PISA希望能够发现哪些国家是在培养孩子们的独立思考能力。[3]

2001年12月4日，测试的结果全部整理完毕。经合组织在法国米埃特酒庄举行了一场新闻发布会。面对众多记者，施莱歇尔及其团队指出了PISA的独到之处。

"我们不是在寻找方程式或选择题的答案，"他说，"而是在评价考生的创造性思维能力。"[4]

记者们群情踊跃，迫不及待地想知道测试结果排名。最终，施莱歇尔向大家宣告："排名第一的国家是芬兰。"现场一片沉默，时间仿佛暂停在那一刻，就连他自己也对这一结果感到惊讶和困惑，只是没有表现出来。停顿了一会儿,他接着说:"在芬兰,每位测试者的表现都很好,而且与学生个人的社会背景没有太大关系。"

芬兰?是不是搞错了?教育专家们窃窃私语,就连芬兰的教育专家也不敢相信这一结果。

测试参与国都举行了自己的新闻发布会,宣布测试结果的详细情况。芬兰也在2000千米外的首都赫尔辛基发布了公告。芬兰教育部长大步走进发布会现场,准备像往常一样对一群芬兰记者发表一份通告声明,可她却惊讶地发现,发布会现场挤满了来自世界各地的摄影师和记者。她结结巴巴地发布完声明就撤回了办公室。[5]

随后,来自外国电视媒体的工作人员在芬兰教育部大楼外采访了芬兰教育部官员。在12月凛冽的寒风中,他们的外套都随着从芬兰湾吹来的海风飘动。其实芬兰的教育部官员们对此也很困惑。一直以来他们都在向其他国家,尤其是美国或德国的教育从业者寻求教育系统上的建议,无人关心芬兰本国的教育到底发展到了什么地步。

在芬兰人感到困惑的同时,德国人则表示极为震惊。德国教育委员会主席在联邦议院称该结果是"德国教育的悲剧"。[6]德国人向来认为他们的教育体系是世界上最优秀的,但德国孩子在阅读、数学和科学方面的表现却低于发达国家的平均水平,甚至比美国人更差。

德国《明镜周刊》在其封面上发出感叹:"德国学生很笨吗?"

《经济学人》的封面上公然写着:"愚钝!"

每个国家(包括德国)的教育专家都曾经帮助施莱歇尔和他的同事草拟过测试题,因此,他们对这一结果无可辩驳。于是,有些评论家将这种结果归咎于教师的失职,而另一些则认为电子游戏是孩子们成绩不佳的罪魁祸首。[7]PISA逐渐被德国本土人民所熟知,甚至催生了一档在黄金时段开播的名为"PISA Show"的电视智力竞赛节目。教育专家们定期朝圣般的来到芬兰,希望能探寻到弥补本国孩子成绩不佳的办法。甚至连施莱歇尔的父亲都加入进来,在测试结果宣告之后与儿子展开了论战。

处在大西洋彼岸的美国,PISA成绩排名介于加拿大与希腊之间,之后几轮测试也预计都会处在这样的中间位置。美国青少年在阅读项目上的表现比较好,给我们带来稍许安慰。不过,数学技能往往能更好地预测测试者未来的收入状况。

即使是在阅读方面,美国同龄孩子的最高分和最低分之间90多分的差距也堪称天壤之别。[8] 相比之下,韩国孩子的这项差距只有33分,并且几乎所有人的得分都高于美国同龄孩子的得分。

时任美国教育部长的罗德·佩奇(Rod Paige)对这一结果感到很痛心。他说:"美国孩子的平均水平远未达到理想状态。"他还郑重表示,要提高美国的排名,"不让一个孩子掉队"。[9] 最终"不让一个孩子掉队"(No Child Left Behind)成为一部新的教育问责制改革法案,并由当时的总统小布什签署发布。

还有一些美国人为本国的教育体制辩护,并将这种不甚理想的结果归咎于学生的种族或民族多样性。本着严谨而审慎的原则,施莱歇尔用数据回应说:美国孩子的糟糕表现不能归咎于移民。[10] 即便将本次测试结果中移民学生的分数忽略不计,美国孩子的排名也没有多大变化。其实在世界范围内,移民导致的各国之间的成绩差异只有3%的浮动。

虽然学生的学习能力与其种族和家庭收入相关,但在不同国家,这种相关性也存在很大差异。父母富有并不意味着孩子能考高分;同样,父母贫困也并不意味着孩子学习成绩差。美国私立学校的孩子往往表现得更出色,但他们并不比公立学校里家庭条件同等优越的孩子更好。从统计学角度来说,"就读于私立学校"并没有为这一结果增加多少分值。[11]

实际上,PISA的测试结果揭示了显而易见却被视而不见的东西,那就是教育经费的大量投入并不会使孩子变得更聪明。其实，这一切都取决于老师、家长和学生如何利用这些经费。如同其他很多大型组织——从通用电气公司到海军陆战队——最后的成功取决于执行力，这也是最难做好的部分。

在 2003 年、2006 年、2009 年和 2012 年，世界各地的青少年都进行过 PISA 测试。随着加入的国家增多，到 2012 年，PISA 试卷的语言已经增加到了 40 多种。每一次测试的结果都打破了我们的思维定式：一方面，并不是所有表现好的孩子都生活在亚洲；另一方面，不是只有美国孩子在创造力方面表现突出。创造力测试是 PISA 的一个重要组成部分，美国之外的其他许多国家的孩子在这方面都表现不俗。

另外，测试结果还说明了在教育上的财力投入和孩子能学到的知识并不成正比。[12] 世界上培养出最聪明孩子的国家，其纳税人为每个学生在教育上的花费比美国人少得多。还有，家长的参与也是一个复杂的因素。教育强国中的父母，并不一定比其他国家的父母在孩子的教育上花了更多精力，只是参与形式不同罢了。而且，最令人欣慰的是，聪明的孩子并不会永远那么聪明。

过去的测试结果显示，芬兰孩子并非天生聪明，只是在最近的测试中开始有了良好表现。这说明，改变是可以在某一代人身上实现的。

随着经合组织最新数据的公布，施莱歇尔成了知名教育专家，他到国会证实了测试结果并给各国的教育部长出谋划策。现任美国教育部长阿恩·邓肯（Arne Duncan）说："没有人比他更了解这一全球性问题。尽管忠言逆耳，但他确实揭示了真相。"[13] 英国教育大臣迈克尔·戈夫（Michael Gove）抛开了施莱歇尔是个生活在法国的德国人的事实，称其为"英国教育界最重要的人物"[14]。

然而在各大洲，PISA 也招来了不少批评。[15] 有些人说，这种测试带有文化偏见，或者说在试题翻译时产生了很多偏差。还有人质疑从美国

165所学校中抽取的5233名学生的样本太小或存在这样那样样本选取上的瑕疵。许多人认为，施莱歇尔和他的团队应该只负责整理统计考试分数，而不必推敲导致高分或低分的原因。

多数情况下，施莱歇尔会对这些批评不屑一顾。他承认PISA并不完美，但目前没有比PISA更好的测试办法了，更何况他们每年都在对PISA进行改进。他带着PPT从一个国家飞到另一个国家，像《圣经》推销员那样，每到一处都吸引着众多信徒。这些信徒带着PISA分数散点图，如痴如醉地听着他的讲座。当讲到最后一张PPT时，上面永远显示着"如果没有数据，你可能只是持……观点的人。如果没有数据，你可能只是持……观点的人"。

并不是所有能力都可以用考试来衡量

2010年4月，我在华盛顿特区与施莱歇尔进行了初次会面，当时正值国家广场的樱花盛开。他在美国国会大厦旁边的办公楼里开会，利用两场会议的空隙时间，我们交谈了几分钟。那时候，施莱歇尔已经头发花白，留着棕色的小胡子，看起来仍十分精神，我们开门见山地直奔正题。

我告诉他PISA给我留下了深刻印象，但我也有一些怀疑。据我了解，美国比其他任何国家在考试上所投入的时间和金钱都多，过去积累下来的海量数据可以证明这一点。孩子们年年为各种考试几近麻木地奔忙着，PISA真的与这些泡沫般的考试不同吗？

他轻轻地坐下来，像带有轻微德国口音的机器人似的平静说出一连串统计数据和相关说明，依次对我的问题进行解答。

"PISA不是传统的学校测试。"他说，"不过这个考试非常具有挑战性，因为考生在考试过程中必须开动脑筋认真思考。"

我反驳说："并不是所有能力都可以用考试来衡量。"

施莱歇尔点点头表示认同，同时说道："PISA 确实无法衡量考生全部的个人能力，在这一点上，我同意你的观点。"

一种满足感油然而生。即便是施莱歇尔自己，也承认数据有其自身的局限性。但当他继续往下说的时候，我才意识到我没领会他的意思。

"我认为 PISA 需要不断改进，扩大可测试的范围，例如评估协作解决问题的能力等，我们正在朝着这个方向努力。"

我感到在他的心中，PISA 几乎是万能的。即使现在不是，但总有一天会是。他坚持认为 PISA 与我参加过的其他任何考试都完全不同。

我们握了握手，他便回头赶往下一场会议。离开时，我认真思考了他说过的话。要想知道 PISA 是否真的如他所说——与我曾经参加过的任何考试都不同，那就只剩下一种办法了。

我的 PISA 得分

我早早地来到了考场所在地，也许我是第一个怀着如此兴奋的心情参加标准化考试的考生。执行 PISA 测试的研究人员在华盛顿市中心 K 街靠近白宫的地方设了一个办事处，夹在一堆律师事务所和访客接待区之间。

在电梯里，我突然想到自己已经有 15 年没有参加过任何考试了。时隔 15 年再来参加这样一次测试，恐怕会发生一些令人尴尬的事情。于是我在心里默默地对自己进行了一次快速突击测验，比如什么是二次方程式，圆周率是多少，可是却怎么也答不上来。就在我苦思冥想的时候，电梯门开了。

一位年轻和善的女士将我领进一间办公室。她把测试用的铅笔、计算器和试卷仔细地摆好，并大声朗读了测试的官方说明，解释说 PISA 测试的目的是了解"你学到了什么，以及学校对你来说意味着什么"。

在接下来的两小时里，61道数学、阅读和科学方面的试题轮番考验着我久未经考场的大脑。某些试题可能还会在以后的试卷中出现，因此PISA的工作人员要求我承诺不将具体试题公之于众。但是我可以将出过且不再收录的试题，以及其他经PISA同意可以公开的样题与大家分享。例如下面这道数学题：

一个电视台记者展示这张图并说道："该图显示，从1998年至1999年，抢劫案件的数量大大增加。"

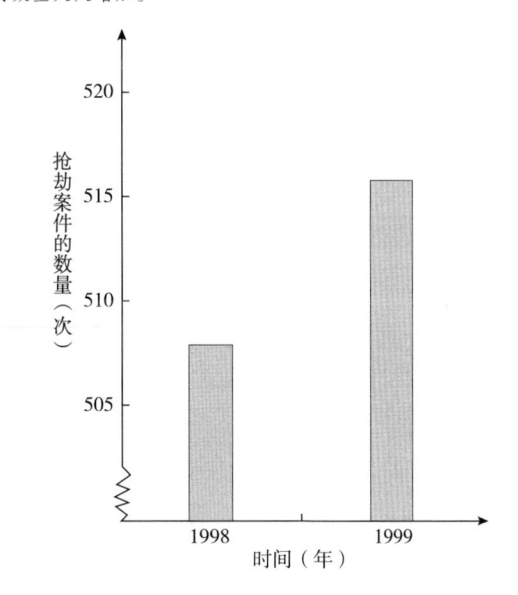

你认为这位记者是否合理地解读了该图所要表达的意思？请给出支持你答案的理由。[16]

类似的问题很多，都是要求考生写出自己的观点，下面留有一块空白作为答题区。这让我感到有些费解。从什么时候开始，标准化测试竟也开始关注答题人的主观想法了？

而其他的试题，让我想起自己在成年之后曾面对的难题——必须理解医疗政策的各种细则，或者比较相互竞争的银行所提供的同类服务在费用上的优劣。与学校的考试相比，PISA似乎更像是生活技能测试。

试卷中已经给出了可能用到的所有数学公式，包括圆周率的值，谢天谢地！但我发现，我需要经过深思熟虑，才能给出绝大多数题目的答案。当我打算在数学部分加快速度时，却发现必须不断地杀回马枪去修改前面试题的答案。

某个阅读样题中给出了某家公司贴出的流感疫苗注射通知，这类通知在人们的办公室公告牌上随处可见。通知单是由一个名叫菲奥娜的员工设计的，就像货真价实的由人力资源部门发出的通知单一样！试题要求对菲奥娜的设计进行分析：

> 菲奥娜希望这个通知单的风格平易近人且带有鼓励性，你觉得她做到了吗？请根据其作品的布局、文案风格、图片或其他图案的具体细节，对你的答案做出具体说明。[17]

对我来说，科学部分是最棘手的。在答题过程中，我不止一次地靠猜测来答题，大部分题目关注的是日常生活中可能会用到的科学，比如运动时人的肌肉会发生什么变化、哪些食物富含维生素C。[18]

距规定的测试结束时间还有20多分钟的时候，我完成了试卷。与真正的学生测试不同的是，我可以给自己打分。根据答案与给出的众多参考答案的贴近程度，可以给零分、满分或部分得分。这大约花了我一小时，"聪明"的考试必须人工打分（至少部分如此），这使得这些考试大大增加了成本，从而变得昂贵且少见。

关于抢劫的试题，官方给出了10个不同版本的满分答案，只要答案表达的是否定的意思且指出这份绘制得不准确的图表中存在的问题，即回答出"柱状图没有从0开始"这一要点或指出"抢劫案件的增长率其实相当低"，就可以给满分（在芬兰、韩国和美国的考生中，只有三分之一的人正确回答了这个问题）。

关于流感疫苗注射通知单的试题，并没有正确答案。无论回答是或否，至少都要援引通知单中的某一个具体特征并对其做出详细评价，才能得到满分。仅仅摘录题目中已经包含的"友好"和"鼓舞人心"等词语是不够的，而诸如"有趣"、"易于阅读"和"清晰"等描述都被认为太过含糊。考生的评价必须是原创的，并且官方对评价的要求相当高。纵观世界范围内的考生，只有40%的人能把这一问题回答得尽如人意。

不同国家的试题略有不同。比如这项测试不会要求墨西哥的学生回答如何测量伊利湖（美国五大湖之一）的直径。但类似的细节变化对考试结果的影响微乎其微，原因在于PISA并不仅仅是针对客观事实的测试，它还考查考生是否能够根据既定事实来分析解决问题。

最后，因为没有其他人在场，我只能向我的监考老师宣布了自己的得分。我只做错了一道题（科学题）。她毫不吝惜地夸赞道："非常好！"[19]但是我们都心知肚明，作为一个比普通的PISA考生多了22年生活经历——其中包括4年大学生活经历的考生，这个成绩在预料之中。

离开大楼之后，我的轻松感逐渐褪去。我意识到，我取得的分数并不代表我所在国家的中学生的分数。这个测试不太容易，但也没有那么难。其中有一道试题，美国15岁的年轻人里，只有18%的考生和我一样做出了正确回答。还有许多类似的情况，大部分或绝大部分芬兰学生和韩国学生都能像我一样回答正确，可大多数美国学生却毫无头绪。

PISA所考察的是顺利解决问题和自如沟通的能力，换句话说，在这个充斥着海量信息和受制于迅速变化的经济形势的世界中，每个人都要有做好自己本职工作和照顾好自己家庭的基本技能。如果大多数青少年在这次测试中都表现不佳，那么对于一个国家来说意味着什么呢？并不是所有孩子都必须成为工程师或律师，但是他们都需要学会如何思考，不是吗？

我仍然不认为PISA可以衡量一切，但我现在对它能够衡量逻辑思维能力这一点深信不疑。美国大学教授协会（American Association of University Professors）曾经宣称批判性思维是"美国教育的特点——为自由社会培养有独立思考能力的公民"。[20] 如果批判性思维能力是美国教育的显著特征，那为什么15岁的美国孩子仍未显示出这种能力呢？

美国的纳税人在教育上投入了大量时间和金钱，这是不可回避的事实。在2009年的PISA测试中，美国学生的数学成绩排名第26位，科学排名第17位，阅读排名第12位。[21] 我们只有一项排名高居第2位，那就是学生的人均花费[22]（只有一个国家的学生人均花费高于美国，那就是卢森堡。而卢森堡的人口比美国田纳西州首府纳什维尔市的人口都少）。

这样的浪费发人深省。有经济学家发现，PISA得分与国家的长期经济增长几乎成正比。[23] 当然，经济增长的影响因素有很多，但是劳动人口的学习能力、思考能力和适应能力才是经济发展最根本的激励因素。如果美国学生的PISA成绩能和芬兰比肩，那么美国的GDP将以每年一万亿到两万亿美元的速度增长。[24]

对于学生来说，通过PISA得分来预测谁能考上大学，往往比学校成绩单的预测效果更好。[25] 那些在PISA阅读测试中成绩不佳的学生，有很大可能会在高中辍学。可以说，PISA衡量的不是考生的识记能力，而是志向和抱负。

怀着一种不安的心情，我暂且将测试放在了一边。PISA与上千页的测试结果分析报告勾勒出了一张教育地图。这张地图能帮助人们认清世界上哪些国家正在教育他们的孩子学会独立思考，哪些还没有这样做。

最成功或排名提升最快的国家基本可以分为三种类型：（1）像芬兰这样的乌托邦型——教育机制完全建立在相信孩子在没有过度竞争或没有父母过多干预的情况下，也能获得较高层次的逻辑思维能力的基础上；（2）像韩国这样的高压型——在韩国，因为孩子们面临的学习压力过大，在学习上用力过猛，政府甚至下达了学习宵禁令，试图缓解这一紧张局面；（3）像波兰这样的破茧成蝶型——波兰是处于上升期的国家，贫困孩子的比例与美国不相上下，但孩子们掌握的知识和技能在最近一段时间内有显著增长。

然而，PISA仍旧无法向我们解释，为何上述那些国家的孩子如此聪明，也无法向我们揭示，与美国孩子相比，那些国家的孩子每天的生活是如何度过的。孩子们的人生机遇与任何考试都衡量不了的某些因素息息相关。韩国孩子是被动去学还是顺其自然地取得了成功呢？这两者有很大不同。芬兰学生的个性、品质和他们在数学测试上的表现一样杰出吗？现在我们有了数据，可我们还需要深入了解这些孩子的生活是什么样子的。

因此我准备到芬兰、韩国和波兰去实地考察，看看我们能从这些国家的孩子身上学到什么。这种神奇的事情只有亲眼看见才能相信。

第 2 章　学术能力评估测试带来的改变

远行：为了筹集去芬兰的资金，金在她的家乡——俄克拉何马州萨利索的一家大型超市外售卖烘烤食品。

如果说俄克拉何马州的萨利索有什么是众所周知的，那也是当地人不愿提起的东西。在一本出版于1939年的长篇小说《愤怒的葡萄》（The Grapes of Wrath）①中，作者描述了在大萧条时期，小说主人公乔德一家逃离他们居住的这个被风沙严重侵蚀的地区，去寻求更好生活的故事。他们想逃离的地方正是萨利索。

"古老的哈得孙河在萨利索的高速公路附近转了个弯，缓缓向西流去。"约翰·斯坦贝克（John Steinbeck）写道，"阳光灼灼刺眼，使人头晕目眩。"

---

① 《愤怒的葡萄》是美国现代小说家约翰·斯坦贝克（1902—1968）的作品，讲述了美国20世纪30年代经济大萧条时期大批农民破产、逃荒的故事，反映了惊心动魄的社会斗争。——译者注

在 2008 年年初，金 12 岁时，萨利索正挣扎在美国历史上第二严重的经济衰退的边缘，还好当时受到的影响并没有那么直接。40 号公路经过萨利索小镇，将俄克拉何马州和阿肯色州连接起来。经济型汽车旅馆产业悄然兴起，服务来来往往的卡车司机。紧接着，在离金的家不到 1000 米的一块空地上，一家大型沃尔玛超市也建立起来。

印第安人沿路开设了大型赌场，午餐时间总会有一些穿着讲究的人来到此处，还时常能见到戴着牛仔帽的老年人在阴凉处玩着老虎机，退休在家的人也会来这里吃 3.5 美元的特供午餐。卫生间的墙上，专为糖尿病赌客丢弃注射胰岛素后的针头而安装的红色塑料容器，已经快满了。

尽管这里的商业有所发展，但萨利索是个乡村小镇的事实却并没有改变，常住人口只有不到 9000 人。大萧条时期，大盗"帅哥弗洛伊德"（Pretty Boy Floyd）①抢劫过的银行现在只是一片荒废的空地。[1] 而他被枪杀之后、尸体被装入松木盒中送达的那个火车站，现在已经被改建成了一个小型公共图书馆。

像金一样，萨利索的大多数居民都有着白人的长相，但人们的身份取决于他们证件上所写的内容，而不是长相。这里一半的孩子有印第安人身份证明，表明他们是通过认证的美洲原住民的后裔。即使只有 1/512 的印第安血统，你也能拿到那个身份证明，享受某些特定的福利，例如可以得到免费的学习用品或可以进入切罗基人（印第安人的分支族群）的食品储藏室。萨利索学区约有四分之一的孩子被官方列为贫困儿童，因此印第安人的福利就像自己的生意一样，可以作为遗产由子孙继承。[2]

人们认为萨利索的学校还不错，不好也不坏，当然，这很大程度上取决于评价人的主观立场。在某个州立考试中，金和她的大部分同学

---

① "帅哥弗洛伊德"的真实姓名是查尔斯·阿瑟（Charles Arthur），是出生于俄克拉何马州、活跃于 20 世纪二三十年代的银行劫犯。——译者注

表现得都不错,但是那个考试的简单程度也早已人尽皆知。[3]在更正式的全国统考中,俄克拉何马州的八年级学生中大概只有四分之一数学及格。[4]

越是登高望远,事物不良的一面就越能尽收眼底。如果将美国各州视为一个个独立的国家,那么俄克拉何马州学生的数学成绩在世界上大约排名第81位,与克罗地亚和土耳其的水平相差无几。[5]

金是土生土长的萨利索人。每逢冬天,她和爷爷都要参加圣诞竞技表演,其实就是驾驶着老旧的拖拉机穿过老城区。金喜欢开着H型拖拉机缓缓前行,游行乐队紧随车后。当她在路上将糖果抛到孩子们面前时,孩子们都兴奋地朝她尖叫。

尽管生活如此美满,像许多12岁的孩子一样,金感觉自己也许更适合生活在其他地方。她会努力在萨利索的各种比赛中取胜。虽然不太擅长传统的体育项目,但她在幼儿园时就组织起一支啦啦队来弥补这个不足。她会穿着黄色制服,站得笔直,对着相机镜头微笑。但是直到三年级,她仍然不会做侧手翻,也因此退出了啦啦队。

从那以后,她开始梦想着进入学校的军乐队。那种感觉好极了!因为进入军乐队就意味着可以在橄榄球场(小镇的文化中心)演出,不必强装笑脸,也不必做侧手翻。于是她开始学长笛,每天练习到下颚酸痛难忍才结束。两年后,虽然吹奏起来还有呼吸声,而且笛声还不太响亮,但领队同意了她加入乐队。

金对世界的好奇心仿佛是与生俱来的。她认真做家庭作业,同时还密切关注着其他地方发生的不公正的事情。二年级时,她偶然从一个电视新闻节目中看到科学家如何用老鼠探测炸弹。那是"9·11"恐怖袭击事件发生后的第二年,美国第一次启任国土安全部部长。记者在电视新闻中介绍说,科学家正在将电极植入老鼠的头部,把它们变成可遥控的炸弹探测器,从而可以随意控制它们向左或向右,去那些人类不敢接近的地方。

看到这一幕,金痛心疾首。她对老鼠没有什么特殊感情,也认为老鼠的生命价值远远比不上人类。但是,操控其他生物为人类服务这种行为似乎是错误的。这不仅让人感到毛骨悚然,甚至从某种程度上来说,还是极其不道德的行为。她想到了自己的宠物龟,并想象有一天政府也要借用它的大脑来做实验。这种实验什么时候会终止呢?肯定还有更好的方法能让小动物向左或向右,对它们好一点不行吗?

于是,金做了一件对孩子甚至是成年人来说都不同寻常的事。她决定采取实际行动来纠正那个与她几乎没有任何关系的社会问题。这天下午,她在学校走廊的自动售货机旁边坐下,给时任总统的小布什写了一封信,信中详细表述了她对用老鼠做实验的担忧。为了保证信中的措辞礼貌、得体,她反复推敲、斟酌,最后用工整的笔迹写下了这封信。

当她的两个朋友经过时,金向她们描述了老鼠实验的事情,并问她们是否要一起在信上署名,或者和她一起在校内发起联名向小布什总统递交请愿书、解救小老鼠的活动。

那两个女孩瞪了她一眼,大声尖叫着说:"啊!真恶心!拜托!谁在乎那些老鼠啊!"

她们的笑声在明亮的走廊里回荡。在这之后,她们为金和她的"壮举"编了个顺口溜,用带着挖苦甚至讽刺意味的腔调唱:"救救老鼠!救救老鼠!"最后,这个顺口溜在全校流传开来。

金感觉她和朋友之间的距离越来越远。她所介意的并不是朋友们认为机器鼠是个好主意,而是她们对金所关注和在意的事情冷嘲热讽、漠不关心的行为。这让她心烦意乱。有好几次都是这样,就好像朋友们在讲另一种语言,她能听懂,但永远无法真正理解。

她不再谈论老鼠的话题,每次穿过走廊时也假装没有听到那个讽刺挖苦的顺口溜。不过,她还是将信寄到了白宫。

学术能力评估测试的邀请

七年级的某一天，金的英语老师请她到走廊上谈话。

"你被邀请去俄克拉何马城参加 SAT（学术能力评估测试，即美国高考）了。"老师对她说，"这可是件很光荣的事情。"

才12岁的金对此感到很困惑，她注视着老师，一双深褐色的眼睛似乎在期待老师可以给她更多信息。老师解释说，金的标准化考试成绩符合"杜克大学七年级人才选拔"的要求。其实考试得分是次要的，重要的是这将会是一次非常有趣的经历。

在放学回家的路上，金将一本有关SAT的小册子递给了妈妈，并宣布："我想去俄克拉何马城参加SAT。"妈妈透过金属边框眼镜仔细盯着小册子，然后再看着她的女儿，这确实出乎她的意料。从萨利索到俄克拉何马城有3小时的车程。跟妈妈道出自己的想法之后，金没有再说什么。

金的妈妈夏洛特是当地一所小学的老师。她是个身材娇小的女人，留着卷卷的短发，说起话来总是慢吞吞的，是个不折不扣的俄克拉何马人，笑声清脆爽朗。她非常疼爱金，每天都亲自开车接送金上下学，不舍得让她挤公共汽车。她们住在农场的一座小房子里，家中墙上贴满了金去俄克拉何马州参议院参观时和穿着啦啦队制服时拍的照片。

最近，夏洛特非常担心女儿的身心状态。当金和她或其他人一起在房间里看书时，金总是对学校和萨利索抱怨连天。夏洛特对这种行为做出了几种分析。一方面，也许是因为她和丈夫之间争吵太多。但这是长久以来的家庭矛盾了，而且随着金长大成人，她开始站在妈妈这边，鼓励妈妈与爸爸离婚。

另一方面，也许出自学校教育。在六年级期末考试时，金第一次考了C。她曾经对妈妈说，她很害怕向老师寻求帮助，因为当老师知道学生们没听懂时会很生气。为此，夏洛特还向校长投诉过，可无济于事。她要求金无论如何都要想办法请老师帮助自己，于是，金每天早上会提前到学校参加一系列辅导课。但到年底时，金还是觉得自己的数学太糟糕，并决定今后只要有可能就尽量避免学习数学。

作为母亲，夏洛特觉得金只是正在经历某个成长阶段。她毕竟只是个十来岁的孩子，有权宣泄自己的情绪。但是作为老师，夏洛特知道美国孩子这些年的表现都在退步，甚至有些学生最终选择了退学。中学简直就是孩子们的监狱。

这一次，金却坚持要求妈妈驱车 3 小时带她去参加 SAT。这让夏洛特想到了金之前的样子，在她变得爱抱怨之前，还是很有理想和抱负的。夏洛特一边开车回家，一边在心底盘算着去俄克拉何马城的花费。除了路费和食物的花费以外，为了准时到达考场，她们可能需要提前一天去那里，在酒店住一晚。到家停好车后，她就下定了决心："好吧，让我们去看看你到底学得怎么样。"

几个星期后，在俄克拉何马城一所中学里，大部分教室都空着，金和几个来参加 SAT 的孩子在安静地答题。她一边用食指不停缠绕着她的棕色头发，一边尽自己最大的努力回答作文题。她很喜欢写文章，而且还有人说过她写得不错。

当她做到数学部分时，发现原本应该出现数字的地方却出现了字母。是印刷错误吗？她环顾四周，似乎没有人露出困惑的表情，于是她专心读文字部分，看不懂的就猜。考完试后，她的头开始剧烈疼痛，像是有温火在烤。她吃了 4 片阿司匹林，在回家的路上一直昏睡不醒。

一个月后，金的老师将装有金 SAT 成绩的信封交到金手里。放学后妈妈来接金时，她们两人一起坐在车里，迫不及待地打开信封查看成绩，试图破解考试分数背后的含义。

"哦，看这里，你在批判性阅读方面比俄克拉何马州 40% 的即将上大学的高三学生都表现得更好。"[6]她妈妈说。

"什么？"金抢过了报告单，激动地说，"可能搞错了吧？"

金一遍又一遍地品读这几句话，她怎么会比那些即将上大学的高三学生表现得更好呢？更不用说好于他们中40%的人了。那些学生在过去5年的时间里都做了什么？

"我对这个州很失望。"

"哦。"她的妈妈一边回应着，一边若有所思地发动了车子。

但当她们到家时，金的心情又有了新的变化。这是她第一次赢得某种东西，不是啦啦队的纪念奖杯，但仍然是一次胜利。她再次低头看了看分数，然后将目光转向窗外，不让妈妈看到她露出的笑容。

那年春末，金和她的父母开车去塔尔萨（Tulsa）参加专为SAT的高分考生准备的庆祝晚宴，金穿着她在军乐队演奏时穿的黄色印花背心裙。《塞阔雅县时报》(*Sequoyah County Times*)对此发表了一篇短文，同时刊登了金戴着银质奖章的照片。通常，这家报纸只报道有关萨利索篮球运动员、橄榄球运动员以及当地名人的故事，看到金的名字也出现在同一版面，人们还是觉得有些奇怪。

金一回到家就把奖章放进她书桌的抽屉里，每次打开抽屉都让她感到些许紧张：万一这是自己最后一次赢得这样的奖励呢？她希望在她正式参加高中毕业时的SAT之前，最好完全忘记这件事。

但几个星期后，她收到了杜克大学邀请"有天赋和才能的学生"参加夏令营的宣传册。金的SAT成绩引起了他们的注意。不仅如此，她还被邀请去北卡罗来纳州杜伦大学学习莎士比亚和研究心理学。

看完宣传册，金感到很迷茫，仿佛自己来到了某个陌生星球。这一项目在宣传册上自称"高强度和高要求"，相当于在短短三个星期的时间里学习高中一年的学习内容。这怎么可能？这个夏令营看起来很不寻常，因为在那里，尚未涉足大学生活的孩子也能关注和学习莎士比亚以及心理学等相关内容。

一想到能和与自己志同道合的同龄人交流和探讨，她就感到非常兴奋。她跑去告诉妈妈这个消息："这是让我正常发挥的一次机会。我们可以讨论真正有意义的东西！"金从不善于交际，所谓的日常交际让她感觉虚情假意、毫无真情实感。也许在这个夏令营里，她可以做真实的自己，可以有自己的想法，可以公开提出她心头的困惑。

但问题在于，这个活动花费较大，此外，夏洛特也不打算让她最小的女儿现在就离家单独过暑假。因此她没有同意金的请求。

无法毕业的孩子们

很久以来，俄克拉何马州和美国其他州一样，一直在努力提高当地学校的水平。1969—2007年，州政府为每个学生投入了更多的资金，总额增长了一倍多。[7] 多年来，俄克拉何马州还聘请了数千名教师助理，教师收入和师生人数比例都得到很大提高。[8] 到 2011 年，一半以上的州预算都被用于教育，但俄克拉何马州学生的数学成绩依然毫无起色。[9]

为了激励孩子和学校努力做到更好，州立法委员决定建立一套激励机制。20 世纪 80 年代末，他们曾通过一项法律，要求学生通过考试后才能高中毕业。[10] 在 PISA 成绩名列前茅的国家都有这种毕业考试，它为学生和老师设置了明确的目标，同时也使高中毕业证有了一定的含金量。

然而几年后，俄克拉何马州的立法委员们推迟了毕业考试机制的执行。如他们所说，这对学生来说或许是件幸事，但他们担心有太多学生无法通过考试。为什么会有这样的担忧呢？因为如果有学生上了 4 年高中而没有任何文凭，会显得非常不合情理，而且学生家长也不会希望看到这个结果。因此，毕业考试的计划就此搁置，而这个决定对学生的将来会产生的消极影响也就可以想见了，比如在之后的学习生活中，如果他们数学不好，就很难获得大学课程的学分，或者只能找到最低薪的工作。

此后，俄克拉何马州州长做了一些比毕业考试计划更温和、更宽容的尝试。他签署了一项行政命令，要求学生从八年级开始通过一系列的读写考试。这意味着如果考试没有通过，他们还有足足4年的补考机会。然而，就在新政策生效前，俄克拉何马州的立法机构又取消了这一行政命令。立法委员们表示，他们担心家长会投诉。

俄克拉何马州的历史像是希望与恐惧之间的拉锯战，仿佛没有人相信俄克拉何马州的学生有能力通过考试，这种集体缺乏自信心的情况，影响到了俄克拉何马州的学生。1997年教师工会的一份报告指出："孩子对大人态度的感知能力很强，如果他们知道大人不重视某件事情，那么相应地，他们也就不会在这件事上多做努力。"[11]

2005年，俄克拉何马州试图再次通过一项法律，规定只有精通英语、代数、几何、生物和美国历史的学生才能获得毕业证。州政府有7年时间逐步推进这一法律的实施。测试没有通过的孩子，一年之内有3次补考机会，或者也可以参加其他考试来证明自己的能力，如SAT。他们甚至可以在未通过的学科范围内选择任一主题来开展某个特殊项目，以此证明自己在这个学科上的能力。

2011年，就在毕业考试计划终于要生效时，当地各大报纸发文警告说，可能有成千上万的孩子因此无法毕业。俄克拉何马州教育委员联合会（School Boards Association）官方预测，结果将是"灾难性的"。一位教育学监告诉《塔尔萨世界报》（*Tulsa World*），这些毕业班的学生可能会成为"迷惘的一代"。[12]最后，共和党立法委员提出一项将毕业考试计划再延迟两年执行的法案。

当我第一次去金的家乡时，萨利索学区新上任的年轻的教育学监带我参观了只有一层的高中教学楼，砖瓦堆砌的过道里排列着橙色和黄色储物柜。最新的一所高中是由公共事业振兴署（WPA）①的工人在大萧条时期建造的。这所学校建成于1987年，和许多美国高中一样，它的校舍传统而整洁，用色彩鲜艳而且重量很轻的砖块砌成。篮球场是学校最受欢迎的地方，学校吉祥物"黑钻石"的图案在硬木地板上"闪闪发光"。在20世纪20年代，煤矿是这个地区的主要产业。

斯科特·法默刚刚被任命为该地区的教育学监，这是20年来的第一位新任学监。他有一张娃娃脸，留着棕色短发。俄克拉何马州有530位跟他一样的学监，都有各自负责的辖区。[13] 俄克拉何马州教育学监的数量甚至跟美国国会议员的数量不相上下。这种超本地化管理的传统和天生的效率低下问题，似乎揭示了美国教育经费高于其他国家的其中一个原因。

法默年薪约10万美元，是萨利索高收入群体中的一员。他有一位助理，下属还有8名主任级别的管理人员以及一个教育委员会。这对一个只有4所学校的学区来说，是相当庞大的机构。但这很正常，其实与俄克拉何马州的其他学区相比，萨利索已经是该州效率最高的学区之一了。[14]

当我问及萨利索学区的高中所面临的最大挑战是什么时，法默谈到的大部分是关于家长参与的问题，他对家长会极低的出席率感到痛心疾首。"我相信每个父母都很关心自己的孩子。"法默说，"我们也需要继续努力，不断地提醒家长终身学习的重要性。"

我经常从美国学校听到这种说法，不只在俄克拉何马州。父母是孩子教育的缺席者，这在美国似乎已成共识。甚至部分家长也已经意识到了这个问题。在一项关于提高教育质量最佳途径的调查中，大多数美国成年人认为，提高家长参与度会是很好的解决方案。[15]

---

① 公共事业振兴署，全称 Works Progress Administration，是美国大萧条时期罗斯福总统实施新政时建立的一个政府机构，以解决当时大规模失业的问题，是新政时期（以及美国历史上）兴办救济和公共工程的政府机构中规模最大的一个。——译者注

然而，现实情况让事情变得更为复杂。不管美国父母在哪方面做得不够完美，他们在孩子学校露面的频率也已经比以往20年的任何时候都高了。[16] 2007年，有90%的家长说他们这一学年至少出席过一次家长会或学校会议。[17] 有些家长来学校是因为孩子违反了学校纪律——以这种令人不自在的方式与校长助理和孩子会面。但无论是积极的还是消极的方式，美国父母都不像大多数人以为的那样对孩子的教育撒手不管。

那么，对于这种信息的不对称又该做何解释呢？这也许取决于你对"参与"这个词如何定义。当我与担任萨利索高中校长职务长达10年之久的厄尼·马滕斯交谈时，他并没有抱怨父母在孩子的教育上参与度不高。当然据他所说，随着学生逐渐长大，家长会的出席率确实不像低年级时那么高，但这并不是什么大问题。高中阶段的学校教育，其实不需要家长过多干涉。在萨利索，大约有四分之三的家长通过其他方式来参与孩子们的生活，如参加橄榄球爱好者俱乐部、篮球爱好者俱乐部或美国未来农场主组织（Future Farmers of America）等。仅有大约四分之一的家长会考虑不介入。

马滕斯校长说，其实他认为最大的问题不是家长不参与，而是他们对孩子的期望过高。

政客和所谓的改革者们对学生的期望尤其过高。"有很多孩子来自非正常家庭。"他说，"校园生活是他们生活中唯一正常的部分。"在政治演讲中谈论对学生们的高期望完全没有问题，但是不要忘了，人们生活在现实世界中，绝不是政客口中的理想国。在现实世界里，有些家长会和孩子一起阅读，而有些却从未这样做过。有些妈妈认为早餐就是一包薯片，还有些爸爸会在自家后院藏冰毒。

在萨利索，最近4年内约有四分之一的学生没能顺利从高中毕业。[18] 虽然马滕斯和法默对于其原因有截然不同的表述，但他们看待问题的视角却几乎一致。他们都没有把教育本身看作问题的根源，因而也无法给出有效的解决方案。双方只是指出了一些外在因素，如家长的忽视、社会问题以及政府不切实际的期望等，这些也是全美教育工作者最常见的论调。无论什么问题，似乎大部分都是个人无能为力的。

他们当然没错。从孩子有多长时间的睡眠到看多长时间的电视，这一系列糟糕的问题都超出他们的掌控能力。许多孩子在家庭中所承受的压力正一点点侵蚀着他们的身体和心灵，家庭对孩子造成的伤害根本无法从学校得到弥补。

这种观点的问题在于这是一种思维定式。一旦人们认定问题的根源是超出自己能力范围的，那么即使这种观点是错误的，也很难改变人们已经做出的判断。

例如，萨利索也有很多好学生。像其他小镇一样，萨利索高中除了贫困和辍学的故事之外，还有不少成功的典范事迹。从萨利索高中毕业的孩子约有一半被俄克拉何马州的公立大学或学院录取。还有一部分被其他州的各所大学录取，或者找到了工作。

但是这些成功的故事后续如何呢？各所大学都对他们的基本技能进行测试，然后发现他们存在能力上的不足。这些学生中的一大半刚入大学就被编入补习班。[19]这意味着，萨利索最优秀的学生支付着昂贵的大学学费（通常是学生贷款），却得不到学分。

这些年轻的男孩女孩，从小被家长和学校灌输的奋斗目标是获得高中文凭并顺利考取大学，而当梦想终于实现时，他们才发现自己仍然像高中时期一样，要重新学习代数和英语。于是理所当然地，由于债务不断堆积，很多人干脆决定从大学退学。俄克拉何马的大学有一半学生在6年内都未能毕业。[20]

我向马滕斯校长询问那些在大学里需要补习数学或英语的学生的情况。"这些我并不担心。"他说，"因为无论怎样，他们至少还在努力。"孩子们的主要目标是上大学，至于他们最终能否从大学顺利毕业，就不在他的控制范围之内了,至少从表面上看是如此。

一方面,那些孩子在他所管辖的学校里接受了 4 年高中教育,以进入大学为目标;另一方面,他也给学生颁发了高中毕业证,证明学生已具备上大学的资格。然而在现实情况中,这两者似乎毫不相关。

芬兰有世界上最聪明的孩子,真的吗?

在金参加 SAT 后的那一年 7 月的第四个周末,她和妈妈正在得克萨斯州探访金同母异父的姐姐。由于天气太热,什么事都做不了,她们只好寸步不离地挨着空调,在屋里做拼字游戏,逗逗宠物狗。趁妈妈去到屋外的空当,金告诉姐姐凯特,她想要离开萨利索。

"我想去对世界充满好奇的人们居住的地方,和他们生活在一起。"

凯特听了点点头。凯特是个十足的行动派,她曾经做过零售工作,闲暇时还喜欢跳伞和探险等户外活动。在她看来,如果金想离开萨利索,那不妨去个远一点的地方。

"你为什么不考虑考虑申请做交换生呢?"

"你是说交换去其他国家吗?"金的脑子里浮现出了一头软发、脚穿人字拖的孩子独自在欧洲背包旅行的情景。

"为什么不呢?"

金笑了起来,说:"有钱人才这么做,我们还是算了吧。"

可是当金回到萨利索之后,又反复思量起了这个主意。如果阅历颇丰的凯特认为去另一个国家的想法行得通,那么也许这并不是个荒谬的主意。于是她开始上网搜索,并随机看了几个国家的交流项目,想象着自己在那里学习的情景,一晃就过去了一个多小时。

她了解到,美国每年有一两千名高中生出国学习。[21] 通过一个在瑞典学习的美国女孩写的博客,金发现了大型国际文化交流组织 AFS,对它的故事很感兴趣。AFS起源于两次世界大战期间，起初是由美国志愿者成立的一支名为美国战地服务团的救护车队，他们协助将伤员运送到安全地带。在解放集中营后，"二战"接近尾声时，那些救护车司机厌倦了打打杀杀的事情，于是，他们决定重组AFS，致力于通过促进国家之间的文化交流来重建各国之间的信任。

金了解得越多，就越觉得交流计划切实可行。她决定将这个想法告诉妈妈，但这次她换了一个方式。

一天晚上，她对妈妈说："我申请了交流项目。"她努力使自己的声音显得平静，以免被怀疑，"我想到埃及生活一年。"

她的妈妈夏洛特放下茶杯，抬起头说："哇，这消息真令人兴奋！"就好像这不是一个荒谬的消息。夏洛特和金一样，从未离开过美国。

夏洛特这样的反应很明显地表明她不支持金出国，就像当时不支持金参加杜克大学的莎士比亚夏令营一样。但是这次，她也换了一个方式。

夏洛特和金的爸爸刚离婚不久，这是用了很长时间才等到的事情的终结，虽然金说爸妈的分开对她来说是一种解脱，但一直以来，夏洛特都在用更多的关心来弥补金。因此，如果金以宣告要去很远的地方来发泄不满，那夏洛特不会直接阻拦，她会一直拖着这件事，直到金自己觉得麻烦而放弃。

"埃及有点不安全。"夏洛特尽量用最合适的语调说，"要不你看看其他国家，选好以后，将你想去那个国家的理由列出来，写一份报告给我。"

金尽力掩饰她的笑容，若无其事地回答："好，没问题！"然后，她起身快步向那间放着电脑的卧室走去。

一丝焦虑涌上夏洛特的心头，她对自己刚才说的话有些动摇。"还有，金，"她叫住了金，接着说，"不要去沙漠国家！"

在电脑前，金开始搜索她可以去的国家。她不想去法国或意大利，她想去一个完全陌生的地方，所以她开始搜索以前从未了解过的国家，这些国家的语言是她从未听过的、食物是她从未尝过的。

有一天，她搜索到了芬兰，这个国家夜晚如白昼，还有香浓的咖啡和冰雪城堡。她了解到芬兰人喜欢重金属音乐，还有十足的冷幽默。芬兰每年都要举办一次所谓的"空气吉他世界锦标赛"（Air Guitar World Championship），也就是一群吉他爱好者跟随吉他乐曲在空气中虚拟弹奏吉他的大会。一切看起来都很不错，至少这是个不那么严肃的地方。

然后，她还了解到芬兰有世界上最聪明的孩子。真的是这样吗？芬兰学生比美国学生的家庭作业少，但国际测试得分却是世界上最高的。[22] 这听起来似乎很奇怪，因为大部分芬兰人以前一直是目不识丁、以养殖和伐木为生的形象，直到最近才令世界有所改观。

芬兰所取得的教育成果让人深感惊异。诚然，芬兰是个几乎全是白人居民的小国家，但即使是美国面积最小、白人比例最高的州，比如拥有 96% 的白人居民、平均收入最高且儿童贫困率最低的新罕布什尔州，也无法和芬兰的教育成果相媲美。[23] 为什么新罕布什尔州达不到芬兰所取得的成就呢？显然，无论父母收入高低，芬兰的每个孩子都接受了相当好的教育。无论怎么看，金都感觉芬兰是个极具颠覆性的地方。金已经认准了她的目的地。如果芬兰是培养世界上最聪明的孩子的国家，那么这就是她想去的地方。按照之前的约定，她写了一份报告，并在报告中特别强调了芬兰的教育，毕竟妈妈是教师，她认为妈妈很难拒绝这个理由。她还在报告中增加了人口（500 万）、宗教（主要是路德教）和饮食（鱼、黑麦面包以及有神秘名字的浆果，如北极黑莓和越橘）等相关信息。

在一个秋天的早晨，她将有关芬兰的报告交给了妈妈。夏洛特拿过报告并答应会看完。然后，她们出发去萨利索高中。金现在是一名高中新生了。在旗杆旁，妈妈让她下了车，并目送她慢慢走进橙色砖瓦堆砌的教学楼。

和美国的许多地方一样，以国际标准来看，俄克拉何马州的课程难度并不高。该州理科课程标准（特别是高中课程）是整个美国难度最低的。[24] 比如，一份31页的生物课讲义中，"进化"这个词一次都没有出现过。那天，金花了一整节课时间将术语和定义抄到笔记本上，她也不知道为什么，也许潜意识里觉得抄写一遍有助于记住这些内容。不管是什么原因，反正金觉得时间过得异常缓慢。

金最喜欢英语课。和美国大多数州一样，俄克拉何马州非常重视这门课程。她正在读美国作家米奇·阿尔博姆（Mitch Albom）的长篇小说《相约星期二》（Tuesdays with Morrie），并喜欢上了它。老师会让全班同学将课桌围成一个大圈，大家一起讨论这本书，在金看来，这是最好的时光。

到目前为止，她最抵触的科目是数学。有了六年级糟糕的学习经历之后，她认定了数学不是她的长项，她只想达到毕业的要求。

那天，当金走进代数I的课堂时，老师正在和一群玩橄榄球的学生说话。他们聊了很久，因为金的数学老师也是一位橄榄球教练，而且是本校的前明星球员。他是个好人，像大多数萨利索人那样，他比金更关心橄榄球。

金透过窗户，望着美国国旗迎风飘扬，她很想知道芬兰老师是否会有所不同。她从网上了解到，芬兰的教师就像美国的医生那样，声望很高，受人尊敬。对金来说，这简直难以想象。她多么希望妈妈所在的小学里的人们，也能像尊敬医生一样尊敬她的妈妈。

她知道芬兰没有美式足球，那么他们痴迷的是冰球吗？他们会将很多的课堂时间浪费在体育电视网（ESPN.com）上吗？

那天下午，当妈妈到学校接她的时候，金坐到了车的副驾驶位置上，想问问妈妈有没有看完她的芬兰报告。

"今天过得怎么样？"夏洛特问道。

"我觉得无聊透顶。"金目不斜视地回答。夏洛特置之不理,她已经读过报告了,她要向金宣布最后的决定。

"如果所有申请资料都填好了,并且你自己也筹集到了足够资金的话,那么你可以去芬兰。"

金转向妈妈,说:"那需要 10000 美元。"

"我知道。"她的妈妈回答。

从美国乡村到芬兰小镇

2009 年 10 月初的一个午夜,妈妈早已进入梦乡,而金还在电脑前,她已经将她的长笛的照片上传到 eBay(易贝网)上,标价 85 美元起售。金曾经将她初中的旧衣服放到网上卖,不过那次根本没人愿意出价买,可以说结果很惨。这次,她努力不让自己有很高的期望。她目不转睛地紧盯着屏幕,过了很久,才强迫自己赶紧上床休息。

两天后,当金登录 eBay 的时候,她惊讶得瞪大了眼睛。她看到了世界各地用户的出价,其中某个来自阿联酋的买家出价最高,达到了 100 美元。看来她的长笛很抢手。金尖叫着从椅子上跳起来,情不自禁地在地毯上起舞。金没想到,这支长笛会去到比她所到过的地方都要远的目的地。她开始找包装盒,坦白说,她已经迫不及待地想把它寄出去了。

那年秋天,金将她所有的空闲时间都用来筹钱。尽管她头脑中理性的一面认为她永远也筹不到 10000 美元,但另一面却在指引她奋不顾身地竭尽全力去尝试。她从网上买了一箱牛肉干,然后挨家挨户地推销,最后赚了 400 美元,还不错。

她试过烤一整晚米饼酥,并在杂货店外摆一张桌子出售,最后赚了 100 美元。按照这样的速度,她必须每三天卖一次烤米饼酥,才能攒够去芬兰的费用。

她也试着通过网络来筹集资金，众所周知，在21世纪的美国，网络是最容易赚钱的途径。她开通了博客，希望能得到陌生人的资助。她在博客中写道："我知道美国经济正在下滑，但是，如果能收到您的捐助，哪怕是一分钱，我也会感到无比幸运。为了帮助一个女孩实现一个狂热的梦想，希望您能献出一份爱心。"为了让人们知道萨利索在哪儿，她还上传了一张40号公路的地图。

令她吃惊的是，自那以后，她不断收到小额捐款。尽管这些钱可能大都来自同情她处境的亲戚们，她还是收下了。

不过，她仍然不敢把要去芬兰上学的计划告诉爷爷，她知道爷爷一定会认为她又被嬉皮士冲昏了头脑，就像之前有段时间她秘密素食3个月一样。她怎么敢告诉爷爷自己想去欧洲生活一年呢？欧洲啊！爷爷是个拥护政府的人，并一直称奥巴马总统是"金的总统"。

金和爷爷很亲近，爷爷曾是某石油公司的钻井主管，现已退休。她每天会花很多时间跟爷爷待在一起，但他们之间的交流并不多。爷爷是个守旧的人，从没想过要离开俄克拉何马州的乡村去别的地方生活。她担心爷爷永远也不会明白为什么有人想要去芬兰。

与此同时，俄克拉何马州的经济正在缓慢下滑。由于住房市场低迷，有门窗厂宣布关闭附近的生产加工厂，让当地人失去了220个工作机会。[25] 萨利索较大景点之一、名为"蓝丝带之坡"（Blue Ribbon Downs）的跑马场也倒闭了。[26] 萨利索的失业率一度高达10%。甚至某段时间里，监狱的经费都中断了。

即便是好消息，也让人忧心忡忡。百麦公司正在扩大生产规模，作为麦当劳苹果派产品在俄克拉何马州的供应商，该公司在俄克拉何马州已经设有4家工厂。可是那一年，它又在中国广州开设了新工厂。

对于金来说，这些新闻就像烟雾信号，时刻提醒她趁着还能出去的时候赶紧行动。她向AFS提交了申请并通过了结核病检测。紧接着她开始通过网上芬兰乐队的演唱视频自学芬兰语,令她印象深刻的是,芬兰语竟然用了 6 个音节来组成表示"粉色"这个词。她买了一只寄居蟹并起名为塔里娅(Tarja),这是芬兰第一位女总统的名字。

钱并不是她面临的唯一问题。AFS 在金所在的地区找不到合适的人上门做家访,很显然是因为她住的地方太偏远。金的妈妈愿意开车送她到塔尔萨,但 AFS 坚称,面试官必须到她们家里,还要亲自看看金的房间。因此,她只能焦虑重重地耐心等待。

为了转移自己的注意力,金开始在博客上发表文章袒露自己的心声。有时她能恰到好处地击中访客们的心弦。"本质上,我是个会行走的矛盾结合体。比如说,在外人看来我言辞刻薄、表现冷淡,其实我心肠很软。"她在博客中写道,"每当看到蜘蛛被残害时我都感到非常难过……但是我觉得松鼠真的是恶魔(遇上过三次松鼠,两次被追赶、被咬)。"

那年 11 月,她终于鼓起勇气,打算把自己的计划告诉爷爷和奶奶。可是还没等她说什么,奶奶就打断她的话说:"你是要聊聊去芬兰的旅行吗?"金惊呆了,后来才知道,原来爷爷和奶奶几个星期前就知道了这件事。因为金的奶奶每天都上 Facebook(脸谱网)查看金的个人主页。每天!他们对此没有异议,金的爷爷还问她是否了解芬兰的首都赫尔辛基。他没有再说什么,金也没多问。她知道爷爷年轻时去过 7 个不同国家的油田。他一定知道这个世界很大,而且值得一看。

感恩节刚过,金就得到了一笔 3000 美元的奖学金。可是,金去芬兰交换所需的费用仍然不足。正当她发愁、不知道怎么筹集余下的资金的时候,她发现爷爷奶奶讨论的不是金"去不去"芬兰,而是"什么时候"去芬兰的问题。

当年 12 月,她和妈妈去沃尔玛拍照片,准备办理护照。她不想给任何人添麻烦,只是迫不及待地想要开始新生活。之后,幸运之神再次降临,她获得了一笔 2000 美元的奖学金。本来这笔奖学金是要给阿肯色州的学生的，但 AFS 官员认为萨利索离阿肯色州非常近，于是将这笔奖学金给了金。

AFS 花了 3 个月时间，终于找到了合适的面试官对金进行家访。来家访的那位女面试官必须驱车好几小时才能到达萨利索。金和妈妈将房间收拾得很整洁，还点上了散发香味的蜡烛，紧张地等待着 AFS 面试官的到来。见到面试官后，过度紧张的金说起话来思维紊乱、毫无条理，她甚至批评了自己生活的小镇，话一出口她就知道自己犯了错误。女面试官有些担心的神色渐渐显露出来。

"从你的表述可以看出来，你似乎想逃离家乡。"

金努力想打消她的疑虑。不错，金或许有一点逃离的想法，但她心中更希望的，是能够去探索其他地方的生活——想知道她在其他国家的生活会是什么样子的。

不久后，金就收到了通知书。尽管家访时不那么顺利，金还是得偿所愿，成了一名准交换生。

距她离开萨利索还有 3 个月时，金拿到了最后一笔捐款，来自她的爷爷奶奶。她本想拒绝，可是奶奶给她写好支票之后就离开了。

就这样，金凑够了 10000 美元。

接下来的一切都水到渠成，而且每件事情都很切实和具体。那年夏天，当金正躺在爷爷的摇椅上昏昏欲睡时，她的手机响了。她认出了来电的国家代码，激动得从椅子上跳了起来。为了保证通话信号良好，她跑到屋外接通了这个电话。

"喂？"

"你好，我是芬兰的苏珊！我们很想快点见到你！"这是金在芬兰寄宿家庭的妈妈打来的电话。她的英语很流利，只带一点点北欧腔。

金按捺不住自己的激动之情，在外面来回踱步，赤脚踩在滚烫的石子路上。苏珊告诉金，自己是位记者，独自带着一对双胞胎女儿，住在芬兰西海岸皮耶塔尔萨里小镇的一座公寓里。这也就意味着金将要从一个乡村小镇搬到另一个乡村小镇,并且离开自己单身的妈妈,去和另一位单身妈妈一起生活。苏珊还告诉她,要带上自己最厚的衣物来保暖。

第 3 章　韩国的隐形教育系统——校外辅导

从明尼苏达州到韩国：埃里克在釜山。

　　如果不是看到写着"欢迎"的指示牌，埃里克还不敢相信，一切都已转瞬成为现实。抵达韩国釜山金海国际机场后，埃里克推着行李车去拿自己的托运行李，透过面前的滑动玻璃门，他看到一个深粉色的牌子上用可爱的蓝色泡泡字体写着："欢迎来到韩国，埃里克！"那个举着牌子的男孩应该是他在釜山寄宿家庭的兄弟，旁边站着的是那个男孩的父母，埃里克的韩国爸爸和妈妈。

　　他放慢脚步，眼前小小的画面让交换留学的意义变得清晰而深刻。在明尼苏达州明尼阿波利斯市郊明尼通卡的一个白人高档社区，埃里克度过了生命中头18个春秋。而现在，这一切都已经暂时告一段落。在接下来的一年时间里，他将生活在韩国釜山这个完全陌生的城市。他用手梳理好前额上厚厚的棕色刘海，头发变得越发卷翘。走下飞机的那一刻，埃里克觉得潮湿的空气仿佛羊毛毯似的将他包裹起来。玻璃门调皮地打开、关闭又打开。然后，他深深地吸了一口气，推着行李车径直走了出来。

在离开美国之前，从某些方面来说，埃里克似乎生活在一个与金所在的俄克拉何马州截然不同的世界。明尼苏达州是美国极少数教育成果排名世界前20的州之一。虽然明尼苏达州总体教育水平没有像芬兰和韩国那样跻身世界顶尖行列，但至少在数学方面，这个州的青少年与澳大利亚和德国的学生表现得旗鼓相当。

即使按照国际教育标准，埃里克在美国所就读的高中也名列前茅。在美国《新闻周刊》对全美高中的定期排名中，明尼通卡高中一直都是数一数二的。明尼通卡高中还有四个体育馆和一个曲棍球场，看起来更像个小型的大学。

埃里克在高中时选修了国际预科证书课程（International Baccalaureate Diploma Programme，以下简称IB课程），这是一种在学校内部将国际标准奉为圭臬的安排紧凑的大学预科课程。教过他的好几位老师在明尼通卡都称得上传奇人物。比如历史老师邓肯女士，她每年都开展一次审判拿破仑的活动，学生选择自己的立场，并研究整理论点论据，再将自己的观点和论证过程在模拟的审判现场展现给由校友组成的"陪审团"。无论如何，至少从名义上，埃里克是从美国学生最聪明的州来到了世界上学生最聪明的国家。

至于见到他的寄宿家庭时应该有怎样的举止，埃里克事先已经有过练习。按照韩国的礼仪，他深深地弯腰鞠躬以示感激和尊重，同时也挂着美国中西部男孩会有的标准笑容。他的韩国家庭同样鞠躬作为回礼，虽然没有那么深，不过他们显然对埃里克所做的努力感到十分高兴。

然而接下来，埃里克就不知所措了，因为他事先没有想过鞠躬之后该做些什么。拥抱？显得过于亲热。握手？又显得过于生分。于是他干脆试图用韩语做自我介绍。可他的嘴巴似乎一点都不听使唤，发出的声音简直像是被卡住脖子的鹦鹉的啁啾声。罗塞塔石碑（Rosetta Stone）学习软件并没有起到多大作用。

他的韩国妈妈面带微笑地用英语打断他："别担心，我们会教你的。"

他的韩国兄弟给了他一个拥抱，然后他们开始畅谈起来。在去停车场的途中，埃里克的韩国兄弟对着埃里克这个真正的美国人，兴奋地说着他那不太连贯的英语。埃里克把行李塞进大宇汽车的后备厢，然后他们一起奔向新家。

起初，汽车在一段长长的隧道中疾驰，埃里克完全无法仔细看看这座对他来说全新的城市。突然，汽车行驶到了开阔地带。这时他转过头去，透过后车窗看到身后一座陡峭、葱郁的大山巍然挺立。他们已经从岩石隧道中驶出，进入了釜山的中心城区，这座城市的人口比埃里克的家乡明尼阿波利斯的人口多将近十倍。

在埃里克看来，釜山像一座在其他城市之上、如众星拱月般被托起的都市，繁华熙攘、绚丽夺目，如万花筒般让人目不暇接。他伸长脖子透过窗户向外望去，看到一个好像是药店的商家建在警察局的楼上，警察局又似乎栖息在唐恩都乐（Dunkin'Donuts）咖啡店的楼顶，闪烁着绿、黄、粉色的彩色招牌，层层伸向街心上空。起重机像风车一样屹立在远处的地平线上，每一台都标志着一座高层建筑即将拔地而起。

当汽车驶上广安里大桥（一座悬索跨海大桥，是仅次于仁川大桥的韩国第二长桥）时，埃里克情不自禁地用英语惊呼："真是太酷了！"这时，坐在前排的妈妈脸上泛起笑容。

在桥的一侧，埃里克能看到流向天际的太平洋，平静且波光粼粼。当时恰逢傍晚，能欣赏到桥上聚光灯银白色的光华流泻到桥下宽阔无垠的水面上。在桥的另一侧，他能看到这座城市的全貌。就像从电视纪录片中看到的那样，霓虹闪烁的摩天大楼鳞次栉比，像多米诺骨牌那般沿海排列，仿佛神在不经意间将一座繁华的大都市掉落在海滩边。

埃里克的寄宿家庭生活在一座名为"乐天城"（Lotte Castle）的豪华摩天大楼7层的公寓内。埃里克有自己单独的浴室，这在韩国人潮拥挤的城市里无疑是一种难得的享受。

在他抵达后不久的一个早晨，他和他的韩国妈妈步行外出去搭乘80路公交车。当时，埃里克刚从时差带来的晕沉感中走出来，想去参观南山高中，他未来一年将在那里学习。他知道韩国学生像芬兰学生一样，在国际测试中名列前茅。他也知道，尽管韩国人均收入水平比不上美国，但是高中毕业率居世界第一，远高于美国。

当他登上公交车时，一种初来乍到的紧张感油然而生，像是来此实地考察的人类学家一样。埃里克已经从明尼苏达州的高中毕业，所以没有考试挂科或拿不到学分的担忧。他来韩国只是为了放松身心以及体验生活，至少目前他是这么觉得的。

最近几年，他的人生经历也很充实。他曾经非常努力地学习IB课程，强迫自己熬夜学习到很晚。他也曾在16岁时向家人公开了他同性恋的性取向，由于得到了父母的支持，他在美国可以轻松地公开谈论他的性取向。然而他不打算在韩国经常谈论这个话题，毕竟这是个非常保守的国家。但他也没打算欺骗任何人。作为一个外来人，他希望自己在这种文化中免遭非议。他来韩国的主要目的是体验生活，所以他决定对自己所见到的任何事物都保持开放的心态。明年就要上大学了，很难说他还会不会有这样的好机会了。

在一个狭长的斜坡顶端，80路公交车停靠在一扇又轻又薄的金属拱门外。埃里克和他的韩国妈妈走下车，穿过一片裸露的土地。在这里，一群学生正在踢足球，激起一团团尘土，飘散在早晨潮湿的空气中。斜坡顶上矗立着南山高中，掩映在这个足球场后面的，是一座被塔楼包围的四层楼高、红砖砌成的教学楼。

楼内，每一层都有一条狭长的走廊贯穿其中，与埃里克家乡的中学相比，这里显得狭窄且局促。虽然看上去一尘不染，但能很明显地看出学校的设施已经使用很多年了。斑驳的墙壁和磨损的黑板互相呼应，窗帘为了通风被胡乱地绑起，足以看出学校对环境布置的美观程度也毫不在意。这所学校对功能内涵的重视程度显然远超表面形式。

埃里克和韩国妈妈还遇到了刚到的来自加拿大的交换生。楼道里悄无声息，通过敞开的教室门，埃里克看到了坐在教室后排的学生。

他们突然尖叫起来。刚开始是一个女孩，很快第二个、第三个也叫起来，到最后几十个女孩的尖叫声此起彼伏、不绝于耳。埃里克怔住了。到底发生了什么事？难道是他做错了什么事而引起了惊慌？

他只在披头士乐队的旧新闻片段里听到过这样刺耳的尖叫。这阵叫声音调高亢且持续时间长，同时还有连锁反应，甚至招致其他教室的学生纷纷涌入楼道打探情况。

一群女生探出身来，仍然在尖叫，这时埃里克才意识到，这种歇斯底里的喊叫声是针对他们而来。"你好！"其中一个男孩用带着奇怪口音的英语喊道，"很高兴见到你！"埃里克微微一笑，眉毛挑起，不知道是因为感到荣幸还是真的被吓到了。有个男孩伸出手来要和他击掌，他也小心翼翼地伸手回应。他小声地对加拿大女孩说："我们成为摇滚明星了。"

这时来了几位成年人，赶走了围观的学生，然后安排埃里克他们与校长进行短暂的会面。作为交换生，他们待的时间不长，课程将从下周开始。与校长见过面后不久，埃里克和加拿大女孩就离开学校，各自搭乘公交车回家了。

沿着前面的台阶直行，穿过那个尘土飞扬的操场时，他们仍旧能听到身后的叫喊声。埃里克回头，只见五六个教室的窗户里挤满了跟他们挥手告别的学生。那些同学面带微笑,高高举起的手在空中挥舞。埃里克也微笑着挥手回应。他觉得这是一次很奇特的经历,而受到热烈欢迎的感觉很不错。

还有几分钟就到公交车站了,在转角处,埃里克最后回头看了看。学生们还在窗口,伸出双臂挥舞着,仿佛想在不摔下来的前提下,尽最大的努力挣脱教学楼的束缚。

看到这一幕,倏然间,埃里克的感激之情开始减少,会有什么事情发生的预感逐渐涌上心头。

带着"唤醒闹铃"上课的老师

埃里克觉得穿上校服有助于自己尽快融入这个学校。这是他第一天来南山高中上课,学校要求所有学生统一着装,埃里克一大早就穿上了扶轮社的交换生辅导员为他准备好的深蓝裤子和白衬衫。她还解释说,埃里克可能会被分到比他原来低两个年级的班级,因为高年级的学生课业繁重,根本没时间跟他交流,他们必须备战高考。高考的重要性不言而喻,因此跟他们一起上学就像被单独关禁闭一样。埃里克点点头,似乎明白了什么——就像在明尼通卡,SAT 也是最重要的考试一样。

在埃里克去上他的第一节课——社会课的路上,他努力让自己不那么引人注目,以减少因他而起的尖叫声。在教室后面,他将户外鞋放在角落里,像其他学生一样换上室内的平底人字拖鞋。他注意到,许多学生穿着花哨的袜子,上面印着让他难以理解的话或蝙蝠侠卡通图案。学校禁止化妆、禁止戴耳饰、禁止留长发和染发,所以袜子成了学生们自由表达的最主要的途径。

埃里克在前排找了一个空位坐下,静静地等待着课程的开始。环顾四周,他发现这个教室看起来很像 30 年前甚至更早以前的明尼苏达州的教室,带有木质桌面和金属桌腿的课桌整齐排列，前方的黑板都有些褪色了。

在明尼通卡高中，每个教室都会配备一块智能电子白板，价值几千美元；老师会给每个学生分发无线鼠标，以便进行随堂测试。然而，韩国文化所痴迷的数码用具似乎并没有被普及这间教室，而仅仅是作为功利品和备用品。

其他的学生鱼贯而入，他们将埃里克的课桌围得水泄不通。就埃里克以往的经历来说，这个班很大，有30多名学生，但这在韩国是标准的班级规模。

"你有没有骑过马？"

"你见过布拉德·皮特吗？"

"你有农场吗？"

"你开枪射过人吗？"

埃里克想起了一种说法，韩国人被称为"亚洲的意大利人"，和日本人或中国人相比，他们更感性、更健谈。现在，尖叫声已经越来越少，他发现韩国同学的好奇心很有意思，况且他向来都是很喜欢与人交谈的。

埃里克回答："是的，我骑过马，但我还没有接触过什么明星，也没有自己的农场，更没有向任何人开过枪。"

老师走进教室，站在讲台上。她戴着眼镜，与大多数韩国女性相比，她的身材可以称得上很高挑。她一只手拿着精致的麦克风，另一只手拿着一根末端带有毛绒青蛙的棍子。那看起来就像个挠背的小耙子，在大大小小的礼品店都可以买到。埃里克停止了闲聊，挺直身子坐好，迫切地想知道这个青蛙到底是用来干什么的。

奇怪的是，其他人似乎没有任何反应。学生们依然侃侃而谈、不亦乐乎，而老师站在那里等待着，看起来很苦恼。最后，为了引起大家的注意，她用青蛙棍子在桌子上敲了几下，学生们才慢慢回到自己的座位上。当她开始讲课时，有几个学生仍旧在教室后面大声谈论着什么，这令埃里克很惊讶。尽管他在美国见过更糟糕的课堂表现，但在他印象中，韩国孩子更听话一些。

几分钟后，他瞟了一眼坐在他后面的同学，惊讶地发现大约有三分之一的同学睡着了。不是偷偷地打盹儿，而是肆无忌惮、毫不羞赧地趴在课桌上睡觉，有个女孩甚至还带了一个防滑枕头。能看出来，在课堂上睡觉已经是大家习以为常的事情了。

怎么会这样？埃里克之前了解到的是，韩国学生勤奋刻苦，在数学、阅读和科学等科目的国际测试中"吊打"美国学生。但他从未听说过他们会在课堂上明目张胆地睡大觉。似乎是为了平衡同学们的不良表现，埃里克坐得更直了，并等着看接下来会发生什么事情。

老师继续讲课，丝毫没有受到影响。

下课后，学生们都醒了。他们有10分钟的课间休息时间，每一秒都被他们充分利用了起来。女生们坐在自己的课桌上或翻倒的垃圾桶上聊天，或者用手机发信息。几个男生开始用铅笔敲击课桌。他们在教室里出奇地无拘无束，好像在自家的客厅里一样随意。

下一节是科学课。同样地，至少有三分之一的学生在课堂上睡觉，这几乎像一场闹剧。韩国学生在课堂上花那么多时间来睡觉，那他们在国际测试中是怎么取得令人称赞的高分的呢？

很快，埃里克发现老师手里那个挠背小耙子的真正用途了。原来这是韩国版的"唤醒闹铃"。当学生们在课堂上睡着或者开小差的时候，某些老师会用它轻轻敲打他们的头以示警告。学生们将它称作"爱的棍棒"。[1]

午餐时，埃里克跟着其他同学去食堂，同学们吃什么，他也吃什么。他将泡菜盛到他的餐盘里，还有几乎透明的面条、看起来像蔬菜的食物以及炖牛肉。他看到了那个加拿大女孩，欣慰地坐下来和她一起用餐。能吃上一顿真正新鲜美味的午餐确实是一种享受。他在明尼通卡时，只能把从家里带来的便当加热当午餐。

有那么一瞬间，坐在温暖的食堂里用筷子吃面条的埃里克，觉得做出来韩国的决定实在是太明智了。和他一起毕业的同学都已经开始了大学生活，他们可能已经见到了室友，还要参加新生写作研讨会和学生联谊会。埃里克慎重地决定另辟蹊径，他已经花了13年的时间上学，克制地忍受了很多无聊的时光，像世界各地的许多孩子那样，他浪费了太多时间看手表、在页边的空白处涂鸦以及思索生活是不是该如此虚度。

在高中生活的最后两年，IB课程让他领略到了前所未有的挑战。它使埃里克明白了学习的真谛——为了独立思考和探索新事物而学习，不是为了学习而学习。

所以，当他得知自己被芝加哥德保罗大学（DePaul University）录取后，他选择了延迟入学。他一直很想去亚洲，探索这个他一无所知的完全不同的世界，并融入其中生活一段时间。然后，他可能回到美国，布置好宿舍，正式开始高中毕业后的生活。

韩国孩子狼吞虎咽地解决掉午餐，然后比赛一样往外跑，只为争取那一点可怜的空闲时间。有些男孩在布满泥土的场地上踢足球，几个女孩坐在台阶上，弓着背玩智能手机，登录类似Facebook但隐私性更强的CyWorld（赛我网）。埃里克是最后一批吃完饭离开食堂的学生之一。

课间，埃里克向其他同学打听了关于韩国高考的事。一个男孩告诉埃里克，除了分数会决定将来的命运，韩国高考与美国的SAT没什么两样。

"在韩国，一个人的受教育程度可以被简化成考试分数。"这个男孩文绉绉地解释说，"如果分数足够，那么拥有一个美好的前途就如同探囊取物。"

考得高分就能保证你进入韩国最好的三所大学（首尔大学、高丽大学和延世大学）之一，随后找到一份称心的工作，拥有一套漂亮的房子，从而过上安逸的生活。正如另一位同学半开玩笑地说，那时每个人都会尊重你，你会成为上帝的宠儿。

但是有一个问题：只有 2% 的人能进入这三所顶级大学之一。[2] 因此，高考是韩国数百万学生和家长实现愿望的关键环节。埃里克的同学都带着近乎恐惧的心理谈论这个考试。尽管他们在未来两年里都需要努力学习、规划并祈祷自己能在这次考试中取得好成绩，但没有一个人期待它的到来。

明尼苏达州的高中有自己的毕业考试。埃里克在高中二年级就通过了毕业要求的数学考试，试题非常简单，他简直无法想象会有人不及格。那些考分低于及格标准的学生会被编入一个特殊的班级，允许不限次地重考，直到通过为止。相比之下，韩国高考每年只有一次，而且考题难度与美国考试有天壤之别。如果考试不理想的学生想要再考，就必须再等一年。

下一节课，老师在黑板上写出每个学生的考试成绩，不过使用的是学生的学号，没有直接写名字，但所有孩子都知道彼此的学号。在以后的学习生活中，埃里克很多次看到老师按学生分数高低公开排名，这只是第一次而已。得知分数后，同学们表情各异，有一个女孩以手掩面，还有一个女孩摇头叹息。

学校的大多数考试都会按学生的成绩给他们分级并做出评价，所以无论学生付出多少艰辛和汗水，都只有 4% 的学生能够得到最高评价。一级级往下，一直到第九级，也就是得分最低的学生。同样，每次只有 4% 的学生会得到最低评价。

埃里克班上的每个同学都知道其他同学的排名，不仅仅是这次考试，而是每一次考试的各项排名。得分最高的 28 个学生是班级的"英雄"，也是"烈士"。因为他们学习最努力，失去的也最多。

下午 2 点 10 分，埃里克早早离开学校。因为他是交换生，可以不参加工作日的加课。他问其中一个同学，自己走后同学们都会干些什么。

"我们继续学习。"

埃里克茫然地看着他,继续问:"学习到什么时候?"

"4点10分下课。"他说。

然后这个同学接着告诉埃里克,放学后,学生们要打扫教室、拖地、擦黑板,还要倒垃圾。那些犯了错(比如行为不端或留长发)的学生,都必须穿着红色围裙去打扫厕所。无论情愿与否,付出劳动是韩国校园文化的核心。人人如此,无一例外。

4点30分,每个人又再次坐回自己的座位,开始参加高考的备考课程。下课之后再到学校食堂吃晚饭。

饭后还有两小时的晚自习,在老师并不严格的监督下进行。大多数学生在这个时间复习白天的课堂笔记,或在线观看备考课程。而老师会在走廊里巡视,如果发现学生将电子设备用于非学习用途,就会将它没收。

大约在晚上9点,埃里克的同学终于可以离开学校了。

但这一天的学习还没有结束。放学后,大多数孩子还要去校外辅导机构继续学习。有个男孩说,这才是他们真正学习的地方。他们在辅导机构学习的课程更多,直到晚上11点,全市的辅导机构开始宵禁,他们终于可以回家睡觉了,然后第二天早上8点之前又必须赶到学校。

听了这个作息安排,埃里克简直目瞪口呆。一个十几岁的孩子怎么能除了学习什么都不做呢?突然,他明白了那天在课堂上的所见所闻。他们之所以有那样的表现,是因为他们就像在教室里生活,而事实也确实如此。学生们每个工作日会在教室里待12小时以上,也就是说,他们每学期学习的时间比明尼苏达州的学生长近两个月。学生在课堂上睡着的主要原因是他们实在太累了。

埃里克突然想尽早离开这所学校。

下午2点15分,他和那个加拿大女孩一起步行穿过泥土操场。经过了7小时的学习，他们俩是最早离开学校的。当韩国学生还在努力学习的时候，这两个交换生走进一家便利店。埃里克看到一个红豆沙制成的鱼形冰激凌，买了一个，希望它的味道不像鱼。果然不出所料！这是个香草味的。大约到了2点30分，他坐上公交车回家了，而此时韩国学生仍在继续学习。

回到寄宿家庭的公寓里，躺在床上，埃里克辗转反侧，一直在思考那个男孩所说的话。和美国学生相比，韩国学生每个工作日相当于要上两次学。他惊觉这可能就是韩国学生PISA得分高的原因之一。如果事实真是如此，那就太让人心灰意冷了。学生们确实学到了很多知识，但他们付出的时间却多得不可思议。他们在学校有数学课，在辅导机构也有数学课。他对这一切的低效感到震惊。在韩国，上课永无止境！

凝视着窗外的城市，他想到了从前。在离开美国之前，他曾经认为美国学校的标准化考试太多，学生和老师的压力太大，似乎每个人都在抱怨考试和过于程式化的学习。现在，回想起那些所谓的高风险测试和孩子压力过大的说辞，埃里克觉得有点可笑。

美国的学生在考试这件事情上并没有太大压力。[3] 特别是标准化考试，压力已经小到不能再小了。如果说因为考试表现不佳而有任何后果的话，那也主要是针对那些在学校工作的成年人。比如，学校可能会被联邦政府责令改进，而且在某些地方，还有少数老师因为学生的分数极低，最后可能会失去工作。[4] 但对于大多数孩子来说，标准化考试是经常发生、实际意义不大、对他们的生活毫无影响的事情。

甚至常规的课堂测试在韩国和在美国的意义也完全不同。在美国，如果孩子分数不理想，他们总能得到安慰，比如会有人对他说"这个测试不公平"或者"没关系，不是每个人都擅长数学"；而在韩国，则会被老师或家长训诫说"你学习不够努力，之后必须更加努力地学习"。

他开始意识到，压力是相对的，考试也是如此。迄今为止，据埃里克观察，南山高中似乎旨在通过简朴的教室和残酷的成绩分级来告诫学生：他们的前途并不取决于他们的体育比赛得分、自尊心或者在社交媒体上的活跃度，而在于他们有多么努力地掌握严谨的学术知识。

他不禁想，难道在国际测试中成绩最好的学生就是这样的吗？如果是这样，埃里克不知道自己会不会想成为这样的世界第一。

"小铁人"竞赛

我有幸在首尔见到了韩国教育科技部部长李周浩。他有着孩子气的刘海和温和的、不那么严肃的表情，这两者巧妙地掩盖了他的职业身份。

李部长本身就是韩国教育高压下的产物。他曾先后就读于韩国的一所精英高中和首尔大学。之后他还获得了康奈尔大学经济学博士学位。他的晋升非常顺利，先是成为一名教授，然后走上仕途。但是，当上教育部长后，他的目标却是一步步地给学生减压。

我和李部长及其随行顾问坐在一张大桌子旁喝茶，这些人中没有一个人说话。当我问他是否同意奥巴马总统对韩国教育体制的高度赞扬时，他无力地笑了笑。他经常被问到这个问题——通常是那些不明白为什么美国总统（或者美国的其他人）会喜欢韩国教育体制的韩国记者提出的。

"你们美国人看到的是韩国教育体制光鲜的一面，"他说，"但韩国人并不引以为荣。"[5]

在某些方面，韩国展现了古老而又极端的亚洲传统。中国自公元7世纪实行科举制度以来，就有家庭为了孩子能在科举考试中金榜题名而专门聘请教书先生，这比活字印刷术的出现还早400多年。在公元10世纪的韩国，年轻人必须通过考试才能得到政府的工作，从而一展抱负。[6]实际上，当时只有那些买得起书、请得起先生的大户人家，才负担得起让自己的孩子参加这种考试的开销。

尽管美国人都对亚洲人怀有擅长数学和科学的刻板印象，但普通的韩国人却不是从古至今都表现得那么聪明。虽然中国的孔子可能将持之以恒、砥砺钻研的价值观也潜移默化地灌输给了韩国人，但韩国历史上在数学方面并没有什么建树。其实直到20世纪50年代，韩国的绝大多数民众都是文盲。这个国家在朝鲜战争结束后才开始重建学校，当时韩语中甚至找不到"数学"和"科学"等现代概念的词汇。那时出版的教科书里，许多现代的词语都是临时造出来的。[7] 到1960年，韩国的师生比是1∶59[8]，只有三分之一的学生能进入中学就读。[9] 国家贫困昭示着学术落后，如果当年存在PISA测试的话，美国在任何学科上都会远胜韩国。

在接下来的50年里，韩国成了李部长所说的"人才强国"。这个国家没有丰富的自然资源，因此只能将人才转化为资源、将教育转化成货币。这一时期韩国经济的迅速崛起造就了一批"买彩票"的家长：如果自己的孩子挤进了最好的中学，就步入了上最好高中的轨道，也就有了进入顶尖大学、随后获得体面且高薪的工作的机会，这是整个家族的荣耀。

这种竞争遵循着非常明确的规则：只要在大学入学考试中取得可观的分数，你就能顺理成章地进入顶尖大学学习。因此，考取一个更好的学校，永远意味着要比别人付出更多。这一体制的透明性就如其残酷性一样明显。这给孩子发出了非常明确的信息，让他们知道大学招生是通过考试分数来衡量学生的水平的，这是高考最重要的意义所在。没有人会因为擅长某项体育运动或因为他的父母从那个大学毕业而被录取。[10] 从某种程度上来说，这比许多美国大学更"任人唯贤"。

如果没有对教育事业的狂热投入，韩国不可能在2011年度成为世界经济强国。自1962年以来，韩国GDP已经增长了400多倍，成为全球第13大经济体，其中，教育功不可没。[11] 教育就像韩国反贫困计划中的一支疫苗，它会让家庭背景对孩子人生发展的影响越来越小。[12]

但是，不管是大学录取人数，还是体面又高薪的好工作，都数量有限，所以这些"彩票"就演变成了令家长和孩子都极为怨恨的"小铁人"的竞争，即使他们仍旧在这种竞争体制下亦步亦趋。这本是培养精英少年的极端选拔制度，结果硬生生演变为影响成年人安身立命的制度。即使创办更多的大学，公众仍然只会关注最好的大学。这对世界其他国家起到了极好的警示作用。竞争已经变成了目的本身，而不是激励大家努力学习的动机。

李部长告诉我，韩国教育有一个怪圈。由于竞争过于激烈，所以人们过度注重考试成绩、过度依赖私人辅导机构，甚至达到了不健康的程度。即使在暑假，图书馆也人满为患，只好让孩子们凭票入馆。许多家长迫不得已，让孩子到遍布城市的以营利为目的的自习室中，花4美元租一个有空调的阅读室来学习。

李部长认为，韩国极高的PISA成绩大多是学生不懈努力的结果，而不是学校教育的功劳，是学生及其家庭的努力，才让测试成绩如此漂亮。换句话说，韩国极高的PISA分数应归功于学生要胜出的动机，而非课程体系本身。

韩国财政拨给学校的人均教育经费只相当于美国的一半，但是，韩国家庭为孩子投入的教育支出却远高于美国。因为政府补贴并没有涵盖学生所有的费用，所以学生家长除了支付辅导机构的费用外，还要支付部分学费。埃里克所在的南山高中不是釜山最好的公立学校，但每个学生的年均花费仍然达到了1500美元。

表面上看，埃里克的家乡明尼苏达州的高中和韩国的高中有相同之处。明尼通卡高中和南山高中都号称辍学率不到1%，而且两所学校都给予教师丰厚的薪水。[13] 然而，当明尼通卡高中的学生在排练音乐剧的时候，南山高中的学生除了学习还是学习。问题不是韩国学生掌握的知识不够或者学习不努力，而是他们的学习方法不够明智。

"小铁人"文化具有传染性，普通学生和家长难以摆脱这种压力，只能选择焚膏继晷地刻苦学习。但与此同时，学生们也在不停地抱怨，排名和考试成绩压垮了他们的精神，剥夺的不仅是他们的睡眠时间，还有他们清醒的意识。

重新审视教育狂热症

一个星期天的早晨，首尔一位叫志（Ji）的学生在家捅死了自己的妈妈。[14] 他之所以做出这种过激行为，仅仅是为了阻止妈妈参加学校的家长会，不想让她发现自己谎报了考试成绩。

随后，志将这个秘密保守了8个月。他每天照常上学，就像什么也没发生过。他告诉邻居，妈妈已经离开了小镇。为了防止别人发现尸体腐烂的气味，他用胶水和胶带将房间的门密封了起来。他还照常邀请朋友来家里吃拉面。最后，他偶然来访的爸爸发现了尸体，于是，志因谋杀罪被逮捕。

这个骇人听闻的凶杀案震惊了全国，志杀人的细节和动机也成了人们关注的重点。很多韩国人认为，志的案例并不只是一个偶发的惨剧，而是迫使韩国学生变得如此疯狂的教育体制的反映。

就考试成绩而言，志在韩国高中生中排在前1%，但是，从数量上看，他在全国的排名在4000名左右。志说，他的母亲坚持要他不惜一切代价考取第一名。每当发现他的成绩没有达到她的期望时，她就会打他，甚至不让他吃饭。

在这个事件中，多数韩国人更同情这个儿子，而不是他死去的母亲。那些发表评论的人都将自己高中时的苦涩记忆投射到志的犯罪动机中。有些人竟然说这位母亲完全是咎由自取。[15]《韩国时报》的一篇社论说，受害人是"无论孩子考多高的分数，都永不知足的爱出风头的'虎妈'"。[16]

志被逮捕后，立即向警察坦白了罪行，哭诉他杀了母亲之后如何噩梦不断。在庭审中，公诉人要求判其 15 年有期徒刑。最后，法官从轻判处志 3 年半有期徒刑。

与此同时，韩国政府官员们发誓，会重新审视大众所称的"教育狂热症"。在这位李部长的任期内，教育部已雇用并培训了 500 名招生官员，以帮助韩国大学参考美国大学的方式选拔考生。也就是说，招生不再一成不变地以考试成绩作为唯一标准。

然而，几乎在一夜之间，各大辅导机构又研究出一系列新的手段，旨在帮助学生应对新的招生规则。为公平起见，新的规则增加了专门针对有农村或单亲家庭等背景的弱势学生推出的录取优惠政策。结果，数百名学生被指控为了享受这种优惠政策而谎报自己的家庭出身，还有家长因此假离婚。[17] 教育狂热程度仍然有增无减。

韩国领导人担心如果教育系统不进行更深入的改革和创新，那么经济增速将会放缓，生育率也会继续下降，所有家庭都会因教育支出所带来的压力而苦不堪言。

为了反过来改善公立学校的教育质量，减轻家长对辅导机构的依赖，李部长试图对教学加以改进。相对于美国和大多数国家，韩国已经有了高素质的小学教师。韩国的小学教师是全国 12 所大学的相关申请者中排名前 5% 的最优秀的人才，而且他们都受过良好的培训。韩国正在接受岗前培训的初中教师在 6 个国家的联合数学测验中位列榜首，远远胜过美国未来的教师。[18]

然而，韩国高中老师的素质并不像小学和初中老师那样令人印象深刻。由于几十年前教师短缺，政府犯了一个致命的错误，那就是让太多的高校培养中学教师。[19] 那 350 所学院将标准降到比培训小学教师的标准还低。就像美国有 1000 多所教师培训学院一样，韩国所培养的教师远比这个国家真正需要的多得多。教师储备对院校来说是个非常有利可图的项目，但标准的降低使得教师的声望整体下滑，教学质量良莠不齐。正如韩国一位著名的政策制定者所说:"教育系统的质量与教师的素质密切相关。"[20]

为了提升教师的职业素养,教育部推出了一项新的教师评价制度,该评价制度能将教学情况及时反馈给教师,并责令他们对教学成绩负责。在新的制度下,教师要接受学生、家长及其他教师以在线调查形式进行的评价,这意味着教师将接受360度全方位的审查,就像许多企业对职员所采用的评估方法(与美国许多地区所采取的模式不同,韩国的教师评价方案没有将学生考试成绩的提高考虑在内;与我交谈的教育部官员似乎也考虑过将这方面的数据纳入评价,但因为学生所属的班级与教师并不是一一对应的,而且包括外聘教师在内、好几位教师教同一科目的情况也屡见不鲜,他们不知该如何分配责任)。

根据韩国的新规定,评估中得分较低的教师本应接受再培训,但是,和美国某些地区一样,每当改革者试图推行类似政策时,总会遭到教师及工会组织不同程度的反对。教师工会认为,这种"回炉再造"的做法有损教师人格且有失公平。因此,理论上无懈可击的政策在实践中却变得寸步难行。在韩国,作为抗议的一种方式,一些教师给了所有同事最高评价。2011年,韩国教师实际进行再培训的只占不到1%,有的直接拒绝接受这种再培训。[21]

上任一年后,李部长的最大成就之一是降低了韩国家庭在校外辅导机构的花费。虽然这一数据仅下降了3.5%,但他仍认为这是莫大的胜利。[22]

听了李部长的叙述,我在想,不论是成功的经验,还是失败的教训,其他国家都可以参考。首先,各国国情不同。可能在有些国家,这种做法能取得很好的效果。尽管韩国还没有完全消除贫困和文盲,但他们已经对孩子的未来有了更多期望。韩国在不遗余力地消除贫困之前,就对其教育体制,包括师范院校进行了彻底整改。对教育的执着信念和国民的不懈努力使韩国一跃跻身发达国家行列。

其次，严肃认真的态度至关重要。韩国人知道掌握高难度的学术理论意义重大，尤其是在数学方面，他们从不走捷径。他们能取得优异的成绩，主要归功于他们的勤劳而非天赋。这种态度意味着所有学生都愿意付出努力，对国家来说，这种品质比黄金或石油更可贵。

正如埃里克在第一天就注意到的，韩国学校的目标只有一个，那就是让孩子掌握复杂的学术知识。这是与美国学校最明显的区别。相比之下，美国学校的培养目标有很多，学习科学文化知识只是其中之一。而培养目标过于多样化，容易让孩子们忽视一个至关重要的事实，那就是掌握必要的知识才是重中之重。

例如，美国学校将大量的资金投入到运动器材和科技设备上，而不是用于提高教师的薪水。我对来自 15 个国家的 202 名交换生进行的调查问卷结果是，绝大多数学生都表示自己在美国学校看到了更多科技上的投入。甚至来自 PISA 高分国家的学生都这么认为。通过交换生计划去国外学习的美国学生中，73% 的人认同这一观点。美国每个学校都配备了智能电子白板、高科技投影仪以及堆积成山的 iPad。[23] 然而，除了供应商，几乎没有证据表明有人从这些设备中受益。

再次，这也是李部长面临的最迫切的问题：在一个根据成绩将人划分为三六九等的社会，在竞争中脱颖而出很可能成为孩子们为之奋斗的最终目标。学生及其家长可能会忘记学习的真正目的，而过度注重排名和分数。在美国某些高收入社区，为了能进入常青藤盟校就读，当然也为了证明自己在考试时能得高分（也许之后才怀疑为什么要这样做），孩子们同样被迫夜以继日地学习。但在美国，这种一味追求排名和分数的现象并不那么普遍，这一点，从美国富有家庭孩子的数学成绩一直较低就可以看出来。事实上，只有 15% 的美国中学生参加了校外辅导班，低于发达国家的平均水平。[24] 然而，有少数学生（许多是亚裔美国人）仍生活在西化版的"小铁人"竞赛中。

最后，显而易见的是，韩国真正的教育创新没有出现在政府或公立学校中，而是出现在韩国的隐形教育系统——李部长正在试图改革的校外辅导领域。我也发现，如果要调查韩国自由市场条件下的教育系统的真正面目，就必须等到深夜。

李部长认为芬兰的教育模式远比韩国的优越。[25] 毕竟，芬兰政府用于在校生的人均花费比韩国少得多，而且只有 10% 的芬兰孩子选择参加校外辅导。[26] 而在韩国，有 70% 的学生选择在校外补习。尽管这两个国家的学生的 PISA 得分都名列前茅，但很显然，芬兰学生的投入产出比更高。李部长说，成为超级人才有多条途径，但应选择更高效的途径。

韩国学生的幽闭恐惧症

在首尔拜别教育部长后，我搭乘高铁来到釜山。这是一座位于韩国南部的新兴海滨城市，埃里克自告奋勇要给我做向导。他戴着一副白框太阳镜，身背斜挎包，热情洋溢地出现在我入住的酒店大堂。

"你喜不喜欢韩国菜？还是你已经吃腻了？你吃没吃过韩国比萨？真的很美味！或者我们可以吃寿司。"

很显然，埃里克已经爱上了韩国。当我们穿过叫卖声不断的购物摊时，他指给我看印有奥巴马总统头像的袜子，还让我品尝了他最喜欢的酸奶饮料。我们还特意去了一家礼品店，他把那个写着"臭名昭著"的午睡枕指给我看，并异常兴奋地向我演示了它的用途，讲解了他的同学是如何利用这个可以套在手腕上的枕头舒舒服服地趴在课桌上睡觉的。

他告诉我："我的适应能力很强。"他正在努力学习韩语，现在在餐厅点餐时自己一个人也能应付自如，偶尔还可以用韩语闲聊。他为我俩点了地瓜味比萨。到现在为止，他已经在山上的一家寺庙里待过一晚上，还学会了跆拳道。某个晚上在鱼市，埃里克甚至说服自己吃了缠在筷子上的活章鱼。

埃里克很喜欢韩国的风土人情，他觉得韩国人很热情。其实，唯一让埃里克觉得有问题的就是学校。他曾尽力让自己以一种兼收并蓄的开放心态来接受韩国的教育体制，但他一想到在南山高中的那些日子就不寒而栗——每天要和那些精神高度紧张，甚至精疲力竭的同学在教室里共同度过6小时，其间只能在课间闲聊几分钟，放学后，自己也只能孤单地坐公交车回家。

并不是埃里克不能独处。事实上，他曾有过很多被孤立的经历。由于在美国有过几年"见光死"的同性恋历史，他知道寂寞的滋味。

但他渐渐发现，在韩国，这种压力远不止性压抑那么简单。韩国中学生被关在狭小而又封闭的空间里，整天为考试而浑然忘我地刻苦读书。"我了解的韩国学生都不喜欢这样的教育体制。"他边摇头边叹息，"他们恨之入骨。"

不过韩国教育体制也有令埃里克钦佩的一面，那就是几乎每个人都对孩子通过学习获得成就抱有厚望。除此之外，他还对韩国辅导机构非常好奇，据同学们说，他们在那里能学到很多东西。然而，他也终于明白，高处不胜寒，世界之巅或许是个寂寞的地方，而且重要的不是谁能到达那个高处，而是他们为了到达高处所要付出的代价。

第 4 章 为什么美国学生不擅长数学？

从宾夕法尼亚到波兰：汤姆在弗罗茨瓦夫他交换就读的那所高中外。

8000 千米之外，老师在向汤姆提问。

这是汤姆在波兰上学的第一天。他本想在教室后面安静地坐着，努力使自己不引起注意。可是现在老师却偏偏看着他，等待着他的回答。他只好重复用波兰语回答："我不会说波兰语。"他微笑着，俨然是个一无所知的交换生。到现在为止，这种战术还比较奏效。

再过两周，汤姆就 18 岁了。他有着刚长出的薄薄一层髭须和一双黑亮的眼睛，虽然从体型上看还是男孩模样，但一张年轻男人的脸庞已经棱角分明。当他微笑时，一对从母亲那里遗传来的浅浅酒窝，总会调皮地出现在脸颊上，让他看上去比实际年龄至少小 3 岁。一般来说，美国老师会接受这类解释，不再继续追问。

然而这位波兰老师却不依不饶，用英语复述了她的提问："这道题你能来解答一下吗？"老师将粉笔伸向汤姆，示意他到教室前面来。这是一堂数学课，老师在黑板上写下了多项式求解问题。

汤姆的心脏怦怦直跳，紧张地慢慢向黑板走去。班级里其他22名波兰学生都好奇地看着这个美国人，想知道接下来会发生什么事情。

波兰的历史，堪称一部苦难和救赎的交响曲，在本书的后面部分会有所展开。仅就现在来说，汤姆只是觉得自己来到了一个压抑的国家，它的历史非常复杂，可这本就是他想交换到波兰生活的真正原因。

在美国，汤姆一直生活在宾夕法尼亚州葛底斯堡，美国南北战争时最血腥的战役就在此打响。约有5万人在汤姆家乡的山间身负重伤，甚至英勇就义。每年都会有成千上万的游客慕名来到这个空旷、沉默的战场，寻找遗迹，祭奠英灵。

然而在汤姆看来，从19世纪开始，葛底斯堡就变得越来越枯燥无聊了。这是一个距离华盛顿特区仅两小时车程，却宛若世外桃源的小村庄。汤姆小时候就对小镇纪念品商店随时有售的玩具士兵不感兴趣，亲身扮演"二战"士兵才是他最喜欢的。

到十几岁时，除了参加体育运动和美国未来农场主组织的活动外，汤姆还会拉大提琴、听音速青年乐队的歌、看伍迪·艾伦导演的电影，这些活动几乎占据了汤姆高中时代的所有课余时间。每年8月，葛底斯堡勇士橄榄球队都会以盛大的自助餐活动拉开又一个激情洋溢的赛季序幕。至于当地的咖啡馆，一般会在太阳落山前关门歇业。

汤姆很早就知道外面的世界纷繁复杂。他父亲是一位婚姻家事律师，经常处理离婚和监护权案件。他母亲是镇上的首席公职律师，在没有窗户的地下办公室工作，为葛底斯堡那些最为人唾弃的人辩护，包括因杀害了野生动物保育员而面临死刑的年轻男子。

为了缓解工作带来的压力，汤姆的父母经常以读书作为消遣。就像其他家庭钓鱼或看电视那样，他们会一起阅读，只是阅读的书各有不同。

每逢周五晚上，他们会带着汤姆和他的两个哥哥去巴诺书店，在那里，所有人都沉浸在各自喜欢的书所营造的世界里。如果周末下雨，他们会在各自的房间安静地看书，家里的环境非常安宁，唯一有可能打搅到大家的就是窗外淅淅沥沥的雨声了。

汤姆的两个哥哥只是在闲暇时随意读些书，而汤姆则会如饥似渴地阅读，仿佛在探寻他永远无法完全解开的某个隐喻。暑假里，汤姆的妈妈发现他能在后院专心致志地看好几小时书。有一年冬天，他读完了所有契诃夫的著作。此外，他还读了两遍《钢琴师》。

高中最后那年，汤姆决定做一名交换生，离开葛底斯堡，去他曾经读过的某部小说中出现过的地方。他一直都想去东欧，因为他觉得与陀思妥耶夫斯基和纳博科夫等著名作家生活在同一个地方，一定是一件很浪漫的事情。汤姆很少外出旅行，但他相信在那个遥远的国度，有小说中所描写的或者自己想象中的浪漫和传奇。他常常会幻想自己在肖邦的故乡演奏肖邦的钢琴曲。

最后，他如愿以偿来到波兰，一切似乎都在按照他的计划进行。但是令他意想不到的问题也接踵而至：从汤姆走进波兰教室的那一天起，他就无形地承受了一个外来交换生会承受的压力。

汤姆不太擅长数学。

和许多美国孩子一样，汤姆在初中时就已经在数学学习中迷路了。刚开始只是某一两节课听不懂，然后听不懂的课越来越多。他感觉很难堪，也因为不想承认自己没有其他孩子聪明而羞于向他人寻求帮助。这直接导致他在八年级的一次初级代数测验中得了零分。其他课程没学好，通过努力还可以提高，唯独数学，每节课的内容都以前一节课的内容为基础，如果前面的内容没有掌握，就无法继续后面的课程。不管怎么努力，他似乎都无法跟上老师的教学进度。他感觉自己越学越笨，糟糕的成绩使他对数学越来越反感。九年级的时候，汤姆的数学成绩赫然出现了最低评级 F。

在美国，与其他任何科目相比，数学都更让学生想要逃避。[1] 当人们谈到美国学生哪些科目表现平庸时，他们肯定不会谈到阅读。在 PISA 中，阅读方面美国学生排名第 12 位，高于发达国家的平均水平，这个成绩是相当喜人的。尽管富裕家庭出身的孩子和低收入家庭的孩子之间差距仍然很大，但平均水平还算不错。

在数学方面，美国学生平均得分排名第 26 位。低于芬兰（第 3 名）、韩国（第 2 名）和波兰（第 19 名）。虽然美国学生科学测试成绩也不甚理想，但数学显然更糟糕。

某种程度来说，孩子在数学方面的表现预示着他的未来。[2] 即便抛开诸如种族和家庭收入等因素不谈，就大学毕业的概率来说，那些数学成绩好的学生毕业率也显然更高，而且大学毕业后的收入也更为丰厚。

为什么数学如此重要呢？一方面是现实原因，比如现在越来越多的工作只有精通概率、统计和几何知识的人才能胜任。另一方面的原因则在于，数学不是单纯的一门学科，它还是一种逻辑语言，这种语言需要严谨的归纳和缜密的思考。不管多么错综复杂的问题，都只有一个正确答案，而且推理过程必须遵循既定的逻辑规律。数学比其他任何科目都更严谨、更科学。掌握了这门逻辑语言，孩子能够养成诸如推理能力等更高层次的思维能力，从而探索新的发展模式以及根据已有信息预测未知世界。处在当今各种信息俯拾即是而又纷繁复杂的世界中，这种技能所彰显的价值越来越深入人心。

美国学生饱受数学困扰，即便是那些家庭条件优越的孩子也无一例外。与其他大多数国家（包括波兰）富裕家庭的孩子相比，美国富裕家庭的孩子学习条件更优越，因为他们就读的学校是世界上资金最充足、设备最先进的。然而，与其他国家相比，美国公立学校中条件优越的学生和私立学校的学生在数学测试的世界排名中仍然仅位列第 18 名，得分低于斯洛文尼亚和匈牙利有着同等家庭条件的孩子，与葡萄牙那些出身较好的孩子不相上下。[3]

相对而言，美国贫困家庭的孩子成绩更糟。与其他国家最贫困的孩子相比，美国孩子的成绩排名在第 27 位，远低于爱沙尼亚、芬兰、韩国、加拿大和波兰等许多国家出身寒门的孩子。

为什么美国学生不擅长这种通用的逻辑语言呢？当我在世界各地探索时，这个困惑始终萦绕在我的心头。数据一次又一次地显示，美国学生的数学表现已经糟糕到了令人瞠目结舌的程度。就像缺乏某种营养，从孩子很小的时候就开始，然后日复一日，直到影响健康成长。研究表明，相比于中国香港地区的同龄学生，美国三年级学生课堂上会被提问的问题，以及对此问题所做出的回答，都要更简单一些。[4] 当美国孩子高中毕业时，只有不到一半的学生能够达到继续学习大学数学课程的水平。[5] 如果想解开美国学生在国际测试中为何表现不佳的谜团，那么数学毫无疑问是最重要的线索。

让我们把思绪拉回到波兰弗罗茨瓦夫的课堂上。那天，汤姆走到教室前面，接过老师手里的粉笔，以前解不开数学题目时的沮丧又一次袭来，让他头昏脑涨。他开始在黑板上解题，这道题并不难，他本以为自己可以做出来，而且他的年龄比这里的大多数同学都大。

就在这时，粉笔意外地断了。汤姆用剩下的一小截粉笔继续做题，但他做错了，可能遗漏了某个步骤。他意识到自己的解法似乎有误，却不知道问题出在哪里，只能硬着头皮往下写。他身后有位波兰学生咯咯笑起来，汤姆紧张得手心出汗，等他做完后，老师说："还有人想试试吗？"

汤姆拖着沉重的脚步，低头回到自己的座位。老师再也没有向他发问。

随着这学期的逐渐深入，汤姆发现波兰和美国的数学课有很大差异。

在美国，汤姆和他的同学都会使用计算器；而在波兰的数学课上，使用计算器是明令禁止的。汤姆能看出来，他的波兰同学的数学思维都异常发达，他们对已经掌握的数学技巧能够熟练应用，因此他们有精力去学习难度更高的内容。

第一次考试结束后，老师在全班同学面前公开宣读考试成绩，每个人都能听到。由于汤姆是新来的交换生，老师允许他不参加这次考试。但当他听到老师宣读得分时，还是感到强烈的不安。和埃里克在韩国的感受一样，汤姆无法想象在美国课堂上会有这样公开"宣判"的场景。

他也无法想象每个人的表现都差强人意。在波兰，最低分为1分，最高分为5分。每次测试后，他都急不可耐地想知道是否有人得了5分，结果一个也没有。但也没人感到心烦意乱或大失所望。他们会和往常一样，背上书包赶到下一个教室上课。他不禁想，在葛底斯堡，如果一门考试没人得A，学生们是会放弃这门课，还是会更加努力呢？

波兰孩子似乎已经习惯了考试失利。其实这也很合理，如果题目很难，那么考试的失利就是学生们吸取经验、学习更多知识的唯一途径。正如温斯顿·丘吉尔所说："所谓成功，就是不断经历失败，但从不丧失热情。"[6]

在宾夕法尼亚州上八年级时，汤姆的数学成绩就不及格过。但是在美国，他无法将考试失利视为理所应当，然后坦然接受，事实上，他会将考试失利视为一种难以愈合的伤痛。在美国，考试成绩不理想是很令人泄气的，学生们会不惜一切代价避免这种情况的出现。美国孩子对考试失利无法释怀，或许成人也是如此。

像很多年轻人一样，汤姆从考试失利中得出的结论是自己不擅长数学，而且只要情况允许，他会选择尽量避开它。在高中时，他不知道数学这门学科能对他所喜欢的哲学和音乐这两门课程产生重要影响。他感受不到数学博大精深的美，也不知道只要自己付出努力、时间和耐心，就能学好它，一如他阅读契诃夫的作品那样。

韩国的数学教育好在哪里?

在我跟踪采访的三名美国学生中,埃里克是唯一不厌恶数学的。也许是巧合,全美只有两个州的学生数学能力达到了世界较高水平,而埃里克的家乡明尼苏达州就是其中之一。笼统地说,明尼苏达州的学生数学能力排名仅低于其他十几个国家(包括加拿大、韩国和芬兰),而在全美各州中,只有马萨诸塞州学生的数学成绩比明尼苏达州的学生成绩更好。

当埃里克来到韩国时,他已经有了扎实的数学功底。原因有很多方面,其中之一可能是他生逢其时。如果他早几年出生,情况可能会大不相同。

在1995年的一次国际数学测试中,明尼苏达州四年级学生的得分普遍低于美国的平均水平。尽管白人比例大,中产阶级家庭多,但明尼苏达州学生的整体数学水平并不高。不过两年后,当埃里克上幼儿园时,明尼苏达州出台了更好且更有针对性的数学教学标准。当他11岁时,明尼苏达州参照国际基准,对已出台的这些标准又进行了一次升级。当他上高中时,他的同龄人在数学上的得分已经远高于美国和世界上大多数国家的平均分数了。2007年,明尼苏达州的小学生在一个重大国际数学比赛中斩获佳绩,与日本的同龄小学生不分伯仲。

明尼苏达州做得到,而其他州做不到的原因是什么呢?答案并不神秘。因为当时明尼苏达州建立了相对强大的教育体系。紧接着,他们实施了几项务实的改进措施,如重建学生们对数学学习的常识性认知——如果你觉得数学确实重要,就一定能学会它,而且所有学生都有掌握它的能力。

首先,明尼苏达州官员一致同意并通过了一套明确的、有针对性的标准。这是一次根本性的改变。从那以后,该州走出了之前美国教学内容过于零散、不成体系这一明显的问题所造成的困境。在此之前,明尼苏达州的教师和美国其他地区的教师一样，频频收到教学内容更改的通知。许多美国老师必须同时遵循州教育部门和地方学区制定的不同的教学标准，但这两种教学标准彼此间经常冲突。每年春天，老师都必须为学生参加标准化考试而做准备，不过，诸如此类的考试往往与各种教学标准或课程设置毫无关联。他们必须在各种标准和行政命令之间进行艰难的取舍。

美国的教育目标基本处于一片混乱的状态，无丝毫具体针对性可言。越观察国外的教育情形，就越能印证这个事实。美国杂乱无章的教科书就是对这种混乱的最好诠释。[8]

就像教育研究专家威廉·施密特（William Schmidt）曾详细论述的那样，美国教师的教学和教案所依据的教科书，是在同时满足许多州以及各个学区要求的情况下编写而成的。这就使得美国的教科书内容冗长、经常重复、章节繁杂、缺乏深度。在许多国家，八年级数学课本平均只有 225 页，而美国八年级的数学课本平均页数竟达 800 页。这比欧几里得的《几何原理》全本 13 卷的内容还多 300 页。

美国的教学内容由地方政府管控，这种传统对教师来说简直是噩梦。他们在各种相互冲突的标准之中尽力选择他们认为最合理的去遵循，只能不断教给学生课本中那些重复杂乱的内容。每个秋季，新学年开始时，来报到的新生有些可能已经学过质数了，有些却没有。

长此以往，美国学生可能从一年级到八年级都在学习分数。而聪明国家的同龄人会在三至六年级有规律地学习这个知识点。在美国的大多数州，学生会连续学六年小数知识，直到他们厌倦到极点；而在其他教育强国，小数的相关课程学生仅需要学习三年，之后会开始学习新的内容。这意味着美国学生在小数和分数上所花的时间和精力过多，占用了学习其他知识的时间。

同时也能得出结论：同一学校或学区内，不同班级的代数课所覆盖的内容可能完全不同，这取决于老师所采用的教材。几何课本的选取尤其随意，任何两本美国几何课本之间通常毫无相同之处。可以说，全国各州学校统计数据起伏较大也部分可以归咎于此，因为孩子所学到的知识差异巨大。

而明尼苏达州新出台的这套层次连贯、目标明确的课程标准中，每年的教学内容都围绕几个（而不是几十个）重点专题来展开，这样的教学体系正好弥补了上面提到的存在已久的缺陷。与此同时，全州小学生每天学习数学的时间从 1995 年的 30 分钟延长到现在的 60 分钟。[9] 其他方面也有显著变化，这一新标准不仅使学生的学习重点更集中、更深入，而且还增加了更具挑战性的内容。新课程标准出台之后，埃里克在学习中也有感到厌倦的时候，但他远不会体会到美国其他大多数地方的学生在学习时的无聊。他所在的明尼苏达州效仿了其他教育强国所采用的数学教学方法，并取得了成功。

埃里克在韩国学习的那一年，美国其他各州都开始考虑采取明尼苏达州的做法。为了和实行已久的陈旧标准以及不合理的地方主义彻底划清界限，45 个州一致同意采用更严格的新标准，使孩子在数学和阅读方面可以获得长足的进步。这一新标准即"共同核心"（Common Core），是借鉴了教育强国的相关政策所建立的标准。今后，美国学生不会一至八年级都在学习分数了，这一知识模块将会被压缩到 5 年内学完，比之前晚几年开始，但学习内容更深入。

即便如此，还是有人批评这个标准，认为它挑战了当局的权威。还有人指出，如果教师没有熟练的数学技能或学科素养，这个标准也将成为一纸空文。具有讽刺意味的是，明尼苏达州的官员拒绝采用该标准，而是决定继续使用州议会通过的原标准。得克萨斯州、弗吉尼亚州及其他几个州也是如此。最终这一重大改革会顺利进行，并让美国学校成为世界级名校，还是会起到反作用，目前仍有待观察。

与汤姆正相反，埃里克在韩国最喜欢的就是数学课。他到南山高中的第一天，就发现这里的数学课很合他的胃口。韩国的数学教学方式不同于明尼苏达州，这种教学方式连明尼苏达州都不曾想到过。

这节课是几何课。由于埃里克已经学过几何，而且已经高中毕业，所以他对大部分内容都了然于胸。然而，他发现韩国学生学习几何的方式与他完全不同。

老师会将三角函数和微积分穿插在其中讲解，好像几何只是数学这个大宇宙中的太阳系。[10] 只有结合不同学科的知识，才能解决现实世界中的问题，因为在现实生活中，数学问题并不是围绕几个独立的下属种类发生的。毕竟，几何学研究图形，而微积分研究的是变化。想知道图形变化之后会有何表现（或许你在设计视频游戏时会用得到），你需要结合这两门学科来解答。

埃里克感觉如梦方醒，他以前从不知道原来几何图形也可以这么有趣。虽然在明尼苏达州时，他的数学一直不错，但他经常感到无聊、乏味。小学三年级时，老师曾告诉他母亲，埃里克做两位数加法还有一定困难，而且考试成绩很糟糕。当时他母亲感到很惊讶，因为埃里克几年前就已经掌握了两位数加法。她要求查看试卷时才发现，原来埃里克有很多题目都空着没做。她将试卷举起来，这时她才猛然看出，试卷上所有埃里克做出回答的问题连在一起，成了字母"E"的形状。埃里克是觉得数学有多无聊，才想出这样的点子来找点乐趣啊！

在韩国，数学课通常都进行得非常顺利。老师提问，学生回答，好像数学已经成了他们用来沟通的语言。正如汤姆在波兰的数学课上观察到的那样，韩国也不允许带计算器进教室，不过学生已然掌握了快速心算的技巧。

韩国高二的学生已经开始学习微积分相关书目，埃里克对此印象非常深刻。这些学生没有学过任何高等数学的课程，但做题水平远高于埃里克家乡普通高二学生的水平。如果明尼苏达州认为他们对学生的数学学习能力要求过高，那么不妨看一看韩国的教育，韩国很好地证明了其实学生完全有能力做得更好。

美国大部分地区都低估了孩子的学习能力，而且学生们自己也认识到了这一点。就金、埃里克和汤姆这一代人而言，四年级时有 40% 的学生认为他们所学的数学过于浅显。[11] 到八年级，当其他大多数国家的同龄人已经开始学习代数的时候，美国有 70% 的学生所在的学校并没有开设代数课。[12] 这是美国学生落后于聪明国家同龄人的唯一合乎逻辑的理由，和其他国家相比，他们基本上在以"亡羊补牢"的节奏学习数学。教育政策制定者并未考虑学生的实际需求。

与世界各国相比，美国八年级数学课的内容大概相当于其他国家六年级或七年级的水平。按同一衡量标准横向比较的话，国际测试中表现最好的那几个国家，其八年级学生学习的数学内容相当于美国九年级的水平。

为什么美国学生在数学学习上的能力会被持续低估呢？

在中学时，金和汤姆都认定，在数学领域，要么你会出类拔萃，要么你会一无是处，而且他们都认为自己属于一无是处的那一拨人。不过有趣的是，美国人在学习阅读的过程中，完全不会有这样的想法，如果在这方面不擅长，大多数人会认为可以通过努力学习或换一个更好的老师来提高阅读能力。但出于某些原因，数学更多地被美国人认为是一种与生俱来的能力。

事实上，美国成年人不喜欢数学，他们认为数学对学生来说无足轻重。2009 年，对美国学生家长进行的调查显示，大多数家长认为，高中毕业后，孩子拥有较强的阅读和写作能力比掌握数学和科学技能更重要。[13] 这说明美国家长认为数学像绘画等选修课一样可有可无。当然，被调查的家长当中也有一半表示，让孩子在学校学习科学和数学是一件还不错的事情。他们的看法是对的，毕竟他们是在以他们那个年代的视角来看待这件事。

但以现代标准来看，所有好的工作都要求人们掌握一定的数学和科学知识。承包商需要将通货膨胀因素计入成本预算，X射线技术人员需要用到几何知识。即使在现实生活中，数学知识也同样不可或缺。

人们普遍认为，年轻人能轻松学好外语。2—3岁的婴幼儿，他们的大脑吸收和整合第二或第三语言的速度之快，是10岁孩子无法企及的。那么，为什么美国人会认为自己的孩子学不好数学这门语言呢？

美国的幼儿教育非常重视阅读、艺术、手工以及体育等技能。然而，玩数字游戏仍旧不被认可。美国人认为，这种游戏最好等孩子大一些再开始。

长期以来，美国孩子所学的知识都是随机决定的，而数学是层次分明的学科，只有掌握了基础知识，才能学会更高层次的内容。像汤姆和金这样基础不扎实的学生，就仿佛站在悬空的脚手架上，他们会感到紧张，甚至会跌落，继续往上攀登的可能性微乎其微。所以，学生在人生起步阶段的代数课程影响深远，它甚至关系到学生在高中是继续学习微积分还是彻底放弃学习数学。

第二部分

冬

winter

第 5 章 芬兰教育为什么成功？

从俄克拉何马州到芬兰：金在皮耶塔尔萨里高中。

到了 11 月底，金上学、放学都像在黑暗和寒冷中进行冒险旅行。在这个特别的早晨，气温只有 5 摄氏度，寒风凛冽。这个季节，太阳要到上午 9 点才会升起，而太阳升起的时候，正是金开始上第一节课的时候。此时，她正走在冰冷、寂静的街道上，脚下发出积雪被踩过的嘎吱声。金一直都无法理解，人们为何会选择定居在皮耶塔尔萨里。皮耶塔尔萨里是一个小镇，位于芬兰西海岸，距赫尔辛基约 400 千米。如此寒冷的冬天，这里的人们怎么能忍受，又为什么认为生活在这里是个不错的主意？皮耶塔尔萨里大约有 20000 位居民，但此时走在路上，除了偶尔有汽车呼啸驶过，她没有看到任何人。

凭借微弱的灯光，金依稀辨认出了前方的皮耶塔尔萨里高中。从外表看去，这所高中比她家乡的学校更压抑。即使她已经在这里生活了 3

个月，但每次上学时心里还是会不断涌起这样的感受。不管是金在美国就读的萨利索高中，还是现在就读的皮耶塔尔萨里高中，校舍都是楼层不高、用砖瓦堆砌的，但皮耶塔尔萨里高中用的是灰白色砖块，时间一长，就越发显得灰暗、沉闷。学校外面矗立的大钟之前就已经罢工了。来这里之前，金想象中的芬兰学校并不是这般景象。

走进校门时，一群开怀大笑的男孩和漂亮可爱的女孩刚好路过，却对她视而不见。校门虽然很小，但很正统庄重。入口处和萨利索高中一样，陈列着一排布满灰尘、光泽暗淡的奖杯，看上去仿佛年代久远。走近细看，果然最新的奖杯都是 10 年前的。金很讶异，难道校队这 10 年来都没有获过一次奖？她继续在人群中穿梭前行，同时尽量避免与别人发生碰撞。

她走进教室坐了下来，并腼腆地向挨着她坐的女孩们笑了笑。金的芬兰语老师比平时更有兴致，用芬兰语说了很多金听不懂的话，然后开始给所有学生分发沉甸甸的复印书。金从封面认出，这是 1870 年首次出版的芬兰经典名著《七个兄弟》(*Seven Brothers*)。

就连金都对《七个兄弟》耳熟能详。作者创作这部作品时，芬兰人民饱受蹂躏，正处在水深火热之中。芬兰曾被瑞典统治了 500 多年，直到 19 世纪初，瑞典被俄罗斯帝国击败，才结束了瑞典统治时期。但芬兰随即成为沙皇统治下的一个公国，直到 1917 年才宣布独立。在这样的历史背景下，作者创作了《七个兄弟》，这是第一本用芬兰语出版的书。书中讲述的是七个粗暴、笨拙、经常债务缠身的年轻人最终自学成才的故事。这个故事隐喻了饱经沧桑、直到 1917 年才宣布独立的芬兰的命运。

金感到如鲠在喉。她知道自己读不懂《七个兄弟》，她连现代芬兰语都不能完全理解，怎么能看懂用古芬兰语创作的小说呢？怎么办？她猛吸了一口气，努力使自己的神情看起来略显好奇，就好像她一直都很期待读这本书一样。

不一会儿，金的老师蒂纳·斯塔拉走过来。她身材苗条，棕色的头发层次分明，脸上还洋溢着迷人的微笑，手里拿着一本明显不同于其他同学拿到的书，比刚才分发给大家的《七个兄弟》书页更宽，书脊更薄，封面更闪亮。

她俯下身来，小声地用英语对金说："这本书给你。"

金看了看封面，上面并没有七个兄弟，取而代之的，是七只穿着旧式戏服的卡通小狗嚎叫的图画。她在心里默默翻译书名——《七只狗兄弟》。金不禁笑了，这是一本儿童读物。

斯塔拉老师解释说："这是一本芬兰语的书，但很简单。"她神情有些紧张，似乎在担心会伤害金的自尊心。她继续说："我希望你不要认为这很幼稚。我只是想让你体会这个故事，因为它对我们每个芬兰人都非常重要。这两本书的情节相同，因此你可以跟得上我们关于《七个兄弟》的课堂交流和讲解。"

金接过书，眼里充满了感激，用芬兰语向斯塔拉老师说了一声"谢谢"。

在芬兰的这三个月，金已经发现了不少芬兰和俄克拉何马州学校间的差异。最明显的差异，莫过于这里没有在美国学生看来习以为常的一些东西，比如高科技互动教学白板、走廊里的警察。但待的时间久了，她开始察觉到一些更重要的区别——一些来往的过客留意不到的区别。

就拿她班里的"野孩子"（这是金在心里给那个男孩取的绰号，类似于古惑仔）来说，某天，他似乎宿醉未醒，像往常一样目光游离地走进教室。他有一头金色短发、一双冰蓝色的眼睛和一只红红的鼻子。他在课堂上话不多，但是每当和朋友在一起时，就会去外面抽烟，还会大声嚷嚷。

金曾在萨利索见过很多像他这样的学生。她本以为在芬兰看不到这类孩子，所以"野孩子"的存在令她有些始料未及。现在金明白了，每个国家都有自己的"野孩子"。但与美国的"野孩子"有所不同的是，这个芬兰的"野孩子"是个模范学生，他从不缺勤，而且专心听讲、认真做笔记。斯塔拉老师布置的作业，他也和其他人一样能按规定完成。

按照金以往的经验，在俄克拉何马州，那些"野孩子"很少做家庭作业，他们对什么都满不在乎。而在芬兰，学生们也会抱怨学校，也同样有喜欢和不喜欢的教师，但大多数人似乎或多或少地在心中怀有某种教育观。

有时，金会目不转睛地盯着这个"野孩子"和他的朋友。金曾经将世界上的人分类，可他们不属于其中的任何一类。这里似乎有一种难以言表的氛围，使大家抱有一种严肃的学习态度，即便是那些对大人的要求还不能完全理解的孩子也不例外。[1]

而且金也注意到，许多老师对学校的决定都十分支持。斯塔拉老师认为，金现在的芬兰语还处于初级水平，将她放进芬兰语的高中课堂，是很不合理的。更何况，斯塔拉上课时还要照顾其他学生，这些学生的水平也参差不齐。尽管如此，她还是抽出时间给金准备了适合她的学习内容，让她融入这个课堂。儿童读物是个很有创意的解决方案。金打开书，开始读起了《七只狗兄弟》。

两位老师的故事

像金在俄克拉何马州的数学老师一样，斯塔拉是一位有近20年教龄的资深教师。两位老师都受到各自工会强有力的保护，不会轻易被解雇。[2]世界上大多数发达国家都采用这种模式：有强大的教师工会，老师很少被解雇。

不过相似之处仅止于此。从斯塔拉在大学时决定投身教育事业的那一刻起，就意味着她要接受与俄克拉何马州的教师培养方法完全不同的专业训练。在芬兰，想成为一名教师，斯塔拉必须先被八所声誉卓著的师范院校的其中一所录取。她的考试成绩和综合评价都很不错，但她也知道这些远远不够。[3]

斯塔拉想教芬兰语，所以她申请了于韦斯屈莱大学（University of Jyväskylä）的芬兰语系。除了要将毕业考试成绩单寄给该大学外，她还必须阅读指定的四本书，然后再参加一场特殊的芬兰文学考试，考完试之后再等待结果。每年只有20%的申请者最终会被于韦斯屈莱大学录取。[4]

当时，芬兰所有师范学院的录取标准都很高，类似于美国的乔治敦大学或加州大学伯克利分校的学生选拔标准。[5]而现在，芬兰学校的师范专业对学生的选拔更加严格，其难度与麻省理工学院的选拔标准不相上下。这并不是夸大其词，无论怎样描述芬兰教师的选拔标准都不为过。在美国，每二十所教育学院才有一所设立了严格的选拔制度。[6]有很多学院根本没有任何录取标准，换句话说，任何人都可以当孩子的老师，无论他们自己所接受的教育有多么糟糕。

一般情况下，为了还清多年积累的大学贷款，也为了获得教师资格，美国的准教师们必须通过标准化考试来获得正式职位。这种考试难度并不大，而且与教学内容密切相关。这也造成了一些恶果：大家认为那些最聪明的孩子在大学里不会选择教育专业，于是，教师行业自然而然地得不到足够的尊重。

在芬兰，所有师范院校的选拔条件都很严格，能考取师范院校、参加教师培训项目，就像在美国被医学院录取一样，是非常光荣的事。本就应该这样，从源头开始实施严格的选拔，而不是在教师上岗多年后再制定复杂的评价机制，来淘汰表现较差的人——这样做注定会挫败整个教师行业的士气。

20世纪80年代末，某教师工会打出了一条惊人的广告语："芬兰教师接受的是全世界最高水平的教育。"[7]这样的说法不可能出现在美国，甚至可以说不可能出现在世界上大多数国家。

比如芬兰邻邦——挪威的教育投入也很高，但和美国一样，挪威几乎没有教师准入门槛，因此教师的素质良莠不齐。[8] 几十年来，挪威人一直对师范院校的教学质量感到忧心忡忡，但政府只是例行公事地要求他们做得更好。[9] 和许多国家一样，政府更在乎是否有足够数量的教师能进行社会培训和学校教育，而往往忽视了教师的个人素质。这至少部分导致了挪威15岁学生的PISA得分大致相当于美国同龄孩子的中等水平。而即使是成绩优异的挪威学生，在数学方面，仍然不如世界其他国家成绩优异的学生。[10]

让我们把目光转回芬兰，斯塔拉老师还记得自己收到录取通知书那天，她的母亲有多么兴奋，感到如释重负。她没有举行庆祝仪式，因为在那个年代，芬兰人对这种事情非常谦逊和低调，但她确实觉得自己非常幸运。

进入于韦斯屈莱大学以后，斯塔拉用前三年时间学习芬兰文学。她阅读了大量作品，写了许多长达20页的论文，对小说、诗歌和短篇故事等进行了论述。而在美国，对师范院校英语专业的学生一般没有这样的要求。与此同时，她还要兼顾其他的必修课，包括统计学等。在第四年（六年制），她才开始参加教师专业培训。所有芬兰教师必须获得硕士学位，这也意味着芬兰的教育与美国有着天壤之别。

在一整年的硕士学习期间，斯塔拉进入了芬兰最好的一家公立学校接受培训。有三位教师当她的导师，她很认真地聆听他们的授课。当她给学生上课时，导师和其他实习教师都会做好记录，再将意见反馈给她，其严苛程度类似于教学医院对住院医师的要求。

这个过程很辛苦，但也令人振奋。她知道了自己需要在每节课开始时，更好地调动学生的积极性，然后再进入正式的授课内容。随着时间的推移，她的教学水平与日俱增。当斯塔拉没有授课任务或不需要观摩其他老师讲课时,她会与同样接受教师培训的同学合作,结合各个学科(包括历史和艺术等)的内容设计一些课程,然后,轮流在其他人面前试讲。芬兰教师必须设计和完成原创性研究才能获得学位,斯塔拉也不例外,因此她写了一篇长达200页的论文,主题是中学生的说话方式如何对其写作方式产生影响。

现在,我们来看看金家乡的数学老师斯科特·贝瑟尔。他决定要当教师的主要原因是他想做橄榄球教练。[11]在美国,这种现象不足为奇。1989年,当他还是萨利索的一名高中生时,就已经是全州的四分卫了。"我爸爸在一所学校教书,这所学校距离萨利索大约16千米。"贝瑟尔告诉我,"他也是一名橄榄球教练,我认为我遗传了父亲的运动基因,于是我也产生了做教练的想法。"

虽然贝瑟尔在高中时没有学微积分,但他数学一直都不错。因此,他认为成为一名教练的最好途径就是先成为数学老师。几年来,金有好几位任课老师都兼任教练,贝瑟尔只是其中之一。在芬兰及其他许多国家,体育运动不是学校教学的主要任务,这种混合型的教职被认为匪夷所思。

仅在俄克拉何马州,贝瑟尔可以申请的教师培训计划就有近20个,这一数量接近芬兰全国的三倍。[12]与美国大多数州一样,俄克拉何马州每年毕业的教师人数远远超出了教育系统的实际需求。在人们看来,美国大多数大学的教育院系都是最不费吹灰之力就能进入的专业之一。只要申请人自称喜欢孩子,教育院系通常都不会拒绝。学生一旦考入教育院系,迎接他们的将是较高的成绩评价和相对轻松的学习任务。[13]例如,如果有学生不喜欢数学,院系往往会给这些学生安排特殊的数学课程,而不是像其他院系的学生一样,在数学学习上被严格要求。

贝瑟尔在美国东北州立大学接受了教师培训,萨利索学区的学监、金的妈妈和俄克拉何马州其他许多教师都师出于此。东北州立大学比该州其他任何大学招收的师范生都要多，而且享有良好声誉。然而，它的录取率高达75%，这意味着（并且校方也承认）这所学校所招收的学生在数学、阅读和科学等方面的平均水准，远远不及芬兰师范院校的学生。而且，学生的ACT①成绩普遍低于全国ACT考生的平均水平——这种情况是全美教师培训项目的真实写照。[14]

贝瑟尔并不需要硕士学位就可以在俄克拉何马州的学校任教。但如果他有硕士学位，就能得到升职或加薪的机会，俄克拉何马州的很多教师都考取了硕士学位。但是，由于教育学院入学标准一般较低，课程要求也不高，因此高学历并不能说明什么。在美国的许多州，并不要求教师的硕士学位与他们之前所学的专业相关，只要有教育学硕士学位即可。而硕士学位也并没有帮助提高美国教师的教学质量。[15]甚至有些研究表明，拥有硕士学位的教师在实际教学工作中表现更糟。

从全国范围来看，美国每年毕业的师范生是实际需要的2.5倍。[16]小学教师供过于求的情况最为严重。在这方面，美国并不是特例。教师的低水平和高供应量也困扰着其他一些国家，降低了整个教师行业的教学水平。俄克拉何马人会对教师积极努力的工作态度大加称赞，但是他们从没夸耀过自己受到了多么好的教育。

芬兰以前的状况也是师范院校质量参差不齐，与现在美国的情况相似。这有助于人们理解，为什么芬兰教育改革起步阶段所采取的自上而下、以问责制为基础的改革措施，在实施过程中举步维艰。芬兰也曾出台过类似今天的美国及其他很多国家所实施的"不让一个孩子掉队"法案。[17]20世纪70年代，芬兰教师必须记录他们每个课时的教学内容。国家督学机构做定期查访，以确保教师的授课严格遵循长达700页

---

① ACT（American College Test），与SAT均被称为"美国高考"，这个考试被很多美国大学承认，但中部和西部的院校居多。——译者注

的核心课程文件。教科书由中央主管部门指定,教师不得擅自做决定。[18]

在同一时期,芬兰政府还采取过其他一些在美国或其他大部分国家从未出现过的强硬举措。芬兰对全国的师范院校进行重组,强制这些院校在招生时对申请者进行严格筛选。政府关闭了规模较小的院校,将教师培训资格转交给更好的大学,这只是高等教育更大范围改革中的一部分。这是一个大胆的尝试,当初也并非没有争议。反对者认为,新体制代表了精英主义,而且正如一篇社论所警告的:"尽管农村青年内心充满对教师行业的渴望,但通向这一职业的道路现在被堵上了。"[19]一些大学的领导者也反对新的政策,他们担心引入这样的职前实践训练计划可能会相应地降低其他院系的学术标准和研究声望。[20] 在美国,每当有人提出师范招生选拔制度严格化的建议时,也会出现类似论调。

尽管反对声此起彼伏,芬兰还是义无反顾地进行了这项现代化改革,该国的领导层一致认为,教育是使国家摆脱落后的唯一方法。我越研读这段历史,与了解这段历史的芬兰人交谈得越多,就越欣赏他们在这个问题上达成的共识。芬兰人认为,认真对待教育的唯一办法就是选拔高学历的教师,从每一代年轻人中选择最优秀的那一小部分并加以严格训练。而事实上,他们也正是这样做的。几乎没有国家尝试过这么彻底的改革策略。

于是,20世纪八九十年代,芬兰发生了巨大的变化。其他国家都没有察觉到,芬兰已经进化为一个全新的国度。这个变化十分缓慢,也充满了偶然性,但是没有什么比教育上的变革更能合理解释芬兰的崛起。

随着更高的选拔标准和更严格的教师培训日见成效,芬兰自上而下的"不让一个孩子掉队"式的指令变得多余,更成了一个负担,因为这种做法反而会阻止教师和学校变得更优秀。因此,芬兰开始逐步撤销这些严苛的规定,仿佛是在精致的雕塑完工后拆除脚手架一般。

与此同时,政府也逐步取消了国家督学机构,它们已经没什么用了。现在,教师都经过了精心选拔和严格培训,政府相信他们能够研发新的核心课程体系、带好各自的班级并选择合适的教科书进行教学。他们受到了教师应有的培训，也得到了应有的尊重。

20世纪90年代初的经济危机加速了教育事业的发展进程。由于严重的经济衰退，芬兰地方政府需要削减开支，其中教育预算被削减了15%—20%。而地方官员一致认为，如果地方政府的经费要被大幅削减，那么他们必须得到相应补偿。因此，国家领导层同意授予地方政府更多的自主权，这是其他大多数国家敢想却不敢做的。因为有了之前进行的改革，芬兰这种放权也有了见效的基础。[21]当时，芬兰人已经设计出一套由受过高等教育、训练有素的教师和相对连贯、标准较高的课程体系所组成的行之有效的教学系统。一旦这套系统就绪，问责和制衡就会显得多余。学校领导和老师可以自由撰写教案，在学校内部进行试验，从而找出更有效的、更有创造性的方法，因地制宜地设计出连中央机构都想不到的教学方针。

教育改革发展到金交换到芬兰上学时，已经形成了教师、校长、工会领导人和官员们一起合作，不断改进教育体系以精益求精的良好局面。他们有时也会有分歧，但不影响正常合作和相互之间的高度信任。为了确保学校良好运行，政府每年抽取一部分学生进行有针对性的标准化测试——他们认为没有必要将这种测试应用到所有学生身上。

为什么美国或其他大多数国家都没有进行这样的改革呢？除了芬兰，还有其他国家尝试过吗？

这样的例子很少，但足以说明问题。作为罗得岛州新一届教育厅厅长，德博拉·吉斯特于2009年提高了教育专业选拔新生的最低分数。当时，罗得岛州的录取分数几乎低于全美各州。她有权单方面改变这一状况，并沿着芬兰的发展方向，迈出改革的一小步，要求新教师取得更高的SAT、ACT和教师资格认证测试的分数。

很快就有评论家称她为"精英主义者"，与20世纪70年代芬兰改革所面临的情况如出一辙。反对者认为，曾经在学习过程中表现不太理想的人经过努力会成为更好的老师，这些"先天不足，后天发奋"的老师更能与表现糟糕的学生产生共鸣。这个逻辑是不成立的，连几台手术都不能做好的医生会是一位合格的医学院教授吗？

还有人担心提高标准会导致教师资源短缺。然而，罗得岛州的师范院校每年都有1000多名学生被录取或毕业，比教育系统真正需要的教师数量多了大约800名。由此来看，教师供给数量，特别是小学教师的供给数量丝毫不会受到影响。此外，改革的举措更符合人性法则：教师的门槛越高，这个职业就越有吸引力。这会吸引更多的人进入教师行业，同时想转行的教师会更少。

因为美国是一个种族多元化的国家，所以长期以来，种族歧视一直存在于高等院校、基础教育的公立学校及其他所有研究机构中，吉斯特的努力也被指责为一种歧视性行为。高等教育部门的领导层警告说，新标准的出台，会使那些在学习表现上总是处于弱势的少数族裔学生成为教师的希望越发渺茫。

实际上，罗得岛州的教师队伍中，白人和女性所占比例过大，这本来就与族裔多样化和吸引更多男性从事教师职业的初衷相去甚远。而为了实现这一目标，这个行业需要建立起更高的声望。尤为重要的一点是，少数族裔学生在需要高学历老师的同时，也需要多元化的老师。可笑的是，教师准入门槛的提高并不被视为对学生的投入，而更多地被当作对教师的威胁。

罗得岛州预备教师项目所培养的教师，是该州公立学校实际雇用教师数量的整整五倍！从这一系统中受益的机构似乎只有师范院校本身，但是院校领导仍在抱怨——如果提高录取标准，他们就招收不到那么多学生了。他们向报社记者表达了这一忧虑，记者们也客观地引述了他们的话。

罗得岛大学教育系的代理系主任罗杰·G. 埃尔德里奇（Roger G. Eldridge Jr.）在接受《普罗维登斯日报》(*Providence Journal*)采访时说："这剥夺了太多学生的权利。"[22] 这就引出了一个发人深省的问题："剥夺"

意味着使人们失去某些神圣不可侵犯的权利，比如法律赋予公民的选举权，但是到底有多少人真正考虑过教师行业的庄严性呢？虽然大多数美国人认为教学工作异常艰苦而又至关重要，但有许多人，甚至包括教师和教育学领域的教授在内，似乎都并不认为胜任这份工作需要很高的学术水平。罗杰带着些威胁意味地断言道，如果执行新标准，那么罗得岛大学教育系约有85%的在校生将达不到标准。鉴于从这所学校毕业的教师人数比从其他任何大学毕业的都多，这个数字比例令人震惊，人们本应该为此感到羞愧，然而事实并非如此。

尽管受到多方阻挠，吉斯特仍然没有让步。她说："我有十足的信心，改革将会使罗得岛州未来的教师变得出类拔萃。"[23] 她赞成利用两年时间来逐步提高最低录取分数，而不是一蹴而就地立刻提高录取标准，并允许高校给没有达到最低录取分数却极具潜力的候选人豁免权。可三年过去了，她没有收到过任何豁免申请。在罗得岛大学的教育专业，少数族裔学生的比例从8.8%上升到9.24%，基本保持稳中有升，与当初反对新政策的人所做出的预测完全相反。[24]

对于美国某些教师来说，缺乏严格的训练并不重要，因为他们可以从工作中学习并积累经验，弥补知识的不足。有些教师很幸运，他们能得到优秀校长的支持或导师的指导；但对于其他教师来说，先天的教育鸿沟是非常重要的问题。随着越来越多的学生以上大学为主要目标，并且拥有更高知识层次的人能有更好的经济回报，学生对教师的授课内容也日渐有了更高要求，可遗憾的是，有些知识连教师自己也从未学过。

除了实际教学效果之外，低标准录取还会带来其他负面影响：在美国、挪威等许多国家，人们从不认为投身教师行业的学生是莘莘学子中最优秀、最有前途的。人们以无数种方式暗示他们这一点，这种暗示从他们进入大学那一刻起就从未中断过。

在2000年，也就是金开始上幼儿园的时候，几乎所有新入职的芬兰教师，在他们高中时的成绩排名都位列全校前三分之一，而美国只有 20% 的教师达到这一水平。[25] 更令人难以置信的是，在美国某些大学，成为橄榄球运动员比成为老师的学术门槛还要高。[26]

在芬兰，政府为斯塔拉和其他所有在校大学生支付学费。而在俄克拉何马州，虽然贝瑟尔的学费也有人承担，但这些钱是由佩尔助学金①、个别体育运动奖学金和印第安助学金等拼凑而成的。大多数学生是无法像贝瑟尔这样，有这么多途径来获取奖学金的。

他在东北州立大学上大二时，已向该大学教育学院提出申请。这是除了毕业考试之外，又一次为师范专业选拔优秀人才的机会。但要被录取，贝瑟尔只需取得 2.5 分以上（满分 4 分）的绩点即可。[27] 如果将来想当验光师，那么申请同一所大学的相关专业需要的绩点数都比师范专业的要高。除了绩点之外，只要他大一的英文课得分以及演讲或口语交际基本原理课程的得分均达到 C，即可进入师范专业。

他还需要在与 SAT 类似的 ACT 标准化测试中达到 19 分以上，而当时全国平均 ACT 得分为 20.6 分。[28] 让我们来对这个标准做个解读，也就是说，只要你想从事教育行业，那么即使你的整个学习生涯的最终成绩低于全国平均水平，也是可以在毕业后走上教师岗位的。

在教育学院，贝瑟尔发现，要想成为一名高中数学老师，并不一定非要主修数学专业，于是他也就没有将数学列入主修课程。从全国范围来看，只有不到一半的高中数学老师在大学所学的专业是数学[29]，甚至几乎三分之一的人没有辅修过数学。

再看更低年级的师资，情况就更糟糕了。"大部分小学教育专业的师范生都害怕数学。"[30] 针对 2005 年的调查结果，俄克拉何马州某个数学系

---

① 佩尔助学金是美国联邦政府为需要支付大学费用的学生提供的。助学金和贷款不同，不需要偿还。符合条件的学生可以每年获得一定数额的助学金。——译者注

主任说,"他们对数学的畏惧之情会传递给学生。"还有人估计,约有四分之一的教师从大学毕业后就一直很讨厌数学,也无意提高自己的数学水平。

贝瑟尔喜欢数学,但他的首要目标是成为一名橄榄球教练,所以他的主修专业是体育,辅修专业才是数学。当俄克拉何马州要求对所有高中数学教师进行测试时,他很轻松就通过了考试。考试的大部分知识都相当于十年级或十一年级的水平,对他来说难度不大。[31] 而且,如果没通过,他还可以重新再考,直到通过为止。

与教育强国的教师相比,全美国打算成为数学教师的学生,其真正掌握的数学知识还有很大不足,这种不足尤其应该对中学数学教师起到警示作用。研究人员对 16 个国家立志成为教师的学生进行测试后发现,美国未来的中学数学教师的知识水平仅与泰国和阿曼的同龄人相当,而与中国台湾地区、新加坡或波兰师范在读生的数学水平相去甚远。[32] 因此,美国那些准老师所教的学生,在之后的国际测试中表现平平也就不足为奇了。老师自己都没有掌握的知识是无法传授给学生的。

不过,也许实习才是所有教师培养计划中最有价值的部分。师范生真正走进课堂进行教学实践,并获得如何提高教学质量的反馈意见,才是提高教学能力的最好方式。

在俄克拉何马州,贝瑟尔的实习经验帮助他学会了安排课程和管理班级。但这种实习只持续了 12 周,而芬兰的这种长驻班级的实习长达一年。从全国范围来看,美国师范学院只要求开展平均为期 12—15 周的教学实习,且各地的实习质量参差不齐。[33]

当贝瑟尔第一次到学校真正任教时,他发现如果当初主修数学会对现在的工作更有帮助。但时间一去不复返,该做的事没有做,也已然不能回头了。当他担任金的数学老师时,他的年收入约为 49000 美元,比萨利索人的平均年薪要高,但并不是一笔很大的数目。而在大西洋另一侧,斯塔拉的年收入约合 67000 美元。就算芬兰的生活成本要高于美国,相比较而言，斯塔拉的薪酬仍然比贝瑟尔高出许多。而且斯塔拉的收入与芬兰当地其他专业的大学毕业生的收入差距更小。

有趣的是，在全球范围内，教师的薪资水平并不一定与学生成绩成正比。世界上教师薪酬最高的国家是西班牙，而西班牙的学生在数学、阅读和科学方面的表现比美国学生的更惨不忍睹。[34] 但是，在高效的教育系统中，更高的薪酬毫无疑问可以帮助学校吸引并留住更多受过良好教育的教师，建立专业化的办学体系，提高学校的知名度。在几乎所有的教育大国中，教师的收入与其他受过大学教育的专业人士的收入差距，比美国这两者之间的差距更小。在大多数情况下，他们的班级规模也比美国的更大，这使得工资成本更易于控制。

在听完斯塔拉和贝瑟尔两位老师的讲述后，我开始猜想，可能所有这些差异都是按照先后顺序相互作用的。芬兰及其他教育强国的师范院校只选择最优秀的申请人，因此这些学校可以花更少的时间帮助他们弥补知识上的漏洞，而将更多时间用于严格的实践训练。因为师范生要经过严格的技能培训并拥有扎实的教学知识，才能真正胜任教师职位，与美国教师相比，芬兰教师遇到挫折后退出教师行业的可能性更低。且因为人员流动成本比其他国家低很多，所以芬兰模式能够扩大教师所带班级的规模，并付给他们很体面的薪酬。由于有这样的技能培训和知识储备，他们有足够的能力长久地帮助孩子学习和成长，并最终让学生在高中毕业时能够顺利通过真正严格的毕业考试。

潜意识的影响力同样强大。正如一位从美国到芬兰的交换生在接受我的采访时所说："我所就读的芬兰学校培养了学生对学校和教师的尊重。可能部分原因是教师在他们的成长过程中经受了最为严格的学术考验，学生也清楚地知道自己的老师有多么优秀。"

事物的发展过程总是环环相扣、循序渐进的，或者说，量变最终会引起质变。如果这种严格要求不是从萌芽阶段就贯彻下来，那么学生就无法通过世界上最具挑战性的高中毕业考试。依照目前的情况，美国联邦政府的政令已经竭尽所能，但没有高学历和训练有素的教师和校长，学生每年的进步仍然极其有限。当学生们开始意识到自己永远无法通过毕业考试的时候，就会有很多人丧失兴趣并选择放弃。

我在芬兰待的时间越长，就越担心席卷美国的这场改革会引发倒退。我们试图通过绩效评估和增值数据分析的方式，来逆向驱动高效能的教学文化。根据绩效表现进行奖励、培训或辞退，对许多教师来说并非毫无意义，但这种方法是假设绩效最差的教师将被好教师取代，而中等教师的水平会有所提高，足以让学生受到应有的良好教育。然而，没有多少证据能证明以上假设会成为现实。

如果改革的重心不放在激励机制的建立上，会是什么样的结果？我们有可能将 SAT 成绩低于平均水平的 360 万美国教师打造成优秀的教育工作者吗？

从芬兰的经验教训中，我们得出这样一个结论：如果要认真对待教育，我们还是得从源头开始。以芬兰为例，只有 SAT 成绩排名前三分之一的学生才能进入教育学院，否则得不到政府资助和教师资格认证。鉴于 2011—2021 年会有 160 万名美国教师退休，如果对选拔制度和培训制度进行改革，那么势必能在短期内改变整个行业的状况。

为什么全美国没有一个州这样做呢？假设高校所招收的师范生数量已远超学校实际需要的教师数量，那即使做出这样的改变，也不一定会导致师资短缺。而且随着时间的推移，很可能由于教师的声望得到提高，这个职业变得更受人尊重和欢迎。

尽管美国的教育工作者们极力赞扬芬兰的做法，但值得注意的是，他们并未像芬兰那样迈出重要的第一步。这就好比我们向往芬兰教师的声望，但并不真的认为教师为了获得这种声望，必须接受良好的教育并且取得优异的成绩。这种现象很让人捉摸不透。

那么，为什么芬兰就能做到呢？

"是什么敦促你们这么努力地学习"

下课后，金有 70 分钟的自由支配时间，这是她发现的芬兰与俄克拉何马州的另一个重大区别，这种几近于奢侈的自由有着难以言说的妙处。她非常享受学校给予她的充分的自由时间，在信马由缰的时光中漫看云卷云舒。她甚至可以去校外小镇上的咖啡厅，等到下一堂课开始之前再返回校园。金刚来时，还很难适应这种自由时光。

在学校外面，这种自由的感觉仍旧使她心旷神怡。她已经学会了骑自行车去超市，在这里，连找到一些最简单的食材都需要花费相当长的时间，但她的芬兰妈妈似乎并不担心她没有准时回家。

芬兰父母似乎比美国父母更信任自己的孩子。金经常能看到一些 8 岁大的孩子，身穿即使在阴暗的天色中也清晰可见的反光背心，独自默默走在上学的路上。在高中，更是很少见到父母出现在学校。学生们被当作大人一样对待，而且学校从来没有定期的家长会。如果教师有疑问，通常也只和学生谈。

金走进学校的中央大厅，坐在灰色的沙发上。在俄克拉何马州的高中，课间只有 5 分钟休息时间，任何人出去闲逛都会惹来麻烦。有时金仿佛有种错觉，似乎她的一部分仍停留在俄克拉何马州，等待有人来找她谈话。

两个同班女孩在她旁边坐下来，向她打招呼，然后开始谈论去年期中考试前她们是如何努力学习的，并为之前所做的那么多努力慨叹不已。

大多数时候，芬兰学生就像金在交换生指导手册中所了解的那样冷淡。尽管金还不会熟练地使用芬兰语与人交谈，但她很想尝试着与同学们沟通。所以，她鼓起勇气，不假思索地问出了心里隐藏已久的问题。

"你们为什么这么在乎？"

女孩们疑惑地望着她。金感到非常尴尬，脸颊通红，不过她硬着头皮继续发问。

"我的意思是，是什么敦促你们这么努力地学习？"

尽管她意识到这个问题很难回答，可又实在忍不住想问。这些女孩经常参加聚会，也会在课堂上互发短信或在笔记本上乱涂乱画。换句话说，她们是正常的学生，然而，她们似乎又都很遵守学校的基本纪律。金很想知道她们为什么能做到这么游刃有余。

此时，两个女孩莫名其妙地看着金，仿佛金刚刚在问她们为什么人类要一直呼吸。

终于有个女孩说道："因为这是学校。如果这都做不到，我还怎么毕业、上大学、找到好工作呢？"

金点了点头。这是个很普通的问题，也许真正神秘的是为什么芬兰学生会考虑这么多，而俄克拉何马州那些学生却不会。毕竟对他们来说，接受良好的教育也是上好大学、找到好工作的唯一途径。然而，俄克拉何马州的许多人已不再相信这种逻辑关系。他们根本没把教育当作一件重要的事情。也许是因为他们的懒惰、被宠溺或其他不好的习惯，或者单纯是因为在他们看来，教育并不值得引起重视。

在美国高中课堂学习就像在芬兰上小学

听到金对芬兰的印象，我想知道她是不是特例。毕竟金来自教育实力相对薄弱的州，也许她对自己家乡的评价有失中肯。其他的交换生会注意到同样的差异吗？从芬兰到美国的交换生感受又如何呢？金在芬兰所看到的差异，在来美国交换学习的芬兰女孩眼里会是怎样的呢？

每年，大约有400名芬兰学生来到美国生活和学习。[35]他们中的大多数就读于美国中西部的公立高中。为了了解这些交换生对自己借读学校的看法，我开始对他们进行追踪调查，很快就发现了其中的奥妙之处。

和金同龄的芬兰女孩埃莉娜，16岁时从赫尔辛基来到密歇根州。她一直梦想能到美国高中就读，因为那些电视上和电影里的美国高中生的毕业舞会、班级舞会以及所有让她激动的仪式，都始终萦绕在她的心头，让她梦想着有朝一日能来美国亲身体验一番。

埃莉娜来到密歇根州以后，寄宿在位于卡拉马祖市郊一个名叫"科隆"的小镇的家庭里，这个小镇的名字是以标点符号来命名的（colon也有冒号的意思）。[36]埃莉娜刚来时，感觉这个崭新的世界和她的家乡没有太大区别。科隆镇被湖泊和森林环绕，95%的人口都是土生土长的白人。周末，人们会穿上厚厚的羽绒服到湖面上打冰球。和她的家乡一样，这里的冬季会持续大半年时间。

然而之后不久，埃莉娜就发现美国与芬兰一个重要的不同之处。虽然在家乡，埃莉娜一直是个好学生，但在科隆，她绝对算得上是绩优生。她选修的代数II是科隆高中最高级别的数学课，在第一次考试中，她竟然取得了105分的高分！这让她觉得不可思议。

埃莉娜本以为自己在历史课上会遇到一些麻烦，因为她毕竟不是美国人。但幸运的是，老师将囊括了所有考试试题和答案的指导手册都分发给了全班同学。在考试当天，埃莉娜一挥而就，她之前已经将这些问题和答案都烂熟于心了。

当老师过段时间将评分后的历史试卷分发到她手里时，埃莉娜感到十分意外，不是因为她得到了A，而是因为她看到其他大部分同学竟然都得了C。其中一个同学看着她，用讥讽的语气说："你怎么可能知道这些东西！"

"你怎么会不知道这些东西！"埃莉娜说。

埃莉娜离开美国回到芬兰上大学之后，我曾经和她交流过。当时她正计划以后到外交部门工作。那时距埃莉娜交换到美国学习已经过去一段时间了,我想知道她对在美国学校的见闻有哪些看法。美国学校对学生太娇惯还是太严厉?族裔是否太多?他们意志消沉是不是因为标准化测试带来的压力过大?

埃莉娜并不这么认为。根据她的经历,埃莉娜认为,美国孩子不努力学习的原因在于他们没有必要这样做。她说:"美国社会对学生的要求不高。"在芬兰,考试通常要求写论文,而且要写 3—4 页。埃莉娜告诉我,在芬兰的高中,"你必须真正下功夫学习,你得证明你真的懂得这些知识",而美国高中的试题一般都是选择题。

"(在美国高中课堂学习)就像在芬兰上小学。"埃莉娜说。她记得在一次历史课上,全班花了大量时间制作海报。"我记得跟我的朋友提起做海报的事情,她们都很惊讶地问'你在开玩笑吧?又是做海报'。"这就像做手工艺品,但比那更无趣。老师提供所有海报上要展示的内容,学生只需要剪贴就可以完成。每个人的海报主题都完全相同。

埃莉娜总结说,美国教育对孩子的期望很低。她在科隆的时候,上过一位德高望重的老师所教的新闻课。包括埃莉娜在内,每个学生都喜欢这位老师,更重要的是,每个学生都很尊重她,并且很清楚自己是在上她的课。然而,当老师要求大家期末写 10 个故事时,只有埃莉娜按要求完成了。虽然老师很生气,但其他学生还是通过了这门课程。

埃莉娜和金的评论也许是比较极端的个人观察。我们不能仅从几个孩子的印象中得出结论,但倘若来自不同地方的很多孩子都认同某一观点的话,那就很能说明问题了。一次大型的全国性调查显示,超过一半的美国高中生与埃莉娜对美国高中学生的印象几乎吻合,报告说,他们的历史作业往往太过简单。[37] 接近一半的人认为自己总是或几乎总是在上数学课。

在我对 202 名交换生所做的问卷调查中,绝大多数学生表示,美国的课程比他们本国的课程更简单[38]（来到美国的国际学生中，92%的学生说美国的课程更容易，而去国外的美国学生中，有70%同意这一观点）。虽然美国学校课程的内容较多，但一般来说难度很低。

埃莉娜在美国的这一年中，不仅观看过百老汇的演出，还参观了华盛顿纪念碑，参加过跑步比赛，参与过学校年鉴的制作。她对家长经常出现在学校感到吃惊，因为在芬兰，校园中几乎不会出现家长的身影。其实从实际意义上来说，她在科隆高中并没有学到什么，而且这里也不存在诸如贫困、移民、帮派等被认为导致美国教育平庸的因素。

芬兰学生的课余生活

下午3点45分，芬兰的学校放学了，这时候天色早已昏暗。金的同学们各自向不同方向走去。几个男生去摇滚乐队，一些女生去购物。金认识的人里面，没有一个去课后辅导班。芬兰学生比美国学生有更多的空闲时间，这不仅是因为他们家庭作业不多，还因为他们很少运动或兼职。

金走在通往图书馆的路上，心里对未来的生活充满了希望。她喜欢花很多时间独立思考。让她感到欣慰的是，她发现芬兰生活与美国不同。这些差别非常微妙，比如像今天这样信马由缰的自由时间、食堂里美味可口的新鲜食物、生活中彬彬有礼的人际氛围等，它们都难以用语言形容，但她的心情就像是自己因为表现良好而得到了假释一样。

这个小镇感觉比萨利索更干净、更友好，就仿佛城市建设的目的不是车水马龙的现代繁华，而是以人为本的平凡生活。她沿着砖砌的人行道行走，一路上看到了留有贾斯汀·比伯发型的男孩、有文身的女孩，还有印着比基尼广告的广告牌。这里的人比萨利索的人在穿着打扮上略胜一筹，但区别不是很大。与她以前的想象不同，这里没有那么多高挑顾长、金发碧眼的女人。

她所在的学校附近都是建造于18—19世纪的木制房屋（俄国人在18世纪初毁掉了村庄并赶走了大部分村民）。金一直记得皮耶塔尔萨里所遭受的磨难，从饱受饥荒到专制主义的摧残——它曾遭到英国海军炮轰，又在"二战"期间被盟军轰炸。她在美国了解到，这块拥有聪明的孩子和诺基亚公司的神奇土地，是近期才逐渐发展起来的。

从图书馆出来后，她来到尼莫咖啡馆，这是她最喜欢的咖啡馆之一。因为她经常光顾，所以这里的英国老板直接称呼她为"俄克拉何马"。她用芬兰语点了餐，也已经适应了浓烈的芬兰咖啡，这让她感到自豪。

傍晚，到了该回家的时候，金再也没有不回家的理由了。她很喜欢自己寄宿家庭的苏珊妈妈，但回家总是让金感到精神紧张、压力倍增。尽管她尽了最大努力，但5岁的双胞胎姐妹还是不太欢迎她。她们之所以不喜欢这个陌生的外来者，很大程度上是因为她们觉得，金夺走了一部分本该属于她们的、忙碌的单身妈妈的爱和关注。自己的妈妈又带来了另一个女儿，这对她们（有时对金）来说，是无法理解的。

当苏珊不在家时，两个女孩会称呼金为"tyhmä"，然后哈哈大笑。金上网查了一下这个词语，它的意思是"愚蠢的"。而当她正打算学习的时候，双胞胎姐妹就会来她的房间，在她笔记本电脑的键盘上一顿乱敲，数字"4"的按键都被敲坏了。但是，她的卧室比她们的游戏室还要大一倍，所以金觉得自己无权让她们离开。

双胞胎姐妹是在试探她，就像小孩子经常做的那样。金没有弟弟或妹妹，因此她也不知道该如何管教这对双胞胎，甚至不知道是否应该管教她们，因为毕竟她不是她们的亲生姐姐。为此她感到很自责，每天她都发誓要想办法让她们喜欢自己。

在其他方面，正如金所希望的那样，她在芬兰的生活充满了冒险。金会跳进冰冻湖面的冰洞里——这种看似疯狂的举动，与芬兰人引以为傲的关于忍耐的历史传统不谋而合。在寒冷的湖面玩耍过后，金会在寒风呼啸的天气里步行回家，一边走着，一边在心里期待着寄宿家庭的小型家庭桑拿浴室里那呼之欲出的温暖舒适。她还交了几个朋友，而且他们并不都是交换生。

她最大的问题是自己并没有发生什么改变——至少暂时还没有什么改变。大多数时候，她都不够自信。在学校里，她时常沉默寡言；在家里，因为急于讨好双胞胎姐妹，她只好忍气吞声。挫折和委屈逐渐积攒起来，她也变得郁郁寡欢。金告诉自己，这是因为语言障碍，当她不知道别人说话的意思时，她就宁可沉默不语。这种沮丧的感觉似曾相识，仿佛是她从大洋彼岸带来的一个坏习惯。最惆怅的那些时候，她会因为睡不着而睁大眼睛躺在皮耶塔尔萨里的床上。她很难过，不知道这种沮丧的感觉是否会如影随形，无处不在。

第 6 章　为什么韩国学生都拼命学习？

意外的旅行者：珍妮在韩国釜山的学校里。

周六一放学，埃里克就坐上了拥挤的 80 路公交车回家。女孩们不再尖叫，埃里克的名人光环已经消退。通常，他会在车上独自阅读《尤利西斯》来打发时间。

"嗨，最近好吗？"

听到流利的美国口音，埃里克不禁抬头，发现原来是个韩国女孩，齐肩黑发被一根发带束在了脑后。他在南山高中附近看到过她，也知道她与自己住同一栋公寓楼。自从埃里克离开明尼苏达州，就再也没有听到过这样熟悉的口音。

可能因为以前没和埃里克说过话，她的表情有些僵硬。她轻声地说："我叫珍妮。"然后，她莞尔一笑，面部表情也随之舒展开来。埃里克也报以笑容，并问道："你的英语怎么说得这么好？"

珍妮笑了起来。她解释说，虽然自己出生在韩国，但她小时候曾在内布拉斯加州林肯市和宾夕法尼亚州匹兹堡市生活过。她的童年几乎都是在美国中心地带度过的，所以她的口音如此纯正。但是她上中学后全家都搬回了韩国。回到韩国以后，上学成了她最头疼的事，因此她很理解埃里克的感受。

"当看到同学们在课上睡觉时，我简直不敢相信自己的眼睛。"她说，"不过，我很快也变得和他们一样了。"

在美国，珍妮选修了游泳课，还经常练习大提琴。大多数日子，她晚上10点之前就睡觉了。可是回到韩国后，她和其他所有孩子一样去上辅导班，几乎总是学习到深夜。珍妮的经历验证了研究人员所谓的"同伴效应"，即孩子身边的小伙伴的行为会影响这个孩子的表现。

"我只是觉得有必要在这里学习，因为我所有的朋友都是如此。"珍妮说。

两人一边聊着，一边一起回到他们所住的公寓楼。埃里克感到很欣慰，因为有个真正的韩国人证实了自己的看法，不仅是作为白人男孩的他无法理解。他们一致认为且客观地说，韩国高中很糟糕。

"这两个国家的孩子并没有什么不同，毕竟都是普通的孩子。"珍妮说，"不同的是培养方式。韩国孩子确实深陷种种问题，而这类问题同时也成为他们的内驱力。"

现在，珍妮也陷入到这样的问题当中。她正在读高中二年级，在南山高中约400名学生中排第27名，但她在韩国与在美国时对自己有截然不同的要求。珍妮摇着头告诉埃里克："我必须做得更好。我真后悔今年学习不够刻苦。"这确实是她的肺腑之言，尽管她已经付出了足够多的努力。这让埃里克感到不知所措，就像听到奥运会的游泳选手抱怨自己训练得不够。珍妮的成绩在班上排名前10%，但她仍不满足。埃里克认为，韩国学生简直是学习的受虐狂，他们不断疯狂地鞭策自己努力学习。

和埃里克遇到的大多数韩国人一样，珍妮对自己期望很高，对成绩常常感到不满意。埃里克想知道，如果她现在还在美国的话，她对自己的要求会不会直线下滑，就像当初在韩国突然冲向高点一样。这完全是因为内驱力吗？

珍妮也许会亲自找到答案，她告诉埃里克，明年她会再次跟随父母搬去美国，不过这次是到新泽西州。

"我不想离开我的朋友。"珍妮面色凝重地说，"虽然他们一直非常羡慕我能够从这里逃走。"

家庭教育的地理差异

回到公寓，埃里克拿出从家里带来的游戏机。他的韩国弟弟像见到老朋友一样，开始对埃里克玩的游戏问东问西。

埃里克问道："你要玩吗？"

他摇摇头说："不，我不能玩。"

前不久，他的哥哥在还没有完成家庭作业的情况下就开始玩游戏机，被妈妈严厉地训斥了一番，游戏机也因此被妈妈没收了。不仅如此，为了让他们兄弟俩知道她的态度坚决，她还将弟弟的游戏机也一并收走了。虽然这件事与弟弟毫无关系，但过了好几个月，妈妈都没有把游戏机还给他，他也不知道以后还能否再拿到它。

只要是涉及教育的问题，埃里克的韩国妈妈就会态度明确、绝不含糊。她每天晚上都精心给孩子们准备晚餐，并竭尽所能地满足孩子们的每一个合理要求，但在学习问题上，没有任何商量的余地。他们必须努力学习，特别是英语。学校也是如此，将学习成绩视为头等大事，其他事情与之相比都显得无关紧要。

韩国妈妈没有用相同的标准来要求埃里克这个美国人，为此，他感到非常庆幸。她对埃里克像祖父母对待可爱的孙子那样，非常耐心和友善。然而，她对待自己孩子的方式就如同教练对待自己的明星球员。她的任务是训练孩子加紧学习，逼迫他们不断努力，甚至给他们设定了明确的目标，让他们证明自己能达到。保护他们免受压力显然不是她所考虑的事。

从埃里克的所见所闻来看，他的韩国妈妈的做法相当普遍。大多数韩国父母将自己当作孩子的教练，而美国父母则更像啦啦队队长。他能看出韩国孩子早早就被寄予厚望，而这种厚望不仅限于学校。

父母对子女的家庭教育，就像孩子的内驱力和勤奋程度一样，在国际教育研究中常常被忽略。这些确实存在的迹象往往在某个国家表现得更突出，而且他们的表现也正如你想的那样。家庭在孩子的教育中参与度越高，孩子便越可能有更高的排名、更可喜的考试成绩、更得体的行为举止以及更好的考勤记录。这一情况在美国普遍存在，不受年龄、种族和收入水平等因素的影响。那么，哪些家庭教育因素的影响最大呢？不同国家父母的做法会有所不同吗？

自 2000 年第一次 PISA 举办之后，PISA 研发专家安德烈亚斯·施莱歇尔就发现，家庭环境对学生成绩有极大的影响。他想更深入地了解家庭是如何对教育产生影响的，因此他试图让所有参与 PISA 测试的国家进行对考生父母的调查。如果父母知道哪些相关因素会影响孩子成绩的提高，那他们能够参与的显然会更多。

到 2009 年，施莱歇尔和他的同事们成功说服了 13 个国家和地区，将父母列为 PISA 的对象。[1] 参加 PISA 的 5000 名学生在结束测试回家时，会为父母带去一份特殊的调查问卷。该调查问卷询问了父母如何养大自己的孩子，以及如何参与到对孩子的教育当中等问题。

结果匪夷所思。例如，即使排除了如社会经济背景等因素的影响，平均来说，那些自愿参与孩子课外活动的家长所培养出来的孩子在阅读方面的表现，反而比那些父母完全不干预的孩子的阅读成绩更差。[2]根据被调查的13个不同国家和地区的结果显示，只有两个国家（丹麦和新西兰）在父母参与学生课外活动之后，孩子的考试分数提高了，不过幅度很小。

怎么会这样？那些在学校社区做志愿者的父母，不正是表明他们非常重视孩子的教育吗？那些陪伴孩子出游，给参加比赛的孩子带上水果的父母，不正是为孩子投入了最多的时间和精力吗？这样的结果令人费解。然而，美国的另一项研究也揭示了同样奇特的关联性：父母在孩子学校提供志愿服务和参加学校活动对孩子的学习并无影响。

一个可能的解释是，那些提供志愿服务的父母如此主动，恰恰是因为他们的孩子在学校里表现得不尽人意。如果父母没有参与这些活动，孩子的表现可能会更糟糕。还可能是因为，那些提供志愿服务的父母将有限的时间用于指导孩子打篮球和举办义卖活动，导致他们真正用于帮助孩子学习的时间所剩无几。

而与之相反的是，据调查显示，那些没有参加志愿活动，而将精力用于其他方面的家长，所付出的努力则获得了巨大回报。在孩子小的时候，这些父母每天或几乎每天都陪孩子阅读，等到孩子15岁时，他们的阅读能力普遍高于同龄人，无论在哪个国家都是如此。陪孩子读书听起来像是老生常谈的话题，难道孩子优秀的原因就这么简单？

是的，就是这么简单，虽然浅显易懂，但很值得回味。那么，阅读对孩子来说究竟意味着什么呢？阅读是引导孩子了解大千世界的一种方式——和孩子分享遥远的地方发生的故事，关于冒着烟的火山的故事以及饿着肚子上床睡觉的小男孩的故事。阅读之后，还应该就书中的内容向他们提问，鼓励孩子独立思考。这样做，不仅是要让孩子明白阅读的重要性，还要让孩子明白掌握新知识的重大意义。

随着孩子慢慢长大，家长参与的重点似乎不再是"陪孩子阅读"，但仍然与之相关。从世界各地的情况来看,如果家长经常与孩子讨论电影、书籍、时事,那么孩子在阅读方面会表现得更好。而当父母与孩子讨论的问题的深度超过孩子的能力范围时,其实就是在教孩子以成人的思维方式来思考问题。与学校的志愿服务不同,无论来自哪个国家或者处于哪种收入水平,这类父母的努力都可以产生明确且令人信服的结果。

事实上,那些父母愿意与之谈论复杂社会问题的15岁孩子,不仅会在PISA测试中取得更好的成绩,而且其中很大一部分孩子都把阅读当成兴趣。[3]在新西兰和德国,小学低年级时有家长定期陪伴阅读的学生,要比那些没有家长陪伴阅读的学生,在学习进度上领先至少一年半左右。

美国国内的研究成果也验证了这些调查结果。[4]对孩子而言,父母在家里做了什么似乎比父母在学校做了什么更为重要。然而,这一发现却与美国的现代育儿理念背道而驰。

在21世纪初,美国出现了一种刻板的儿女养育方法,即家长教师协会(PTA)①式的教育方式。PTA的家长十分关心自己的孩子,并经常以自己的方式参与到学校事务中。他们很清楚教育的重大意义,相比于大多数发达国家,美国父母往往有更高的学历。

与此同时,美国许多家长担心过于严苛且系统化的学业会剥夺孩子快乐的童年。他们认为孩子的心灵非常敏感、脆弱,因此对于孩子而言,学习的最好方式是从自由玩耍中间接获得知识。在20世纪八九十年代,美国的家长和老师频频被要求保护孩子的自尊心免受竞争和残酷现实的伤害,以保证他们的顺利成长。尽管缺乏足够的证据,但美国维护孩子自尊的做法,似乎与世界上大部分地区都不同。因此我们很容易理解为

---

① 家长教师协会,即Parent Teacher Association,简称PTA,在美国,这是家长们非常熟悉的家校互动组织。不同于中国传统的家长会,在组织中,家长既是参与者,也是组织者,具有非常大的权力。家长们经常联合学校和老师,利用各种优势资源,有组织、有计划、分主题地为孩子提供各种培养综合能力的系列活动。——译者注

什么PTA的家长非常注重孩子除学习外其他方面的表现。他们尽职尽责地帮助烘焙店搞促销，帮助执教橄榄球队。美国父母比其他任何国家的父母都更愿意称赞和奖励自己的孩子。他们是孩子的啦啦队，是孩子的头号粉丝。[5]

这些家长参与教育的做法，受到了一些人的高度赞扬，其中就包括俄克拉何马州金的校长。PTA的家长对校园文化、预算和社区意识确实有积极的贡献。然而，并没有太多证据表明，PTA家长的做法对培养孩子的批判性思维有所帮助。事实上，在那些家长参加了PISA调查的大多数国家中，PTA的家长培养出来的孩子在阅读方面的成绩要低于其他孩子。[6]

相比之下，韩国父母养育孩子的方式则是训练、指导孩子，充当孩子的教练。[7]教练型父母也十分关心自己的孩子，然而，他们很少参加学校活动，更愿意把时间花在训练孩子上，比如陪孩子阅读、一边做饭一边检查孩子背诵乘法表的情况，并督促孩子在学业上加倍用功。他们将对子女的教育视为自己的工作之一。

这种教养方式在亚洲的大多数国家最为典型，那些从亚洲移居美国的父母也是如此。与以往印象不同的是，在某些情况下，孩子并不一定会感到苦恼不堪。其实在美国，这样培养出来的孩子不仅在学校里表现更好，也比同校的白人学生更容易对阅读和学校课程产生兴趣。[8]

当美国父母还在使用印有数字1—30的餐垫来教孩子识数时，亚洲父母已经在孩子还不识字的时候，就开始教他们加法运算了。他们教育孩子的方法系统而直接，比如每天晚上6点半到7点，准备一个练习本来教孩子演算。其实许多美国家长也想用这种方式来教孩子数学。

教练型家长并不一定有高收入或是高学历，也并不一定是亚洲人。研究表明，即使是欧美父母，如果表现得更像教练，往往也能培养出更聪明的孩子。[9]

当孩子年幼时，如果父母每周或每天都能读书给孩子听，那么培养出来的孩子长到 15 岁时，其 PISA 得分普遍比同龄孩子要高出 25 分左右。[10]这几乎代表了一整年的学习内容。家长越富有，越有可能随时随地陪孩子阅读。在同样的社会经济群体中，陪孩子阅读的父母培养出的孩子的 PISA 得分比平均分高出大约 14 分；相比之下，陪孩子玩字母玩具的父母不会在孩子身上取得这样的成效。

还有一种家长参与的方式与学校和孩子的参与度无关，但又很高效：如果父母自己在家时会单纯因为喜爱而阅读，那么孩子也更容易享受阅读的乐趣。[11]这种模式广泛适用于不同国家和不同收入的家庭。孩子会知道什么是家长所珍视的东西，父母的实际行动比任何说教的作用都大。

在 PISA 的调查中，每 10 名家长中仅有 4 名会定期在家中单纯为了享受而阅读。如果他们知道享受阅读（可能他们自己也不知道是否真正享受）会有助于自己的孩子成长为更优秀的读书人，那么结果会如何呢？如果学校不是恳求父母捐出时间、甜点或金钱，而是将书籍和杂志借给家长，督促家长阅读，并与孩子讨论他们所阅读的内容，结果又会如何呢？有证据表明，一旦家长知道自己所做的事情会对孩子产生重大的影响，那么每位父母都能将孩子培养成优秀的读书人和思想家。

当然，家长对孩子的学业训练过度，也会像过度运动那样有害身体健康，产生负面作用。在韩国，这样的例子数不胜数。反过来，家长对孩子的学业关心不足也会产生不良影响。童年的溺爱和过度保护，可能会导致孩子成年以后，由于从未经历过挫折而不具备应有的自控力和忍耐力，而这些能力的培养比学术技能重要得多。

有证据表明，许多美国父母像对待娇嫩的花朵那样对待孩子。在哥伦比亚大学的一项研究中，85% 的接受调查的美国父母表示，为了让孩子确信自己足够聪明，家长会给予孩子足够的肯定和表扬。[12]然而，针对表扬产生的实际效应的研究结果显示，过度或经常表扬孩子的结果往往适得其反。这种模棱两可、言不由衷、夸大事实的表扬，往往会降低孩子努力学习的积极性，或者打消孩子探索新事物的渴望。从这方面来说，表扬反而产生了消极作用，这与家长的初衷背道而驰。

为了让表扬发挥实际作用，父母的表扬应该真实、具体，次数不宜过多。然而，过分强调自尊的文化，已经从美国家庭蔓延到了许多学校的课堂上。为撰写本书，我在交换生中做了一个调查，了解到在美国本土学生和国际学生当中，约有一半人认为，与国外的数学老师相比，美国的数学老师更喜欢表扬学生（只有不到 10% 的学生认为，他国的老师更喜欢表扬学生）。这一结果别具讽刺意味，因为在国际测试中，美国学生的数学得分低于发达国家的平均水平。这不禁让人感到，无论美国老师的目的是什么，他们的表扬都不能算是真实有据、合适恰当的。

在辅导孩子学习的过程中，家长不应该过于严厉苛刻，但也不可放任自流。事实上，问问孩子在校的生活情况，并对他们在学校所学的课程表现出兴趣，这对于提高孩子的 PISA 得分，跟几小时的家教具有同样效果。[13] 换言之，当孩子读完一本书时，认真地针对书中内容向他提问，比单纯地祝贺他读完了书更有用。

世界各地都有人研究为人父母之道，并且通常将其分为四个基本类别：第一种是专制型父母，他们是严格的训导者，"我怎么说，你就得怎么做"。第二种是宽容型父母，他们往往更溺爱孩子，不希望与孩子发生冲突，他们与孩子之间更像是朋友关系。在一些研究中，宽容型父母往往比其他类型的父母收入更高，且受过更多的教育。第三种是疏忽型父母，他们人如其名，与孩子之间情感疏远，对孩子缺乏足够的关注。疏忽型父母更有可能是处于贫困生活中的父母。

第四种是权威型父母，这个词本身仿佛是"专制"和"宽容"的融合。[14] 这类父母结合了两者的优点：他们热情洋溢，与孩子相处融洽，亲密无间。并且，随着孩子一天天长大，他们也会给予孩子自由，允许孩子自己去探索未知、经历坎坷，并尝试做出自己的抉择。但在孩子成长的整个过程中，权威型父母同样会有清晰明确的限制要求，以及某些毫无商量余地的原则。

"在当下社会，人们普遍认为热情和严格是彼此对立的。"道格·莱莫夫（Doug Lemov）在他所撰写的《教无不胜》（Teach Like a Champion）中这样写道，"事实上，对孩子的热情并不影响对孩子的严格要求，反之亦然。"那些努力对孩子既温情又严厉的父母和老师，似乎更容易与孩子产生共鸣，并且赢得孩子的信任与尊重。

研究人员杰拉尼·曼达拉（Jelani Mandara）在美国西北大学对4754名青少年及其父母进行研究后发现，权威型家长培养出来的孩子一般有更高的学术成就，患抑郁症的人数更少，并且很少有攻击性行为、叛逆行为及其他反社会行为。[15] 其他研究也得出了类似结论。权威型父母培养了孩子的适应能力，而且似乎卓有成效。

根据种族对人们进行分类是很容易招致非议的，但研究显示，父母类型和种族之间有着比较明显的关联性。在美国，欧洲裔父母比西班牙裔或非洲裔父母更容易表现出权威型的特征（西班牙裔或非洲裔父母往往表现出专制型的特征），而美国华裔父母可能是最典型的权威型父母。

例如，研究表明，当孩子小的时候，美国华裔父母会亲自手把手训练孩子的阅读、书写和数学能力；当孩子长大后，父母会给他们更多的自主权来独立学习（这种模式比较类似于芬兰父母的家庭教育模式）。"在高中，美国的亚裔父母确实更多地采用袖手旁观的方法，"对父母教养方式进行了20多年研究的露丝·赵（Ruth Chao）说，"他们不再直接指导孩子，也不再干涉孩子的家庭作业。他们认为，如果自己还这么做，那才真的有问题。"[16]

对这些数据进行研究后，施莱歇尔有了自己的想法。他和妻子养育了三个孩子，这三个孩子都在巴黎一所乡村公立学校上学，像美国孩子一样，这三个孩子的PISA成绩也很不理想。在看到这些研究成果之前，他一直认为理想的父母会每天花几小时辅导孩子做作业，或者帮助孩子完成学校的其他活动，但他通常没有那么多的空闲时间来陪伴孩子，他连和孩子在一起的时间都很少。

数据显示，其实他还有很多其他选择。得出这些研究结果以后，即使在最忙碌的日子里，施莱歇尔至少也会问问孩子们学校里发生了什么、在课堂上学到了什么，或者问问他们喜欢些什么。他还会跟孩子谈论当天的新闻和社会话题。他陪小女儿阅读的频率依然没有提高，但他至少知道了自己在哪些方面的不足会对孩子的教育产生影响。和每位家长一样，他希望自己的孩子长大后行为得体、求知欲强、聪明伶俐。无论法国教育体系如何，能找到帮助孩子们提高学习能力的对策，终究令人感到欣慰。

高考前的祈祷仪式

在高考前夕，埃里克的同班同学都煞有介事地进行了各种仪式。低年级学生为即将应战高考的考生打扫教室，清理墙壁，甚至还用国旗将墙上的海报遮住。这一切都是为了让备战高考的学生清除心中的杂念。

在超市里，埃里克看到了一些很特别的摊位，陈列着父母为即将参加考试的孩子购买的各种吉祥糖果，还有保佑考生顺利通过这次残酷考验的护身符。在大街上可以看到，家长们纷纷来到寺庙和教堂，为孩子做考前最后的祈祷。

整个国家都沉浸在备考的氛围中。韩国电力公司派出全体员工对上千个考场的电力线路进行检修。在考试那天早上，为了保证60多万名学生能及时赶赴考场，股市推迟一小时开盘，以确保道路畅通。同时考生可以免费搭乘出租车。

那一天，埃里克像往常一样坐公交车上学，但他发现似乎一切都和平时迥然不同。他越走近学校，听到的同学们加油鼓劲的声音就越大。他的一些同学在门口排起了长长的队伍，将茶水递给即将进入考场的考生，还有人不停挥舞着写有"好好考"几个大字的牌子。高考考生就像拳击手进入决战战场那样，拖着沉重的脚步，低着头穿过人群，悲壮地迎接最后9小时的"生死较量"。警察会在学校周边巡逻，以防汽车鸣笛声分散考生的注意力。埃里克遇到一个熟识的男孩，这个男孩告诉他，这一天，其他年级的学生都不用上学，于是他们两人相约去玩电子游戏了。

那天上午，玩过电子游戏之后，埃里克来到当时世界上最大的百货商场——釜山新世界中心城——购物。在英语考试过程中，为了减少不必要的噪声干扰，当考试进行到听力部分时，航班全部停飞，而埃里克此时正在看电影。

那时候，埃里克已经做出决定——从韩国高中退学。他再也无法像这样度过余下几个月的交换生涯。他感觉自己好像每天都生活在巨大的笼子里，看着其他孩子像仓鼠一样，夜以继日地在转动的跑轮上不停奔跑。他厌倦了自己在跑轮阴影下静坐和等待的生活。

如果他要继续学习韩语并保持神志清醒，那就需要向同伴倾诉内心的苦闷。埃里克觉得退学是正确的决定，但又不知道具体该怎么做。他希望离开南山高中后，自己仍然可以留在韩国。

那天晚上，当埃里克穿越几乎整座城市回到家时，刊登了具体试题和答案的最新版报纸已经分发到户，供大家在晚餐时研究。对埃里克来说，这样的情景就像电影《饥饿游戏》的情节一样极富戏剧性。为什么全国考生都一定要在同一天考试呢？明尼苏达州的学生一年有很多次参加SAT的机会，人们的正常生活不会受到丝毫影响。

尽管如此，在韩国长大的孩子，心中都自然而然地形成了一个不可动摇的理念，那就是：教育是国之瑰宝。让考试顺利进行比股市交易或飞机起飞都更加重要。从家长、老师到警察，每个人都各司其职，丝毫不敢怠慢。

神秘等式

听完金和埃里克的故事，我得出一个基本结论：韩国和芬兰尽管存在种种差异，但无论是孩子、家长，还是老师，他们每个人都将教育视为一项比运动或自尊更重要的东西。这种在教育的重要性上所达成的社会共识，潜移默化地产生了各种各样的影响。不仅让韩国、芬兰的课程设置更系统、教学重点更突出，而且让师范院校更严谨、入学考试难度更大。即使在家里吃饭时谈到这个话题，人们也会变得严肃起来，仿佛与教育有关的一切都要严肃对待。[17]

在这些国家，几个重要的组成部分维护着"教育至关重要"这个共识。首先，只有受过高等教育、学术水平最高的人才有资格进入教师行业。政府将税收用来培养和挽留教师人才，而不是为考试成绩优秀的学生购买平板电脑或强制实行小班授课。并不像某些美国教育界人士参观芬兰后所断言的，人们重视学习只是基于对教师的尊重，事实上，是公众对学习的尊重促成了优质的教学。当然，人们对教师确实是非常尊重的，因为他们的工作既复杂要求又高，必须付出很大努力才能完成。

其次，事情总是相辅相成的，高学历教师相应地会选取更艰深缜密的教学材料，因为他们的水平足以让他们连贯、流畅地讲授所选取的内容。众所周知，他们工作严谨而努力，在工作上也有很大的自主性，而这种自主性正是他们用严谨努力换来的。由于工作态度认真，所以教师和校长享有足够的自主权，来专业地完成他们的工作。他们对结果负责，但方法自主。

最后，学生拥有很大的自由。这种自由十分重要，它并不是对学生的馈赠，而是他们理应享有的。这个"自由"是指，失败是成功之母，再刻苦攻读也难免会遭受失败，不要苛求他们只能成功，他们还很年轻，即使摔倒了，还可以爬起来继续努力。但时间是不能白白挥霍的，当他们没有努力学习时，成绩就会变得糟糕，这一后果非常明确。他们不用参加大量的标准化考试，但他们在高中毕业时必须参加非常严肃的高考，而高考对他们的未来影响深远。

金发现，学生们都希望能够安排自己的时间，事实上也确实如此。约有60%受访的交换生表示，美国父母比国外父母给孩子的自由更少（只有10%的受访者认为美国父母给孩子的自由更多）。一名曾在美国待了一年的芬兰学生解释这种差异时这样说："在美国，一切都处在严格的控制和监督之下。所有作业都必须完成上交，学生在去厕所之前要先得到许可，他们根本不需要独立思考或自己做出任何决定。"

为了了解哪些国家在这方面做得出色，我一直在世界各地寻找线索。最终发现，各国政府投入的教育经费、地方教育部门的管理、学校的课程设置等都有区别，尽管这些区别与教育质量有着千丝万缕的联系，但并不是最根本的因素。政策法规只能起到促进作用，而最根本的区别是精神上的。

教育强国深信，只有勤学苦练，才能硕果累累。[18] 在这些国家，人们一致赞成学校的宗旨是帮助学生掌握深奥、复杂的学术知识。尽管其他方面的成长也很重要，但教授知识是学校的头等大事。

目标明确之后，每个人都会更严肃认真地看待学校，尤其是学生。迄今为止，我所见到的最重要的区别是学生家庭和学生的内驱力，它就像病毒一样，作用比我预期的要大得多。埃里克和他的朋友珍妮曾经提醒了我一件事情（作为成年人的我已经忘却的事情），即孩子们之间是相互依存的。这种反馈回路从幼儿园时就产生了，而且无论好坏，它都会随着孩子们年龄的增长而不断被强化。学校和家长有多种途径来激发学生的内驱力，比如通过更明智、更有意义、更能对学生的学习产生真正效果的考试，通过慷慨给予学生自主安排学习的权利，即使这么做意味着风险与回报并存，通过由接受过最好教育的教师完成更高质量、更具挑战性的教学工作等。但是，所有这些策略都与学生秉承的刻苦努力的信念密不可分。没有它，以上所有事情都无从谈起。

因此，问题的根源不是其他国家正在做什么，而是为什么会这么做。这些国家为什么会对勤奋刻苦的信念产生共识？在教育强国，每个孩子都知道教育的重要性。这些国家在近代史上，几乎都经历过衰败时期，因此他们都有生存危机感。然而在美国，许多学校的工作重点还是模糊不清。

在美国，体育运动是学生生活和校园文化的核心，而在大多数教育强国则绝非如此。交换生们对此几乎众口一词。在接受调查的国际学生中，有90%的学生说，美国学生更注重体育运动，有60%从美国交换到外国的学生认同这一说法。其他研究人员发现，即使到了中学，美国学生在体育上花的时间仍然比韩国学生多一倍。[19]

毫无疑问，学生们从运动中受益良多，除了锻炼身体外，还锻炼了学生的领导能力和毅力。然而在美国大多数高中，只有少数学生真正进行了体育运动。因此，总体上来说，学生们并没有得到锻炼，肥胖率仍旧居高不下。至于领导力和毅力等能力，完全可以从严格的学业中获得，且这种方式更贴合实际。美国许多学校通过体育运动，只能在某些孩子中逐步灌输和培养领导力及毅力，但如果通过学业来培养，则能惠及每一位学生。

得出这个结论并不是说运动与教育不能并存，而是说运动与教育关系不大。在某些国家，例如芬兰，学校里当然也有运动团队，但这些运动团队都由家长或校外俱乐部组织。随着年龄不断增长，大部分学生都将他们的关注点从体育运动转向了学术或职业技能，而美国模式恰恰与之相反。金在芬兰的同学中约有 10% 的人会参加体育运动，通常是在学校以外的社区活动中心。[20] 但其中许多同学为了有足够时间准备毕业考试，在高年级时就放弃了。当我向金的芬兰老师询问是否有教师兼职当教练的情况时，她只想到了一位老师。"教师在学校的工作很充实。"她说，"我想这就够了。"

纵观历史，在美国，财富使得人们失去了勤奋刻苦的动力。孩子们不需要掌握太深奥的知识，将来也能衣食无忧（至少直到不久前都是这样）。于是，其他的项目，包括体育运动，便逐步被加入到教育系统中。人们要求校长聘请能兼任教师的教练，或者让教师兼职做教练。学校和体育之间不伦不类的结合，使得学生运动选手将大量时间和精力用于课余时间的训练。

体育运动本身对学生来说并不是坏事，但体育运动和学生的文化知识学习混在了一起，再加上内容浅显的教材、较高的学生贫困率和过低的教师选拔标准与培训水平，使得对体育运动的推崇渐渐蚕食了美国孩子在学习方面的内驱力。久而久之，将体育运动放在首位的做法给人们发出了错误的信号，使学生以为体育运动才是最要紧的事情，而学习并不能造就日后的成功。学生失去了学习的内驱力，使得教师的工作难度加大，削弱了整体的力量。

我希望自己做完调查之后，能够及时回到美国。尽管现在我已经知道这些国家的现状，不过我还想更深入地探究他们是怎么达到如此良好的教育水平的。为什么他们的国民会在严格教学的理念上达成共识？为什么俄克拉何马州做不到，而芬兰和韩国却能做到？

在 21 世纪，芬兰的教育成就最鼓舞人心，堪称楷模。芬兰实现了韩国尚未实现的教学平衡化和教育人性化。但对于包括美国在内的大多数国家来说，首要问题却是，究竟要采取什么措施才能够使国家的教育在未来的某一天真正强大起来。

意志力映射

20世纪70年代中期，少数经济学家和社会学家开始认识到，学术能力并不是万能的。这句话浅显易懂，但在大家都热衷于比较计算能力强弱、智商高低与阅读得分高低的情况下，人们很容易忽视和遗忘这个简单的道理。在接下来的30年里，越来越多的研究表明，对于孩子长大以后成为既在工作中出类拔萃，又在生活中游刃有余的成功人士，认知能力所起到的促进作用是很有限的。[21]

对于孩子的成长，有一些其他因素也起到了举足轻重的作用，有时其作用甚至比学术能力更加重要。相比于单纯解决微积分问题的能力，学生对待问题的态度更加重要。例如，对美国八年级学生的一项研究显示，最能有效预测学习成绩好坏的因素不是学生的智商，而是他们的自律能力。[22]

精通数学不一定会让人准时上班、按时完成工作。这些技能的形成与感同身受的能力、自控能力及毅力等更相关。[23]这些都是非常重要且吃苦耐劳的人拥有的优点，从很久以前，人们就将这些归类为"性格"。

我们总是认为人的性格无法改变，但是，同一批研究人员又发现了令人惊讶的结果：性格是可塑的！事实上，性格比智商更具可塑性。随着时间和地点的变化，性格会发生令人意想不到的改变——不论是变好还是变坏。

所以，不同的社区和文化会对孩子某些优点的发展有正面或负面的作用，这种假设是合理的。在芬兰，金已经发现了某个她认为非常重要的差异，正如她所说，芬兰和美国的一点很大的不同就在于学生和教师对学习的关心程度。埃里克在韩国人身上也看到了类似的特质，虽然与芬兰人相比，韩国人的这一特质有些极端，有时极端程度甚至令人瞠目结舌。

在世界各地，这种内驱力的独有形式，至少从经济上来说，已经越来越重要。不过，各个国家的内驱力是否可衡量？金和埃里克已经注意到的那些特质，有办法将其量化吗？能否在有需要的情况下培养人们的内驱力呢？

很少有人试图寻找答案。调查问卷往往会要求学生描述自己的学习动机和学习态度，而我们在对学生的答案进行分析的时候，必须要代入他们各自的文化背景。一个宣称自己没有努力学习的韩国学生，对"努力"一词的理解显然与英国或意大利的学生有着天壤之别。

2002 年，宾夕法尼亚大学的研究人员提出一种观点：要衡量学生的毅力和动机，不是看学生在国际测试中的答案，而是看他们是否完整回答了测试中所包含的问题。[24]

PISA 和其他国际测验的考试结束后，通常会有一份有关学生家庭及生活情况的调查问卷要求学生填写，其中的问题没有标准答案。实际上，埃尔林·博（Erling Boe）和罗伯特·博鲁奇（Robert Boruch）两位教授以及年轻的研究生亨利·梅（Henry May）对这些答案没有任何兴趣，他们想要观察的是学生在填写调查表时的认真程度。因此，他们对 1995 年在超过 40 个国家各年龄段的学生间进行的某次国际测试所附的调查问卷进行了研究。

很快，研究人员有了几个惊人的发现。首先，世界各地的学生对此次问卷调查都出奇地配合。虽然调查不会对他们的成绩产生任何影响，但绝大多数学生都如实回答了大部分问题。即使在响应率最低的国家，问卷的完成度也达到了 90%。在每一个国家内部，都有一些表现上的起伏，但似乎并不能揭示太多与学生有关的信息。

不过，不同国家学生之间的勤奋程度还是有很大差异的。事实上，这种差异是各国学生在测试的实质部分表现如何的最好预测指标。

学生对调查问卷回答的完整性，虽然只是一个简单的衡量标准，但对这些国家的学生在测试中的得分却有非常强大的预测性，其预测程度要强于社会经济地位、班级规模或其他已经研究过的任何因素。

为什么会这样呢？亨利·梅在对2009年的PISA数据进行反复分析后，发现了同样的结果：两个国家PISA数学测试成绩之间的一半差异，可以通过某一国家学生对个人调查问卷的平均作答量来解释。[25]

在美国，平均而言，参与问卷调查的学生回答了96%的问题，这个比例似乎已经很令人欣慰了。然而，美国学生认真尽责的程度仍排名世界第33位。韩国排名第4，芬兰排在第6位，这两个国家的学生大约回答了98%的问题。差距看起来微乎其微，对不对？但平均回答率的微小差异，却预示着较大的测试成绩的差异。

芬兰和韩国的学生作答的数量多于美国、法国、丹麦或巴西，出现这种状况的原因仍是个谜。从回答问卷完整性的角度而言，亨利·梅觉得PISA及其他国际考试衡量的并不是技能，而是服从性。有一些国家的文化就是如此，学生要严肃认真地对待所有测试和权威人物。这种观点并不是空穴来风，因为在日本、韩国以及PISA得分排名靠前的一些国家，实际情况确实如此。所以，也许这就是那些学生回答问卷更完整、考试表现也更好的原因。这些学生遵守规则的思想似乎根深蒂固，而在其他国家，人们更在乎个性主义而不是服从性，也许，这些孩子觉得根本没有必要认真对待问卷调查。"在某些国家，"梅说，"有很多孩子对此似乎一点也不在乎，就是他们将平均分数拉下来了。"

那么，为什么美国学生在测试中阅读部分的成绩比较优异，数学部分却一塌糊涂呢？一般来说，如果美国孩子不在乎测试或权威人物，那么我们可以认为，他们在测试中对任何部分的作答都会很不理想。同样，我们也不会看到在很短的时间内，像波兰这样的国家居然能在排名中迅速上升。因为我们很难想象，波兰会在3—9年内培养出孩子们强烈的服从性。

没有人知道确切的答案,但可能是那些通过回答调查问卷显示出勤奋品质的孩子,在做每一件事时都保持着一样的态度。换句话说,也许有些孩子在学校已经养成了坚持不懈的性格特质,即使事情的发展不那么称心如意,他们也能够善始善终。反之亦然,有些孩子没有养成坚持不懈的习惯,而且他们所在的学校或者社会对坚持不懈这一品质也不够重视。

尽心完成调查问卷这件事看似微不足道,但在现实生活中却有很重要的意义。责任心,这种在生活中遇事敢于担当、做事勤勉踏实、办事有条有理的行为习惯,在人生每个成长阶段都至关重要。它甚至比智力水平或家庭背景更能准确地预测人们的寿命长短。[26]

如果绘制一幅责任感地图,它会是什么样子呢?也许重要的已经不再是找出那些聪明的孩子,而是找出那些无论面对什么事情都会坚持做完的孩子。是否有像培养体操运动员或足球运动员那样培养责任感的文化呢?

问卷调查结果提供了一些线索。那些对调查问卷完成得最好的孩子所在的国家,并不一定有发达的经济。众所周知,经济发展水平与学生坚持不懈的品质没有必然的联系。事实上,对该调查响应率最高的国家,其儿童贫困率几乎与美国相同。

这个国家就是波兰。

第 7 章　波兰教育提升的秘密——延迟分流

邻近地区：2006 年在波兰的弗罗茨瓦夫，一个孩子正在玩耍，这个地方离汤姆就读的高中不远。

孩子们拖着行李跟在母亲身后，抬头望向布雷斯劳（Breslau）[1]明朗的天空，无数纸片洋洋洒洒地飘向地面，高空中依稀可辨苏联战机轰隆而过的剪影。环顾四周，传单已经像雪花一般轻飘飘地落下来，上面写着："德国人！立即投降！你们不会有事的！"[1]

1945 年 1 月 22 日，布雷斯劳当时还是德国一个重要的工业中心，在"二战"中并没有受到严重破坏。这座城市的 80 万居民，连同中世纪的广场以及兵工厂，恰巧位于同盟国轰炸机的炸弹轰炸不到的地方。这里大部分的居民都曾相信，生活某一天将会回到以前的模样。

但此时，红军正沿着奥得河向西挺进，随时可能兵临城下。据情报

---

[1] 布雷斯劳是今弗罗茨瓦夫的德语译名，"二战"以前，该市是德国重要的工商业与文化名城之一。——编者注

部门估计，即将到来的苏联士兵的数量是德军的五倍。

等到纳粹允许布雷斯劳的妇女和孩子离开时，已经太晚了。无数家庭涌向火车站和边境地区，大街小巷中本就挤满了来自德国其他城市的难民，避难的人群使得此刻的街道更加拥堵不堪。女人们像男人一样推着盛满盆罐的手推车，手拿机枪爬上教堂塔尖，发誓要战斗到最后一刻。气温只有3摄氏度左右，很多孩子还没来得及逃到下一个城镇，就冻死在严寒中。在自然的力量面前，人类总是显得束手无策。炸弹尚未落下，已有9万人在试图逃离这座城市时不幸罹难。

2月13日晚上，苏联坦克缓慢穿过城郊，包围了这座城市。城外不远处的炮火声越来越近，最终演变成一场在城市中心的巷战。苏联军队用炮火开道，碾过布雷斯劳一排排古旧的房屋，在占领这座城市的同时也摧毁了它。

德国军队一边撤退，一边不断向窗外投掷手榴弹，并放火将临近地区付之一炬，宁可铲平自己的城池，也要阻挡苏联红军前进的步伐。空袭在复活节后愈演愈烈。等到4月30日，连希特勒本人都放弃了抵抗，在柏林地堡中结束了自己的生命。但在布雷斯劳，围攻仍在继续，这完全不合常理。

最终在5月6日，布雷斯劳让步投降。在两个半月的时间里，这座城市四分之三的土地被战火席卷。在布雷斯劳投降后三天，欧洲这场恶劣而又漫长的战争终于走到了尽头。

在几个月时间内，盟军重画了欧洲地图。约瑟夫·斯大林、温斯顿·丘吉尔和富兰克林·罗斯福都将布雷斯劳当作自己的一枚棋子，轻轻一推，便将布雷斯劳划入了波兰范围，并将其更名为弗罗茨瓦夫。大多数幸存下来的德国人被迫离开了这座城镇，几十万饱经战争创伤的波兰难民涌了进来，搬进了原来德国人的住所，有些人还没等德国人撤离，就占据了他们的房子。

这就是汤姆现在所居住的城市。了解了这段充斥着空白片段和混乱身份的错综复杂的历史，也就了解了这座城市。几个世纪以来，这座城市已经更换过50多个不同的名字。住在这里的人们就像在波兰很多地方居住的人一样，并不了解当地的历史。这个城市，有太多挥之不去的阴影，太多类似的伤痕。

那些被称为"先驱者"的波兰人，义无反顾地努力重建了这个收留他们的城市。他们将阿道夫·希特勒街更名为亚当·密茨凯维支（Adam Mickiewicz）①街，将赫尔曼·戈林（Hermann Göring）②体育馆变为奥林匹克体育馆。2 但这个城市仍是一个令人心神不宁的地方。随处可见的被肆意破坏的雕塑残骸，以及被损毁后日渐模糊但仍依稀可见的纳粹党徽的轮廓，无不提醒着人们这座城市曾饱受纳粹的蹂躏。

波兰教育的奇迹

在美国，那些平庸教育体制的捍卫者往往将教育的问题归咎于贫困率和结构缺陷，他们夸夸其谈，说美国的问题都是垄断造成的。或许他们从未到过波兰。

这半个世纪以来，波兰发生的动荡和骚乱实在一言难尽。1989年，当时执政的波兰政府垮台以后，恶性通货膨胀开始肆意横行。食品杂货店的食物销售一空，许多母亲买不到牛奶给孩子喝。即便没有发生过内战，整个国家也已经到了陷入混乱的边缘。然而，波兰又一次从变革中挺了过来。波兰实行了组织机构开放化政策，并逐步崛起为一个拥有自

---

① 亚当·密茨凯维支，波兰伟大的爱国诗人和社会活动家，他一生大部分时间流亡在外，居留异国，为祖国的独立和人民的自由而奋斗终生。——译者注
② 赫尔曼·戈林是纳粹德国的一位政军领袖，并曾被希特勒指定为接班人。——译者注

由市场的民主政权国家。弗罗茨瓦夫市民为他们的街道进行了第三次更名，一个小型的犹太社区又在这座城市里重建起来。

2010年，当汤姆从宾夕法尼亚州的葛底斯堡来到这里的时候，波兰已经加入了欧盟。然而，这个国家依旧在与贫困、犯罪以及各种形式的弊病做斗争。汤姆来这里的时候，当地的足球队已经开始在空旷的体育馆踢球了，比赛场地非常安静，只有踢球的声音在回荡。由于球迷们的暴力举动屡禁不止，政府只好禁止球迷观看比赛。

在波兰，几乎每六个孩子里就有一个人的生活处于贫困之中，这与美国约20%的儿童贫困率很接近。[3]我们无法具体比较两国孩子之间的贫困程度，但有数据显示，相较于美国孩子的物质条件，波兰的贫困儿童生活更显拮据。联合国曾对各国孩子的物质条件进行过比较排名，在发达国家中，波兰排在最后一位。[4]

波兰是个大国，波兰人民和美国人民一样，并不信任中央政府。但是，在政府的领导下，波兰还是发生了一些非常显著的变化，取得了其他国家望尘莫及的成绩。2000—2006年，波兰15岁的孩子在PISA测试中阅读的平均得分暴涨了29分，他们仿佛往自己的大脑里多装了四分之三个学年里能学到的知识。[5]不到10年的时间，他们的测试分数在发达国家中就从达不到平均水平的程度，稳步上升至高于平均得分。而同一时期，美国孩子的分数没有任何变化。

汤姆正生活在波兰的转型时期，这样的转型是芬兰和韩国在几十年前就已经完成了的。得以近距离目睹这一变化，其令人振奋的程度接近于时光旅行。虽然波兰仍未跻身教育超级大国的行列，但是和美国不同的是，波兰在短短数年的时间内，在教育方面的成效已经有了显著的提升，尽管它也有犯罪、贫困及其他不胜枚举的可以用来当作失败理由的借口。波兰的教育就像一个未完待续的故事，而且更像一个出人意料的、会朝着人们所希望的方向发展下去的故事。

从宾夕法尼亚到波兰

在弗罗茨瓦夫市中心一家古老而又气派的酒店里,我见到了汤姆。希特勒、毕加索和黛德丽①都曾住过这家酒店。汤姆穿着牛仔裤,皱巴巴的衬衫露在外面,上面有一排长长的纽扣,袖子卷过手肘。汤姆18岁,上高中三年级。自从他来到这里,他寄宿家庭的波兰母亲就一直努力地想让消瘦的汤姆胖起来,但没有成功。

我们在这座古老的城市中穿行,它看上去和几个月前汤姆向我描述的一模一样:巴洛克风格的教堂,鹅卵石铺就的街道,巨大粗犷的苏联式公寓。在一个名为利乃克(Rynek)的中世纪广场上,还可以看到游客们在露天咖啡馆喝着皮亚斯特啤酒,咖啡馆的上方是一座16世纪的大钟,据说可以用来观测月相。波兰祖母们的雕像矗立在广场上,她们绑着头巾,胳膊下夹着包裹。利乃克广场被修复、重建过多次,现在的样子虽然显得过于华丽,漆的颜色也有些过于鲜亮,但其规模和视觉效果仍然不失雄伟壮观。

我们在咖啡馆坐下来喝咖啡,从某种意义上来说,这个地方拥有很多吸引汤姆离开宾夕法尼亚、来到这个城市的因素。这家咖啡馆规模很小,烟雾缭绕,非常僻静。只有很少的几个人坐在咖啡桌旁,弓身看着书或笔记本电脑,我们进来时也没人抬头。

汤姆骄傲地带我穿过咖啡馆,这种骄傲的神情我只在其他青少年炫耀他们的新车时见到过。墙边放着几排书架,书都堆到了天花板。有几册化学书斜靠在一卷卷厚厚的已经褪色的哲学书上。这正是汤姆曾经想

---

② 黛德丽,著名德裔美国演员兼歌手,代表作品有《纽伦堡大审判》《蓝天使》《摩洛哥》《上海快车》等。——译者注

象中的东欧生活。

6个月前，汤姆的波兰数学老师叫他在黑板上解题，他没做出来，从那以后，数学老师就再也没向他提问过。然而，他学会了肖邦的《E小调前奏曲》，他的波兰语也已经取得了很大进步。美中不足的是，他并没有听到很多人谈论纳博科夫的作品。有一次在咖啡馆，他听到两个老人在一张大理石台面的小桌前讨论哲学问题，汤姆的视线越过他的苹果笔记本电脑，开心地看着他们，其中一个老人向另一个吼道"你根本不懂哲学"，然后生气地起身离开了。这一切真是妙不可言。

"百慕大三角"的孩子们

离开咖啡馆，我们来到汤姆的学校——波兰第十三中学。走着走着，你就会感受到，周围的环境气氛发生了很突兀的变化。这所高中处在一个被称为"百慕大三角"的危险地段。几年前人们给这个地区起了这个别称，因为经常有外面的人误入这个地区然后神秘失踪，从此杳无音信。此地名声大噪之后，犯罪率倒是下降了，但这里的情况仍然很复杂。就在几周之前，汤姆的一个朋友从学校回家的时候，光天化日之下被人持刀抢劫。

在百慕大三角街道两旁，矗立着一些高高的装饰华丽的房子，尽管它们在"二战"中幸免于难，但是现在也变成了破旧不堪的公寓。已经发黑的塑像立在屋旁，仿佛在观察芸芸众生。公寓入口弥漫着一股小便的臭味，墙上褪了色的粉红壁画上有密密麻麻的涂鸦痕迹。走在波兰街头，感受到的是与芬兰截然不同的气息。

一个孩子从我们身边匆匆跑过，要去一个隐藏在一排房子后面的小操场。直到2007年，这个地方都只是一块脏兮兮的荒地，但一直都是百慕大三角地区孩子们玩耍的地方，他们也别无选择。有开发商要把这里变成一个停车场，孩子们纷纷抗议，拒绝把他们的玩耍场地拱手让人。孩子们用木板做了标语,上面写着:"操场是我们的!""挖土机滚远点!"[6] 领头的是个 16 岁的孩子,名叫克拉斯特克,他甚至还打电话给当地报社,希望获得帮助。我相信这个孩子的人生大有可为。开发商最终做出了让步,同意只占用部分空间建一些车位,将其余的地方建成一个略小一些的操场。

百慕大三角的孩子们生活都很艰难。有些孩子的父亲在服刑,有些孩子的母亲酗酒过度。很多时候,孩子们只能饥肠辘辘、满身疲倦地去学校上学。从外人的眼光看来,这里和美国的贫民窟没有什么区别。

然而在过去的十余年里,对于百慕大三角的孩子来说,这里发生了巨大的变化,而这种变化是很难在大街上看出来的。

变化在于,百慕大三角的孩子们正接受着一套新的教育体系,这种教育体系重新构想了可能实现的教学改革。这种教育体系的变化,不像在世界其他地方随处可见的对教学内容进行的小修小补,而是打破了原先教学体系的核心,从根本上改变了波兰的教育体系和教学宗旨。波兰政府给孩子们提供了像在美国这样更加富足的国家才可能享有的更好的学习机会。虽然这些孩子仍然住在百慕大三角,但数据显示,他们不会再像从前那样,有误入歧途的危险了。

化学家出身的教育部长

1997 年,米罗斯瓦夫·汉德克成了波兰教育部长,在外人看来,他是个搞教育的门外汉。因为他原本是一个化学家,留着白胡子,两道眉毛鲜明得如同反斜线符号,看上去就像一个东方版的肖恩·康纳利(Sean Connery)[①]。他在位于克拉科夫[②]的 AGH 科技大学做研究时,于化学领域取得了一些成就,曾就矿物质的隐藏属性发表了 80 多篇论文,并当上

---

① 肖恩·康纳利,著名美国演员,詹姆斯·邦德的扮演者。——译者注
② 克拉科夫,波兰主要的学术中心和经济中心之一。——译者注

了 AGH 科技大学的校长，这是波兰最好的大学之一，但是他对教育政策或政治仍了解甚少。或许他的一窍不通会对他的工作有所帮助，至少从当时来看是这样。

当汉德克就任教育部长之时，波兰的 3800 万居民已经经历了数年的经济休克疗法①，该经济政策旨在使波兰能够快速融入西方世界。到目前为止，放宽管制政策和私有化制度已经奏效，波兰不仅成了世界上经济增长速度最快的国家之一，而且失业率和通货膨胀率也在稳步下降。

然而现在这个国家再次处在危机边缘。如果不立即进行社会改革，医疗、养老和教育体制将会拖垮波兰的经济，导致通货膨胀率再度飙升，使波兰已经脱离专制主义时期一潭死水般的经济又恢复原状，偏离成为欧洲一股重要经济力量的道路。

最糟糕的是，在现代，波兰的成年人并不具备多少有竞争力的技能，波兰只有一半的农村人口完成了小学教育。这样一来，留给波兰人的只能是那些低技能、低收入的工作，而这些工作是其他欧洲国家的人不愿意做的。

面对这种生存危机，汉德克研究了其他国家的教育制度，其中包括美国，因为他在那里生活过两年。同时，他走遍波兰，与教师、研究人员和政治家进行了深入探讨。1998 年春天，他和执政党领袖——新总理布泽克（也是一位化学教授）宣布了一系列教育改革方案，而且并未考虑外界对这些方案的好恶，如果他们对教育有更强的政治敏感度的话，或许不会进行如此大刀阔斧的改革。

汉德克说：“我们需要改变整个教育体系，使它摆脱现在的状态，实现另一种新的均势。”[7] 他仍在教授化学，但这次的受众是 3800 万名

---

① 休克疗法，主要内容是实行紧缩的金融和财政政策，由于这套经济纲领和政策的实施具有较强的冲击力，在短期内可能使社会的经济生活产生巨大的震荡，甚至导致出现"休克"状态，因此，人们借用医学上的名词，把这套稳定经济、治理通货膨胀的经济纲领和政策称为"休克疗法"。——译者注

波兰人。

　　为了实现这一新的平衡,波兰进入了科学家所说的"过渡阶段"。这一阶段,正如汉德克所讲,会"给学生们提供机会"。[8]改革包括四个部分,全部列在一本225页的橙皮书上,并且分发到了全国各地的学校当中。改革的第一个环节,就是要为教育体制注入活力。新的核心课程的出台将改变原有的囫囵吞枣的授课形式,不再强制教师遵守原有的广但浅的授课体系。新的方案将会只设定基本目标,将授课的细节留给学校自行斟酌决定。与此同时,政府会要求大约25%的教师重返学校进修。

　　在为体制注入活力之外,此项改革进一步明确了学生的责任。为了确保孩子们的学习质量,学校每隔一段时间都会举行标准化考试,虽然不像美国这么频繁,但是小学、初中、高中结业时,学生们都要参加规定的标准化考试,试题全国统一。

　　对于年幼的孩子而言,测试能帮助确认哪些学生,或者哪些教师和学校需要更多帮助。对于年龄大一些的学生来说,测试的结果更是有着举足轻重的作用,决定他们该上什么样的高中以及大学。这是波兰第一次让所有的学生在高中结束时统一参加大学入学考试,而且这次考试不再由当地教师判分。这样一来,各个大学和雇主就可以根据考试的结果来选拔和招募人才了,因为各地实行的是同样的考试标准。

　　波兰人当时还不知道,根据数年后的一份PISA分析结果显示,这种有针对性的标准化测试对于贫富差距较大的国家来说十分重要。环顾世界,往往是那些定期进行标准化测试的地区,各个阶层的孩子之间的认知差距更小。[9]即便是像美国这种各类测试向来缺乏严格性与目的性的国家,在实行定期标准化测试的时期,非洲裔和西班牙裔学生们的阅读和数学成绩也都得到了很大的提升。

　　从一般意义上讲,为何测试让学校教育更公平?因为测试可以帮助学校认清教学实践中的长处和教学过程中的不足,了解哪些学生需要更多帮助。这一观察是前提,而非解决方案。让问题变得显而易见固然重要,但并不能保证问题得到根本解决,美国数以千计的校区试实行"不让一个学生掉队"的结果也证明了这一点。然而,尽管通过标准化测试不能完全解决教育弊端,但明确症结所在,对了解不同学生的不足之处,从而帮助学生对症下药而言,似乎是至关重要的第一步。

改革的第三个环节是最重要的一环:躬行实践,而非纸上谈兵,切实提高对孩子们的要求。为实现这一改革,需要让所有的孩子额外花费一整年的时间,一起在毫无差别的学术环境中继续学习。这额外的一年相当于高中的第一学年,让所有的学生接受相当于高中预科的教育,直到他们年满16岁,而不是在15岁左右就让他们分流去选择接受职业培训还是学术教育。差别虽然只有12个月,但结果却有云泥之别。

可是这个政策意味着几乎要在一夜之间,建立4000所新的高中预科学校,否则无法容纳那些本该15岁就去上职业学校的学生。[10]

汉德克或许可以就此停手。新的核心课程、更严格的测试体制、数以千计的新学校,所有这些都代表着一种史无前例的变革,在这么短的时间内,美国还没有哪个州能实现这一切。

但有一个显而易见的问题,那就是波兰人对苏联统治时期的痛苦经历仍然记忆犹新、心有余悸。除非给予地方政府和各级学校其他自主权来交换,否则从政治角度来讲,中央政府强行施行这些改革一定是行不通的。为了实现更强的职责性,汉德克决定相应地给学校更多自主权。

给予自主权顺理成章地成了改革的第四个环节。[11]教师可以根据实际情况,从一百多种获批的备选方案中自由选择教科书和具体课程,还能根据具体教学业绩获得奖金。在一个经济状况稳步攀升的新兴国家,人们往往会把一个人的收入作为评判尺度,而改善教师的待遇意味着告诉所有人,教师行业不再是卑微的苦力行业了。与此同时,自主权的扩大使得校长对教师的任免负全责。地方政府则全权掌控着预算,包括在何地以及如何开设新的高中预科学校。

换句话说，新的体制将要求相关人员对结果负责，而中央政府对实现结果的方法和过程不做过多干涉，给予学校和教师更多的自主权。这种自主开放的氛围在很多教育水平实现了飞速提升的国家和地区都能见到，比如芬兰，再比如几乎所有的高效组织机构，美国海岸警卫队和苹果公司等。

汉德克宣布，所有这些变化将在一年内付诸实践。

休克疗法

这本橙皮书引起了极大反响。一些波兰人对汉德克这一大胆的计划表示热烈欢迎。波兰最大的报纸之一——《选举报》的一名记者就曾惊呼："这是我们融入欧洲和迈向现代世界的通行证。"[12] 但也有一些人对改革表示反对。波兰教师工会斥责汉德克的改革资金投入过少，改革举措力度过大、操之过急，简直就是揠苗助长。在《选举报》刊登的一篇文章中，一位校长预言教育界的灾难即将降临，他说："对大多数年轻人来说，这将拉低教育水平，加深文盲程度，而且会使更多的学生不愿意继续深造。"[13]

但当时的时机对改革来说十分有利：波兰新成立的政府是由所谓的"改革者"组成的，他们不可能一边随随便便地声称自己是改革的先行者，一边阻碍改革的进行。更为重要的是，有很多其他事情可以分散人们的注意力。[14] 因为政府与此同时还在进行医疗保障和养老保险方面的改革。变革的部分层出不穷，令人目不暇接，这给汉德克在教育方面的全面改革做了很好的掩护。

1999年9月1日，4000所崭新的高中预科学校已然落成，开始在波兰各地敞开大门迎接新生。[15] 这一天意味着波兰教育的蜕变正式拉开了帷幕，汉德克以祈祷的方式迎接了这一天，希望改革可以卓有成效、深入人心。在格涅兹诺这座波兰古城，汉德克在一座哥特式大教堂参加了一场特殊的弥撒。紧接着，他来到这座城市新建成的一所高中预科学校——第三高中参加开学典礼，并为该校剪彩，以纪念波兰的教育走进新纪元。他宣布，新的教育体制将会"更富创造性和保障性，绝不会灌输给孩子过于冗杂的知识"。[16] 这一新体制立足于当下，而不是过去，将教会学生如何独立思考。

然而事实上，那一天一片混乱。很多老师和校长并没有做好准备，公共汽车没能去接那些住在偏远村镇的学生上学，父母、老师和校长们对这些新的变化满腹牢骚、叫苦不迭。橙皮书的颁布是一个不错的想法，但并没有使公众和老师们确信改革会是明智的举措。根据上个学年末进行的民意调查所显示的结果，60% 的波兰人认为改革并不能保障每个人都能享有接受教育的平等权利。[17] 其实所有人，包括汉德克本人在内，都不敢断言投下的赌注是否能够获得回报。

"我们可不能落在后面"

正当身为化学家的汉德克试图打破波兰教育体系原有的平衡时，身为物理学家的施莱歇尔则正在劝说各国加入第一轮 PISA 测试。很多国家都同意加入，但波兰不在其中。

纵观波兰的历史，几乎没有什么参加国际性考试的经历，因此很多人都不了解这类考试，人们觉得更应该把钱花在别处。但是有些官员，比如曾经是高中数学教师的教育部顾问耶日·维希涅夫斯基（Jerzy Wiśniewski）则极力游说波兰加入这一实验项目。他认为对波兰教育来说，PISA 的测试结果代表的是一种现代性，PISA 是一种为先进世界所用的合理且准确的衡量工具。

维希涅夫斯基指出："其他发达国家中，只有土耳其仍持反对态度，我们可不能落在后面。"[18]

其他国家的加入所带来的压力奏效了。2000年,波兰15岁的青少年都参加了PISA。也许那时人们还尚未意识到这次测试的重要意义,但时机的选择恰到好处。这一测试正巧帮助人们认识到了波兰教育改革前和改革后的不同。

那些在2000年首次参加PISA的波兰孩子,基本都是在波兰原有的教育体制下长大的。他们之中,半数已进入职业学校,半数就读于学术性学校。也可以说,这群孩子成了后来检验波兰教育改革成果的实验对照组。

虽然人们并没有抱着波兰能够引领世界的期望,但测试的结果还是让人心生气馁。波兰15岁孩子的阅读水平排名第21位,数学水平排名第20位,均低于美国和大多数发达国家的平均水平。在日趋激烈的世界竞争中,波兰很显然又一次被发达国家远远甩开了。再单独对职业学校的学生进行评估,显示出的教育不平等状况则更加触目惊心:超过三分之二的职业学校学生都只具备最底层的文化水平。[19]

2003年,一组新的波兰15岁学生参加了这一测试。他们的小学阶段是在旧体制中度过的,随后上的是新式学校,与上一次参加PISA的学生不同的是,这一次的波兰学生,还没有分流成职业学校的学生和学术性学校的学生。因此他们就成了实验组。

结果再次令人震惊!3年前PISA成绩被人冷嘲热讽的波兰学生,这次居然阅读排名第13位,数学排名第18位,刚好都排在美国之前。[20]仅用3年的时间,波兰就已经赶超了发达国家。

这怎么可能呢?一般来说,改革需要很多年才能初见成效,而且大多数改革往往无疾而终。但是PISA的测试结果证明了一切。到2009年,波兰学生在数学和科学方面的表现已经远超美国,尽管波兰在每个学生身上所投入的经费还不到美国的一半。[21]而且在阅读和数学方面,波兰最贫困的学生也比美国最贫困学生的得分要高。[22]鉴于社会经济条件的差异，最贫困的波兰孩子要比最贫困的美国孩子的生活条件差很多，因此，波兰着实取得了相当了不起的教育成就。

测试结果为世界其他地方揭示了一种人们始料未及的可能性：家境贫困的孩子能够比以前学到更多知识。或许，自助者天助，贫困的孩子只是缺少物质享受，精神上的求索却从未迷失。最令人印象深刻的是，那年有85%的波兰学生从高中毕业，而同年美国的高中毕业率只有76%。[23]

同期，美国也进行了自己的教育改革，在"不让一个孩子掉队"的指令下进行了更多的考试，并对表现不好的学校进行了公开批评。但令人大失所望的是，美国孩子的PISA成绩并没有得到提升。[24]虽然美国给学校施加了更多压力，但却未能行之有效地为整个教学体系注入新的活力，延缓高中毕业学生分流，或将自主权授予那些颇有建树的教师。

维希涅夫斯基仔细研读了这些数据，他发现，波兰PISA成绩之所以大幅度提升，很大程度上要归功于那些本要就读职业学校的学生。由于他们的分数有了显著提高，整个国家的分数也随之高歌猛进。波兰各个学校之间也更加趋向一致，齐头并进，波兰各个学校的学生之间的分数差距比其他任何一个发达国家都要小得多。[25]几乎一夜之间，波兰所有的孩子都处在了一个更加平等的台阶上。而这一提升并不是以牺牲最优秀的孩子为代价的，那些孩子的成绩同样得到了提高。超过三分之一的波兰青少年的知识水平处于评分最高的两个级别，超过了发达国家的平均水平。[26]

是什么导致了波兰的变化？根据维希涅夫斯基和他的同事的研究，在所有变革当中，有一项改革至关重要，那就是延迟分流。[27]那些本会进入职业学校的学生，其总分比2000年已经被分流的那批学生的测试成绩平均高出100分左右。人们对这些孩子的期望值提高了，孩子们也没有辜负大家的期望。

这 4000 所新落成的学校，以人们始料未及的方式推动着教育体制的革新。那些愿意执掌新建学校的校长，比原有学校的领导更具雄心壮志，他们拥有很大的自主权，可以亲自遴选并肩工作的教师。这一新体制任人唯贤，因此这些新学校声誉卓著。其他教育机构可以明显感受到新学校向他们传达的信息：这次教育改革是切中肯綮的，绝非可以忽略不计的又一次政治运作。

汉德克很高兴能看到孩子们的 PISA 成绩显著提高，这充分证实了他的改革是有效的。"我们的年轻人开始独立思考了。"他说。

但数据同样揭示了一些令人担忧的问题：人们对孩子的期望值上升有多快，下降也就有多快。在 2006 年和 2009 年，波兰教育界人士让一组随机取样的 16 岁和 17 岁学生参加 PISA，来检测这些学生就读职业学校后的情况。结果令人大跌眼镜，取得的进步消失了：参加完第一次 PISA 一年后，职业类学生和学术类学生成绩上的巨大差别又再度出现。16 岁适龄进入职业学校的学生，其 PISA 成绩已远远不及学术类学校的学生。改革只是延迟了差距的出现，并没有消除差距。[28]

维希涅夫斯基感到迷惑不解，取得的进步为何眨眼之间就消失得无影无踪？"或许与诱因有关。"他解释道，"我们不能妄下定论，还需要做更多研究。但毫无疑问，同伴效应的影响力不容忽视。"这些学生一旦进了职业学校，和其他师生在一起，就难免会耳濡目染地发生一些变化。他们似乎一夜之间丧失了某些能力，也许是他们学习的内驱力。

美国那些"天资聪颖"的学生

从直觉来看，分流是合理的。如果一个班所有的孩子都处在同一水平，那么课堂运转将会更高效。但现实的情况是，人们对"下游"孩子的期望值本身就不高。

从数据上说，无论何时分流，都会造成孩子们学习积极性的下降，或者加剧学生之间教育不平等的状况。[29] 总体来看，分流时学生的年纪越小，整个国家在 PISA 测试中的表现就越糟糕。这似乎是某种限制性效应：一旦孩子们像被贴上标签一样，被分到更低的分流层中，他们的学习就会随之懈怠。

在宾夕法尼亚州，汤姆在三年级时就被分流。一个教师推荐他参加某种考试，他考得非常不错。于是，才 8 岁的他就被选入了葛底斯堡的一个项目，该培训项目专门针对天资聪颖、才华横溢的青少年。刚开始，这种区别对待的实际效果不大。每周，他会和其他被选中的孩子一起去上一种特殊的课程，在那个课堂上，他们要学习常用的拉丁文，并很早就开始学习长除法。随着汤姆的年龄逐渐增长，他又自然而然地被分到一个培养目标更为明确的班级之中。到 15 岁时，他所学习的核心课程从某种程度来讲已经很高深了。在一个被称作"加速班"的班级里，汤姆和其他表现出色的学生一起学习英语、社会科学和自然科学。而那些没有被分到加速班、和汤姆年龄相仿的孩子，则只是在学习体操、艺术以及其他并无必要性的课程。

这种筛选会带来什么样的效果，我们尚不得而知，但可以肯定的是，那些 8 岁就被称赞天赋异禀的孩子，久而久之或许也会相应地觉得自己高人一等；而那些被认为资质普通的孩子，也相应地不会高看自己。但"天赋"这个词本身暗示的是一种与生俱来的才能，是不管付出多少努力都无法获得的。从某种意义上来说，这与儒家思想背道而驰，因为儒家信奉获得真知的唯一途径是锲而不舍地努力。

当汤姆还是高一新生时，葛底斯堡高中就根据学生的不同水平将他们分为三个层级：首先，筛选最为严格的就是加速班，在高中第三年和第四年时，这将变成跳级生班级；其次是大众班，面向所有普通孩子；

还有最后一个分组，被委婉地称为"实用班"，在汤姆的同班同学中，这个组的人数占到分班之前全班人数的10%—15%。[30] 出于某些原因，人们对这些孩子的期望值比较低，他们的英语课程与其他孩子也不太一样，被称作"职场英语"。不管各个层级的未来如何，现在每个孩子都被归入了某个层级。

一提起分流，大多数人往往会想到德国、奥地利这样的国家，那里的学生根据自己的意愿被分入不同的学校。而美国、英国、加拿大、挪威和瑞典等国家则采取了不同形式的分流。

美国在教育方面有一项全世界独一无二的政策，那就是在小学就进行择校。[31] 这种筛选在孩子很小的时候就开始了，往往通过特色学校、荣誉班级、跳级课程或是IB课程等形式来进行。事实上，美国的学校不仅按能力水平将年幼的孩子分班，而且还会根据不同层次的分班来教授不同的课程内容。纵观全世界，美国是为数不多的采取这种形式的几个国家之一。在其他国家，包括德国和新加坡在内，所有的孩子学习的都是相同难度的核心课程，而那些所谓能力出众的孩子只不过是享有更好的师资力量和课堂条件而已。

美国学校还存在由长期种族隔离和贫富差距制造的另一种分流。在这种分流中，少数族裔和低收入家庭的孩子更有可能就读于一些较差的学校，接触跳级课程的机会更少，教师的教学经验也更有限。

到了21世纪初期，很多国家都延迟和放缓了分流的举措。这样做之后，所有的孩子似乎都有了更好的表现。波兰的大部分学校在学生16岁时开始分流。拿汤姆进行交换的弗罗茨瓦夫市的学校来说，申请入学的学生中，只有三分之一到一半的学生会被录取。而汤姆只在体育课的时候见到过职业学校的学生，他们正好结束了体育课要离开。

芬兰也对学生进行分流式教育。与波兰类似，他们将学生分流的时间比较晚，一般是在孩子16岁的时候。这是40年改革的结果，每一轮改革都会把分流时间往后推迟一些，直到最后确定为在孩子 16 岁时开始实行分流。但与波兰不同的是，芬兰学校更注重公平。教育部有这样的规定：当学生没准备好的时候，教师不能够单方面阻碍学生的提高或是揠苗助长。这样就只给学生留下一种选择，那就是所有的学生都要学习。为了使之变为现实，芬兰的教育制度规定，要给那些需要帮助的学生提供资助。如果学生的学习成绩出现下滑的迹象，老师就要像后勤维修人员般蜂拥而上，防止学生的成绩进一步下滑。在前 9 年的学校生活中，有大约三分之一的学生得到过老师的特殊帮助。[32] 在芬兰的小学，只有 2% 的学生留级，而美国的这一比例却高达 11%，远高于发达国家的平均水平。[33]

在芬兰，被分流并不是一件不光彩的事情。政府会给职业高中更多的资金投入。在很多城镇，职业学校和学术性学校一样有声望。事实上，学校越偏僻或者客观条件越不利，该校能获得的政府资金投入也就越多。这种均衡资金的做法和延迟分流一样重要。即便学生被纳入职业学校，他们也能学有所成。并不是所有的孩子都要上大学，能掌握有用的技能才是所有人的安身立命之本。

在芬兰和其他所有教育发达的国家，教育开支和具体需求密不可分，这是合情合理的。一个学校学生的整体水平越低，它所能获得的资助就相应越多。可在汤姆的家乡宾夕法尼亚州，情况则恰恰相反。政府拨给最穷学区每个学生的费用是 9000 美元，而最富学区每个学生享有的政府拨款却是 11000 美元，二者相差大约 20%。[34]

学生的数学成绩落后，是美国和其他国家之间最明显的区别之一。[35] 在几乎所有其他的发达国家，生源越不理想的学校，师生配比就越高。[36] 而与此相反的情况只出现在 4 个国家：美国、以色列、斯洛文尼亚和土耳其。在这 4 个国家中，条件越差的学校，师生配比越低。

这种差别很醒目，并且与教育政策的严格与否紧密相关。在人们认为学校教育应该严肃认真的国家，学校自然会一视同仁地严格要求每一个学生。如果严格化教学是取得成功的先决条件，那么国家就应该保障每所学校无差异地实行严格化教学。公平性永远是最核心的价值观，以资金来推动公平性，以延迟分流的政策来保障公平性，而这又恰恰证明了体系的严格性。

柏拉图的洞穴①

汤姆在葛底斯堡高中学习一年后，学校换了一个新校长，名叫马克·布兰查德。他肩负使命而来，因为这所高中的学生在测试中的表现比预想的要差，所以他是来找出原因并设法弥补的。布兰查德在宾夕法尼亚州另外两所口碑不错的公立中学工作过，所以他认为，只要找到问题所在，他就一定可以帮助葛底斯堡中学触底反弹，绝地重生。[37]

但他很难找到那个原因。

葛底斯堡高中壮丽宏伟，占地约0.5平方千米，红色的砖和玻璃构成的教学楼矗立在修葺整齐的草坪后面。1998年，政府斥资4000万美元在这里修建了一系列学校基础设施，包括一个工程实验室，一个温室，三个篮球场和一个造型优美、能容纳1600人的礼堂。学校花在每个学生身上的费用，几乎是金在俄克拉何马州的学校的两倍，这还是在调整了生活费和根据学生的不同需要调整所投入的费用之后。[38] 这所学校所需要的肯定不是资金。

布兰查德担心问题或许在于师资水平较低，那样的话就很棘手了。

---

① "柏拉图的洞穴"源自柏拉图在《理想国》中描述的一个寓言故事：有一批人世代居住在一个洞穴之中，洞穴有条长长的通道通向外面，人们的脖子和脚被锁住，不能环顾，只能面向洞壁。他们身后有一堆火在燃烧，火和囚徒之间有一些人拿着器物走动，火光将器物的影像投在囚徒前面的洞壁上。囚徒不能回头，以为这些影子就是实物，用不同的名字称呼它们并习惯了这种生活。——译者注

然而他惊讶地发现，这里有很多学识渊博、富有经验的教师，而且他也见到了成百上千的勤奋刻苦、才思敏捷的孩子，其中就包括汤姆。葛底斯堡高中 20% 的孩子家境贫困，但这个比例处于学校可控范围之内，且汤姆的大多数同班同学几乎都来自中高等收入家庭。

布兰查德及时地察觉到，问题是深层次的，想解决没有想象中那么轻而易举。困难并不在于缺乏教学的实力，而在于缺乏深造的愿景。一部分家长——包括在葛底斯堡学院任教的一些教授认为，他们的孩子应该读大学，但是大多数学生家长觉得孩子上完高中就足够了。布兰查德意识到，这很有可能就是症结所在。很多家长从事跟农业相关的工作，他们从自身的角度出发，认为孩子不需要接受更多的教育，他们对孩子的期望在某种程度上就是错误的。

在其他的一些国家，20 世纪的思维模式经常被经济危机打破。在经历过一系列社会变革之后，芬兰、韩国和波兰的一些家庭，开始想让他们的孩子在高中毕业后继续读大学或接受职业培训，事实上大多数人也正是这么做的。

然而在葛底斯堡和世界上很多其他学校，现状却是僵化的。不仅是父母和学生不思进取，这种思维模式同样遍布于很多学校的教学当中。当布兰查德在走廊里与教师交谈的时候，他注意到教师往往对这种现状听之任之。如果学生只是想顺利从高中毕业，那自己又何苦喋喋不休地给他们讲政治、文学或者高等数学呢？

布兰查德不禁开始思考像"柏拉图的洞穴"这样的问题。人们假定自己在墙上看见的那些熟悉的影子都是真实的，即便这只是他们自己的想象。布兰查德觉得，他需要打破人们身上的枷锁，努力让人们回过头来，发现这世界已大为不同。事物的发展日新月异，他们的梦想可以更大。

首先，布兰查德从言辞上开始激励人们，滔滔不绝地讲着要让葛底斯堡变成全美最好的高中。他宣布了一项计划，要把大学预修课程的数量扩大一倍，并告诉管弦乐教师，他想让葛底斯堡的音乐课程成为美国最强。"总而言之，我想要在各个方面都争创辉煌，那样就不会再有人说我们只是一所以橄榄球见长的高中了。"

紧接着，布兰查德由浅入深地开始着手提高教师对学生的学业期待值。当他听说有所谓的实用班的时候，便提出了一连串的问题。他以前工作过的两所学校从未有过实用班，为什么葛底斯堡高中要有呢？他把这种班级称为"傻瓜班级"，并打算取消这一层级。

他告诉全体教职员工："学生是能够达到你们为他们设定的期望值的。"有些老师和辅导员表示反对，他们提醒布兰查德："这些学生会毕不了业。"

布兰查德告诫这些教职员工，教师的工作是教好所有的学生，而不仅仅是关心有志于深造的那部分学生。于是汤姆上到高二那年时，学校取消了"傻瓜班级"，这也就意味着葛底斯堡高中废除了最低层次的分班。

令人感到惊讶的是，什么也没发生，没有人因为"傻瓜英语"课程被取消而辍学，原先在实用班的学生对自身的期望值提高，不再觉得自己只能学"傻瓜英语"了。[39] 没过多久，老师们就再也不提实用班了，好像实用班从来没存在过一样。

葛底斯堡和其他地方学区联合起来，建立了一所新的技术学校，这样，想参加职业培训的孩子就可以拿出一半的时间来学习柴油机械课程或是护理预科，以获得联合学院的学分。当然，像波兰一样，这些都要在孩子们满16岁之后才能进行。在此之前，他们必须坚持学习英语、科学和数学。

学习柴油机械课程需要有基本的几何和物理知识，这是为了能够诊断并维修现代重型机械设备。他们也要能看懂工程图纸和技术手册。为了测量排气管中的气体，学生还要明白百分比和比值的相关知识。随着时代的发展，包括工人在内，所有职业的工作内容都日趋复杂。[40]

除了上述的重要变化之外，葛底斯堡高中还是大致保持着原来的样子，仍有多重分流举措，孩子们仍旧很早就开始接受筛选。大学预修课程项目得到了发展，但课程数量并没有成倍增加。大多数教师也仍然墨守成规，一成不变。尽管有的老师确实才干出众，但也有一些老师的教学水平实在让人不敢恭维。这所学校的一名老教师告诉我："家长抱怨他们，学生也抱怨他们，可他们依然还在这里工作。"

总体来看，2011 年和 2012 年全国教师素质委员会给宾夕法尼亚州教师管理工作的评分为 D+。但在"淘汰不合格教师"这方面，委员会毫不客气地给出了 F 的评级。

体育仍是葛底斯堡高中的核心文化，每举办一次橄榄球比赛，都会有四个以上当地记者现身报道。有两家当地的报纸会用一整版来报道高中体育赛事，而且很多比赛会通过广播直播。一些学生运动员的训练日程被安排得很紧张，他们往往极度疲劳，几乎没有什么时间或精力学习。有些学生运动员要练举重，一练就是一整个夏天，但也许这些学生会感到庆幸，因为他们不需要做很多数学题。但布兰查德不希望看到这种状况，于是他一直在努力增加在校生的内驱力，缩小学生之间的认知差距，然而对绝大部分学生而言，结果和从前相比并没有区别。

2011 年，从宾夕法尼亚州举行的一次难度不大的测验结果来看，葛底斯堡高中的高三学生中，仍然有 40% 的学生没有达到相应年级的数学水平。[41] 汤姆的同班同学参加 SAT 时，他们的阅读得分高于国家平均水平，但数学得分则处于国家平均水平之下。[42] 学生的大学预修课程得分都很高，但只有三分之一的学生上过大学预修课。仅从测试结果来看，仿佛葛底斯堡高中内部分裂成了两所完全不同的学校，其中十分理想的一所是专为培养尖子生而成立的，而另一所则是收容其他学生的。蜕变发生了停滞，距离化茧成蝶似乎遥遥无期。

每一次改革都会带来一些伤害

汤姆喜欢布兰查德校长,虽然他对这位校长还称不上熟悉,而且,他也不愿谈及他的家乡有哪些不足。当我们漫步在弗罗茨瓦夫,边走边聊这两所学校的区别的时候,汤姆是这样描述葛底斯堡高中的:"学校对学生能不能干成大事并不关心。"这是他想在别处度过高年级生活的一个原因——他不甘于平庸,想做大事。

当我们来到十三中的时候,刚好是第一节课前,所以有很多学生和我们一起到达。教学楼用深红色和黑色的砖瓦砌成,窗户上装有铁栅栏。像这个城市的其他地方一样,十三中也呈现了古老与现代元素的鲜明对比:校区有一半是在"二战"后重建的,而另一半的修建时间则可追溯到 19 世纪。一个绷着脸的门卫允许我们进入校门,去到教学楼大厅。

十三中是一所实行双语教学的德式学校,也是这个城市比较不错的高中之一。教室里铺着硬木地板,天花板高高悬在上空,还有很多木制的课桌。就硬件设施而言,它和葛底斯堡高中是不可同日而语的。比如这里没有自助餐厅,学生要从家里带三明治来当作午餐,或者只能从学校里一个小的快餐柜台买吃的。

这里也没有高科技互动教学白板或笔记本电脑。而在葛底斯堡高中,几乎有一半的教室都为每个学生配备了笔记本电脑,而另一半教室上课时如果有需要的话,可以使用学校五个计算机实验室中的任意一个。下楼的时候,我问汤姆上课时都用笔记本电脑做什么。汤姆笑着说:"我们玩网页小游戏,或是想办法上 Facebook。"

当然,波兰孩子也会花时间浏览 Facebook,也会像美国孩子回家后一样,玩《魔兽世界》等网游来消磨时间。不过,他们也会花大量时间准备他们的毕业考试,远比汤姆的大多数同班同学花在准备 SAT 上的时间要多。波兰孩子在参加毕业考试的时候会穿上自己最好的衣服，就像美国高中橄榄球队员比赛那天的着装一样。

还有，汤姆在波兰的学校没有体育活动，体育活动几乎不算在学校生活中。为什么会这样？其实有大量孩子会在课后自己组队踢足球或打篮球。人们也从来不关心学校存在的意义是什么，或者什么才能对学生今后的人生起到至关重要的作用等问题。汤姆在波兰学校的校长不像宾夕法尼亚州的布兰查德校长那样，他不需要花时间担心新来的数学老师是否也能教孩子们打棒球。

下课铃响后，我跟着汤姆来到外面休息抽烟。一辆有轨电车驶来，地面的震颤感伴随着盘旋而上的烟圈经久不绝。他来这里不久就又养成了抽烟的习惯，要是在葛底斯堡高中，即使在学校外面抽烟，也会被中止学业。

像很多美国来的交换生一样，汤姆在国外尝到了自由的滋味。放学后，他喜欢穿城而过，跑到奥得河上的某个小岛上去玩，那里一共有12个小岛。他在那里和成群结队的波兰青少年一起嬉闹，和朋友们喝喝酒、抽抽烟。也许在这种时候，汤姆会觉得自己更像个成年人，可以自由自在、无拘无束，即便这对他毫无益处。

然而，拥有这种自由并不总是令人欣喜的。这些青少年下课之后要自己管好自己，在校期间也要独立面对一些问题，没有人会为了保护他们而掩盖糟糕的事实。汤姆记得在一次班会上，老师大声地宣读了考试成绩：26个学生中有22个不及格！这个比例在大多数美国高中是难以想象的。汤姆觉得波兰的学校并不见得一定比美国的好，但的确要比美国学校对待学生更苛刻。

那天，我又让汤姆给我介绍了他的波兰学校校长乌祖拉·斯堡卡。汤姆带我来到她的办公室，一抬头就能看到一只巨大的鹰悬挂在淡紫色的墙上，这是波兰的国家象征。斯堡卡穿着低领黑色衬衫，褐色的套裙上装饰着闪闪发光的珠宝。斯堡卡刚开始是这个学校的数学老师,不过迄今为止,她已经在十三中担任校长的职务快20年了。

和美国一样,波兰的学校也是由各地方相关部门管理。整个国家被划分为2500个乡镇,和葛底斯堡高中给予每个学生的11000美元的教育资金投入相比,斯堡卡和波兰的其他校长每年花在每个学生身上的费用要低得多,平均仅为4681美元。[43]

对于我提出的问题,斯堡卡的回答非常简洁,不带任何感情色彩。可是当我问及波兰推行的足以被其他国家奉为楷模的教育改革时,她的回答立即变得冷峻起来。

"我们看待教育改革并没有外界想象的那么兴奋。"她冷冷地说,"学校不是个应该经受激烈变革的地方,而这次的改革就很激进。"[44]

尽管波兰在PISA测试中的得分和从前相比有了显著提高,但很多波兰人仍然觉得,让所有孩子在叛逆的青少年时期待在一起是错误的决策。人们也会关注其他一些问题:很多人认为毕业考试太容易了,而教师一直对政府要增加他们工作时间的决议心怀不满。

在我到过的每个国家、每个地区,人们都会抱怨教育体制。这是一个奇怪但普遍的事实,没有人会对某项政策完全满意,教育改革始终会在批评与责难声中进行。使孩子们都能获得高水平的教育绝不是件容易的事,每个国家、每个人都需要继续努力。

2000年的夏天,汉德克在推行完第一阶段的改革后辞职了。他许诺增加教师的薪酬,但是没能筹集到所需要的资金,此外,为了这次的教育改革,他早已疲惫不堪。辞职后他又回去做化学研究了,之后不久,他所在的政党也被对手以压倒性的票数击败。

令人庆幸的是,改革的成果保留了下来。波兰的教育要求比以前更严格,学生的内驱力更强,一部分自主权也下放了,教育变得更加公平了。但是像葛底斯堡高中一样,这些改变是不够的,仍旧有太多良莠不齐的教师培训学院，那些勤勤恳恳努力工作的优秀教师仍旧不能获得令人满意的薪资待遇。[45] 除非这个国家能加倍提高教育的严格度，同时着力解决师资质量问题，否则波兰在教育上永远无法赶超芬兰。

尽管如此，波兰教育还是取得了突破性的发展，并证明了即便在困境中举步维艰，波兰这样的国家仍然可以在短短几年内提升学生的学习成绩。正所谓"艰难困苦，玉汝于成"，学生努力克服学习上的困难的动力是可以培养的。通过严格的要求和孩子们的不懈努力，人们的期望值是可以得到提升的。那些并非教育专家的领导者，经过大刀阔斧的改革，能够帮助国家提升一整代孩子的素质，让他们变得更聪明。

波兰孩子在被分流之前，也完成过PISA测试中附上的调查问卷，结果显示，在认真负责地完整填写问卷方面，波兰孩子独占鳌头。似乎可以看出，波兰的改革帮助人们植入了这样的理念：一定要严肃认真地对待学校教育。

我在2012年和汉德克交谈时，他正处于心脏病康复期。他半开玩笑地将自己心脏状况的恶化归咎于那三年教育改革时的过度辛劳。回首过往，他希望他和他的同事们能让人们进一步接受改革。他们过于关注教育改革政策本身，而忽视了公共关系的维护，这本该是他们优先考虑的。这是另一个常见的错误，然而无论在什么时候，想要修正这个错误都是为时已晚了。不管在何时何地，政治、历史以及人们对改革的恐惧之情比政策本身更重要。但他仍旧安慰自己说，争议对一个改革者而言从来都是不可避免的。

"每一次改革都会带来一些伤害。人们总是倾向于稳定。当你习惯了一些事情时，便会觉得什么都不发生是最好的。"

我问他，如果重新担任教育部长并开展此生最后一次教育改革，他会在哪些方面着力整改。汉德克毫不犹豫地说:"肯定是针对师资力量。师资力量决定了一切问题的成败。我们需要优秀的师资力量——教师应该拥有扎实的学术基础,并经过严格选拔。师资领域的变革是我最想做的。"

第三部分

春

spring

第 8 章　在芬兰，生活与教育是可以共存的

新芬兰：芬兰埃斯波一个学生的自画像。

　　芬兰的冬季总是那么漫长、阴暗。一个星期五，金的房东妈妈对她说，也许金应该寻求心理医生的帮助。因为在 2 月，金的 16 岁生日前后，她开始时不时莫名其妙地哭起来，不管是在学校还是在家。那个冬天是芬兰历史上最冷的冬天，每天日照时长大概只有 6 小时。或许是寒冷阴沉的天气造成了金情绪上的变化，或许是因为与这对生怕母爱被夺走的 5 岁双胞胎姐妹之间的冷战击垮了她。金能肯定的是，她已经精疲力竭了，刚来芬兰时的憧憬和新奇之感早已荡然无存。

　　金向她的房东妈妈承认，自己有时候会感到迷茫无助。苏珊已经跟负责交换计划的相关人员谈过金的事情，他们决定让金去赫尔辛基看心理医生，这位医生可以告诉她是否应该提前回国。

　　金没有争辩什么，她拿出祖母的行李箱，默默地将她所有的物品装

箱打包。姐姐凯特送给她的手套，姨妈的一个朋友送的爱尔兰式外套，都被她一一放入箱子。这些礼物都是为金在芬兰的长时间生活而准备的，初衷都挺好。

她向这两个小女孩告别，仿佛在这场游戏中向胜利者投降一般，最终把房间腾给了双胞胎姐妹玩耍。金带上了她的全部行装，做好了回俄克拉何马州的准备。她似乎已经麻木了，就好像这件事是发生在别人身上一样。金陷入了沉默。

坐在通往赫尔辛基的高速列车上，蓝色的湖泊和被白雪覆盖着的松树飞驰而过，金情不自禁地闭上了眼睛。她经历过的画面一一在眼前浮现，她仿佛看到自己在出售一包包米饼酥筹钱，看到自己躺在芬兰新家的双层床上，看到自己在阅读芬兰老师送给她的儿童读本。她思考着自己提前几个月离开芬兰的情景，活到现在她做过的唯一一件令人刮目相看的事情，也许就要以失败告终了。

在 AFS 发给她的大量邮件中，也提醒过她交换计划有可能会出现这种情况。交换出国的学生都会经历这个可预见的阶段，而一年的交换生活之中，这段时间是最难挨的。很多学生会感到绝望和孤独，最初的热情已经被消磨大半，当节假日到来时，娱乐成了不可或缺的消遣。然而短暂的娱乐可以缓解一天的失落与痛苦，却不能永久消除身处异地的绝望与孤独。不过，金在来到芬兰之前，并没有想到过这种萎靡和不适也会发生在自己身上。

透过火车车窗朝外看，金看到了自己的影子。她感觉自己成了双面人，其中一个自己屈服于现在的失败，准备接受"其他人的想法是对的"这一事实。[1] 或许她应该去意大利，毕竟那是一个温暖且明媚的地方；或者她就应该在俄克拉何马州待着，就像她妈妈曾说过的一样。

可是她还有另外一个自己，她的这一面才刚觉醒，准备在漫长的沉默后爆发。她的这一面，是那个写信给俄克拉何马州萨利索的 60 家企业，恳求这些公司赞助她去芬兰交换的女孩；是那个在得不到一点回音后，转而挨家挨户卖牛肉干的女孩。纵然生活多变，她的这一面却一直都在，从未离开。金的脑海中浮现出那个系紧鞋带、意志坚定的自己，有着明亮、充满斗志的眼神。那个女孩可没想过这么早就返回俄克拉何马州！

在赫尔辛基，金看了心理医生。她向医生道出了来芬兰的原因、父母离异的家庭背景以及在国外生活的经历等。通过他们之间的交谈，心理医生排除了金患有严重抑郁症的可能。他们相约再会面一次。

在与心理医生第二次会面之前的这段时间，金在赫尔辛基闲逛。她参观了博物馆，坐了几班公交车，观察了熙攘的人群。她在俄克拉马荷州的乡村待了16年，在芬兰的村庄待了6个月，都是人口密度不大的地方，而来到赫尔辛基，能在同一个地方看到这么多人，这着实令金感到兴奋。一天下午，金伫立在海港边，一大群孩子在海港码头嬉戏的场景让她惊讶了一阵子，因为金还没看到过这么多的孩子。虽然正是放学回家的时间，但是看到孩子们没有家长陪伴，自己悠然自得地穿过赫尔辛基的大街小巷，金还是感到很困惑。一个不到10岁的小男孩坐在凳子上，远处有两个小女孩在喷泉旁边玩耍。金在皮耶塔尔萨里的时候也常常看到孩子们自己玩耍，尽管年龄都很小，却都是自己步行上学。不过，她从没料想到在芬兰最大的城市赫尔辛基，也能看到这样的场景。她情不自禁地对这些孩子产生了一种莫名其妙的忌妒之情。金很想知道，这些自由自在、无拘无束的孩子长大后会是什么样子。

两周后，心理医生告诉金，她的身心状态没什么问题，可以继续留在芬兰。这等于给了金第二次机会。仿佛卸去了一个沉重的包袱，她感觉轻松惬意、舒畅无比。AFS为金另外找了一对老夫妇，他们在皮耶塔尔萨里有一间大房子，可以让金寄宿在他们那里度过余下的交换留学时光。金可以重新回到那个小镇上，并且有了自己的房间。

金明白，这次她要更坦白。她之前就应该告诉苏珊，她有多么感激苏珊这么长时间以来对她的照顾，不过她需要的是一个能为她提供足够精神和物质空间的寄宿家庭。她不想冒犯任何人，所以之前她一直保持沉默。

芬兰语中有个单词"sisu"，这个单词的意思是遇到巨大的困境时所迸发的力量，还表示内心的果敢和执着。金在俄克拉何马州研究芬兰语的时候，第一次知道了"sisu"这个单词，"这是冒险、勇气、勇猛和坚韧的结合。"[2]《时代》杂志在一篇文章中提到了1940年的芬兰，"具有多数人已经放弃后自己仍然坚持战斗的韧性，凭借这股强大的意志力坚持战斗，直至取得胜利。"一个单词就可以把芬兰人的处事方式与任何其他民族区分开来。"sisu"就好比在冰封的北极圈土壤里坚持不懈地挖掘土豆，它帮助芬兰从文化程度极端落后的文盲国度变身为超级教育大国。"sisu"解释了一个比蒙大拿州还小的国家是如何发明诺基亚、著名时装品牌玛莉美歌（Marimekko）和Linux操作系统的，更不用说风靡世界、妇孺皆知的手机游戏《愤怒的小鸟》。"sisu"就是芬兰语中表示"内驱力"的单词。英语中没有与"sisu"对应的单词，最接近的可能是"grit"（坚韧、勇气）。

那天，在到达皮耶塔尔萨里附近的车站后，金觉得自己似乎理解了"sisu"的意义。她不知道这种顿悟的感觉会持续多久，不过她希望自己能永远将这个单词牢记于心。提起行李箱走下火车，金开始了又一段属于自己的征程。

真正意义的高中

在那年春天的一个晚上，我跟金以及她的两个寄宿家庭聚在一起吃晚饭。那时候，大雪已经融化。我们一起来到海上一个装有白色护墙板的大饭店。尽管已经不在苏珊家里寄宿了，金仍旧与苏珊保持着密切的联系。金会定期为苏珊所在的报社撰写专栏文章，而苏珊也在杂志上开辟了一个栏目，专门讲述金在芬兰的故事。

我们享用着鳕鱼和云莓，金坐在我和那对老夫妇之间，她穿着一件红色夹克，滔滔不绝地聊着她最初到芬兰的日子。当她向我讲述她在着手准备返回美国的计划时，我忽然觉得金看上去比几个月之前自信多了。

她说："我正在申请虚拟高中。"

金已经下定决心，不会回到萨利索高中继续读书了。她不希望自己沿着从前在萨利索的道路继续前行，她害怕如果周围的一切仍然一成不变，就无法让自己得到改变。

"我担心周围同学冷漠的态度会再次影响我，让我深陷在他们的那种想法里。"

"他们的想法是什么呢？"

"他们总觉得一切都无所谓，觉得既然学校这么差劲，我们为什么要去上学。我想把自己从这种处境中解脱出来。"

金曾在互联网上搜索一些寄宿高中的学校信息，就像她过去查找芬兰的相关信息时一样。网上的各类信息总是让人眼花缭乱，然后她无意中发现了俄克拉何马州虚拟高中的网站。她发现虽然那是一个以网络为基础的高中，但也是一所真正意义上的高中。而且和寄宿高中不同的是，这个高中是免费的。金和她的妈妈还要就这类网上学校聊一聊，再讨论讨论，不过金似乎对虚拟高中这种形式很有信心，因为她觉得这种形式可以使她顺利修完最后几年美国高中的课程。

用过晚餐之后，我们来到了深蓝色的黄昏中。那时已经是晚上10点，但是天还亮着。由于雪光的映射，每年这个时候，北欧国家在冬天里的夜晚都灿若白昼。金让我为她拍一些她在大海边的照片，然后她跨上自行车，风一般地骑回家了，俨然一个真正的芬兰人。

压力重重的考试

两天后，我陪金来到学校，和她一起进了教室。金把我介绍给她的校长和老师。当时碰巧是高年级学生拿到他们之前参加的大学统一入学考试（决定高年级学生去上哪个大学的考试）成绩单的那一周，金的芬兰老师蒂纳·斯塔拉担心她的学生："他们承受着很大的压力，虽然不及日本和韩国学生，但是压力确实存在。"[3]

这种考试已经存在160多年了，并且深深地扎根于芬兰的教育体制中。凡是教育成果显著的国家，在高中结束时都会举行这种大学统一入学考试。这就是芬兰教育和美国教育最明显的差别——在美国虽然有各式各样的考试，但只有相当少的考试会对孩子们今后的生活造成较大的影响。

像芬兰这样的大学入学考试有助于向教育体制注入动力——为孩子和学校设立一个灿烂辉煌的奋斗目标，激励他们不断进取。在PISA测试中，那些教育体制中含有统一大学入学考试的国家，其青少年所取得的分数要比其他国家的青少年所取得的分数普遍高出16分左右。[4]

但是，斯塔拉并不喜欢大学入学考试，她认为这个考试让她的学生压力过大，并且成了她备课的中心。"有时候我很想跟孩子们做一些有趣的事情。"她说道，搭在腿上的手紧紧攥成了拳头，"我觉得，让孩子们享受学习的过程才是最重要的。"除了大学入学考试之外，芬兰的孩子还要参加定期的随堂考试，并且每隔六周就要参加一次小的期末考试。在调查中，芬兰孩子大量提到"考试"这个词，作为他们不想上学的原因之一。[5]而众所周知的一个事实是，考试在全世界范围内都是一件有争议的事。

没等我继续提问，斯塔拉又立即补充，虽然不喜欢大学入学考试，但如果她能够做决定的话,她还是不会取消它。"这是个很完善的考试。"她点着头说。

然后她开始描述考试有多么严格:芬兰的考试要延续3个星期,总共约50小时。如果中途有考生要上厕所,老师们要跟着学生到厕所,以确保学生没有作弊。芬兰语考试时间共有两天。第一天,学生需要阅读几篇短文,对各篇短文分析论述,考试时间共计6小时。第二天,学生们需要从14个选题中选出一个题目,然后写出一篇观点独到、篇幅很长的文章,考试时间也是6小时。斯塔拉以最近考过的几个题目为例,其中一个题为"在中东很难实现和平的原因",她想到的另一个题目为"我写博客,因此我存在"。

要想取得好成绩,学生们必须掌握长篇文章的构思技巧,学会表达复杂的思想观点,当然了,还必须学会芬兰语正确的拼写和语法。一想到要帮助她的学生在考试中取得优异的成绩,斯塔拉就感到任重而道远。

在美国,人们是很难想象要参加这么难的考试的。学生们参加SAT和ACT的目的颇为相似,不过它们的难度都不大,也都不是包含于学校本身的考试。很多州安排有各式各样的毕业考试,但是学生根本无须投入"sisu"就可以轻而易举地通过这些考试。[6] 纽约州的高中毕业会考被视为最难的考试之一,但英语部分的考试时间只有15分钟,跟芬兰语的考试完全无法相提并论。[7] 这个英语考试只包括一篇短文阅读理解和两道简答题,每道题的回答都只需一小段内容即可。

以前,英语考试时长6小时,不过在2009年,纽约州高中入学考试委员会投票决定,将考试时间削减一半,理由是进行较长时间的考试存在后勤供给方面的困难,特别在有诸如下雪等因素干扰的时候。这种削减考试时间的理由可能会让芬兰人感到可笑。总的来说,纽约州的入学考试只需要芬兰考试三分之一的时间。[8]

在芬兰，学习并不轻松，因为考试会影响学生今后的人生发展。下雪从来都不可能成为影响考试的正当理由。学习难度的差别，或许能解释为什么相比于40%的美国学生，只有20%的芬兰学生喜欢数学课。[9] 芬兰学生必须努力学习，因为他们被寄予了更高的期待。大约75%的美国孩子表示自己的数学成绩还不错，而只有50%左右的芬兰孩子表示他们拿到了令人满意的数学成绩（其实，15岁的美国孩子比另外37个国家的孩子更倾向于表示他们的数学成绩很好）。[10] 严格教育的问题毫无疑问在于这条路会很难，不过从理想角度来说，这种教育模式也应该很有趣。当然，严格的教育显然不可能一直散发着趣味性，即使在教育强国芬兰也一样。

在增加教育的趣味性上，美国教师做了很多。大部分教师都尽力营造轻松愉快的课堂氛围，来引起学生的兴趣，使学生参与其中。在我对202名在美国交换的学生的调查中，我惊讶于他们中绝大多数人都提起对他们的美国老师的喜爱之情。一个德国交换生在调查中描述了其中的不同："美国老师更友好，他们就像你的朋友一样。在德国，我们一点儿都不了解我们的老师。老师仅仅是老师。我们从来不跟老师聊私人的事情。"

老师和学生之间的亲密度诚然重要，而且美国的老师心系学生这一点也的确值得嘉奖，不过教会学生高层次的思考方式、阅读、数学等也同样重要。为了学好这些知识，学生们要承受极大的压力，而这是富有同情心的老师们很担忧的问题。不过芬兰似乎找到了可调解学生压力的教学方法，不会强迫数百万学生每天学习15—18小时。既然芬兰人在教学质量、自主性和公平性上已经取得了长足的进步，这就意味着老师们不必对学生施加过大的压力。在芬兰，生活与教育是可以共存的。

分数差距的产生

我在芬兰待的时间越长,就越钦佩芬兰所达到的这种当今世上屈指可数的、实现了教育领域严格性和趣味性兼容的平衡。芬兰在没有进行大幅度教育体系整顿的情况下,为教育体制注入了鞭弩策骞的内涵。做到这一点相当不易,但我也同样注意到了其他方面。在我待在皮耶塔尔萨里期间,居然只看到了一个黑人。在金的班级里,所有人看起来几乎都是同种肤色的。纵观芬兰全国,也只有3%的学生父母是移民,而在美国,父母是移民的学生比例则高达20%。[11]

事实上,芬兰、韩国和波兰都是单一种族的国家,这些国家很少有外来移民或少数民族。排名靠前的日本和中国上海的情况也相差无几,或许种族单一是施行教育体制严格化的前提条件。那么在一定程度上,促进学生努力学习的因素,是种族的单一性所产生的和谐氛围吗?如果是这样的话,那么芬兰是不是一个与地域广袤、多民族杂居(如美国)毫不相关的国家呢?

"多样化"是被滥用的词语之一,所以当我们提到"多样化"的时候,常常已经模糊了它的主要意义。这个词之所以会被滥用,其中一点就在于很多方面都可以用"多样化"这个词来近似地概括总结。在美国,"多样化"一般能在探讨种族问题时听到。受种族主义政治制度的历史影响,美国会密切关注不同种族学生的发展轨迹。而其他国家在种族方面与美国的国情不同,所以我们无法直接进行横向比较。

但是在美国国内,非洲裔学生的PISA成绩确实很差,这令人痛心。在2009年的阅读测试中,美国非洲裔学生的平均得分比白人学生低84分,这就好比即使他们处于同一年级,白人学生也像比非洲裔学生多上了两年课一样。[12] 美国白人学生和非洲裔学生之间的差异也表现在诸如中学毕业率、SAT得分等其他方面。一般来说，一半以上的差别都可解释为经济方面的问题——黑人学生更多来自低收入、父母没怎么受过教育的家庭。

另外一半原因则要复杂得多：黑人家庭的家中没有什么书籍，父母也不会腾出大量时间来陪伴孩子阅读，这种情况的形成，当然部分原因也还是黑人父母受教育程度较低。[13]那么，当黑人孩子每天走出家门去上学时，各种差异就顺理成章地产生了。非洲裔美国儿童往往处在设备落后的教学环境中，对自身的期望也比较低，而且这些孩子大部分会被分到较低水平的阅读和数学课堂中。

在美国的很多所学校，非洲裔学生每天上学的时候，都会受到或多或少的暗示。这些暗示很微妙，但是差不多表达了相似的含义：你的时间并不宝贵，你没有什么优势可言。这些暗示占据着孩子们的大脑，每当孩子们思索如何为理想抱负施展拳脚时，这些暗示就在背后起到泼冷水的作用。在一项对澳大利亚青少年的长期学习调查中，研究者发现，青少年在15岁时树立的远大志向，往往可以预测其未来的人生发展情况。[14]那些对自身期望值比较高、计划完成学业并进入大学深造的孩子，从高中顺利毕业的概率会更大。事实上，有统计数据表明，只要孩子心怀抱负，其父母的社会经济地位几乎不会对其高中毕业产生影响。

尽管非洲裔美国孩子在学习条件上处于劣势，但是美国孩子整体上暗淡无光的成绩表现，却与黑人孩子的成绩不理想毫无关系。一方面，六分之五的美国孩子都不是黑人；另一方面，白人孩子在数学方面的表现也同样一塌糊涂。平均而言，美国白人青少年的成绩比某些国家所有学生的成绩都要差一些，这些国家包括加拿大、新西兰和澳大利亚，它们国内移民与原住民的比例都要高于美国。[15]而美国纽约州在数学上表现出色的白人孩子所占的百分比，也比波兰和爱沙尼亚的要低。[16]

任何事情都具有两面性。种族的多元化能提高也能降低孩子们的考试分数，而事实上也确实如此。在美国，有20%的学生拥有移民背景，这个比例在发达国家中排名第6。而且就美国移民这一群体内部而言，情况十分复杂。比如，西班牙裔学生的PISA得分要高于黑人学生，但比不上白人学生的成绩，而亚洲裔美国学生的成绩则比任何种族的学生都要好。[17]

从总体上看，美国本地学生和移民学生在PISA测试中，阅读分数的差距为22分。[18]这个分数差距比德国或法国要小，在这两个国家中，本地学生和移民学生阅读方面的分数差距高达60分，但是加拿大的这两类学生阅读方面的分数差距更令人印象深刻且值得加拿大人引以为荣——差距为0分。本地学生和移民学生在PISA测试中阅读方面的差距，很大程度上取决于移民父母的收入和受教育程度，还与特定国家的历史和移民政策有关。

分数差距的大小，还与其所在国家为孩子做了什么密不可分。在美国，以当地的财政税收为依据来决定给学校多少财政支持的做法，实际上鼓励了各个家庭搬入经济条件允许的程度下可选择的最富裕学区，这相当于家长们花钱让孩子进入好学校。这种制度纵容了种族隔离。

由于黑人、西班牙裔和移民家庭的孩子多数来自不是很富裕的家庭，一般情况下，这些家庭的孩子会和像他们一样出身的孩子一起，在条件不是很优越的学校完成学业。1998—2010年，美国贫困儿童的集中程度日益加深。[19]

这种所谓的民族多样化所产生的最大问题就是：实际上根本没形成真正多样化的特征。白人孩子的同班同学一般也是白人孩子。[20]而相比于1980年，2005年黑人学生和西班牙裔学生在各自聚居区域的学校上学的比重也更高。

在美国，聚集了来自低收入家庭，或是西班牙裔和非洲裔学生的学校，通常存在学生考试成绩糟糕、家庭环境不稳定，以及外界对学生期望值过低的问题。[21] 孩子们相互依存，这样的校园氛围对孩子的成长有利也有弊。在波兰，在孩子们进入职业学校就读后，人们对孩子的期待值马上就会下降；同样，在美国，人们对孩子的期望也有峰值。平均来说，那些拥有较多来自低收入家庭的学生的学校，一般不会对学生期望太高。这些学校老师的教学水平良莠不齐，老师和学生都缺乏主动性，在教学和学习上的内驱力远远不够，更不用提公平性了。将贫困孩子聚集到相同的学校，美国这等于自己给自己制造了很多麻烦，并且这些问题已然变得越来越棘手。

在新加坡，情况则截然相反。[22] 新加坡也是种族多元化的国家，约有77%的华人、14%的马来人、8%的印度人和1.5%的其他人种。那里的人们说汉语、英语、马来语和泰米尔语，信奉着5种不同的宗教（佛教、基督教、伊斯兰教、道教和印度教）。可是，新加坡在PISA测试中所取得的分数，却位于全球表现最好的国家之列，与芬兰和韩国不相上下，而且移民和本地学生的分数之间几乎没有差距。

当然，与世界上大多数国家相比，新加坡的情况十分特殊。这个国家处于拥有高效官僚机构的专制政权之下，政府可以掌控影响教育系统严格性的变化因素，包括教师招聘水准和种族混居的发展程度等。新加坡也没有类似美国的严重的种族隔离制度，因为决策者禁止种族隔离。

在多数民主国家，政府没有那么大的权力。就具体的国情而言，美国的家长们还是倾向于与不同种族保持一定距离的。如果班级之间、学校之间的教学质量能保证尽量一致，将差异最小化，那么这种不同种族之间差距扩大的趋势就被认为是可控的。

看着金教室里坐着的同学，有的活泼好动，有的表现冷淡，但是所有的学生都是白人。我在想，要是芬兰的人口组成突然发生急剧变化会怎样呢？如果班级里的学生肤色各异，那他们是仍旧会保持刻苦学习的共同信仰，还是会变成另一番模样？

"我想对他们一视同仁"

芬兰原本是一个人种高度单一的国家，不过现在情况正在发生变化。1990年以来，外来人口已经增加了六倍以上，多数新移民定居在赫尔辛基。[23]

为了探究种族多样化在多大程度上改变了芬兰学生刻苦学习的文化观，我来到了位于赫尔辛基附近的蒂斯迪拉学校，那里三分之一的孩子是移民，其中多数为难民，学生主要是6—13岁的孩子。

在2楼教室，海基·沃里宁正站在一群六年级学生的面前，班级里有四个非洲孩子，有两个戴着头巾，看样子像阿拉伯移民，一个来自科索沃的阿尔巴尼亚男孩坐在一个中国男孩旁边，还有少数几个芬兰本地出生的白人孩子。沃里宁给同学们布置了作业，然后走出来跟我交谈。

沃里宁穿着紫色T恤衫和牛仔裤，戴着方框眼镜，他得意地告诉我，当年，他所教的班上有来自九个不同国家的孩子，包括中国、索马里、俄罗斯和科索沃等，多数孩子来自单亲家庭。这是他所了解到的信息，而其他的，沃里宁不愿意妄加揣测。

"我不想太过关注他们的家庭背景。"他一边说着，一边用手撩了撩日渐稀疏的金色头发，然后他笑了，"我的教室里有23颗珍珠，我不想磨损任意一颗。"

耐不住我的苦苦追问，他向我讲述了一个很特别的学生的故事。这个女孩有六个兄弟姐妹，她的父亲是一名门卫，她的母亲帮别人照顾孩子。尽管这个女孩家的经济条件非常拮据，但是沃里宁说，这个女孩是班里最优秀的学生。

沃里宁明显不愿意给他的学生贴标签。"我不想对这些孩子流露出太多的同情。"他解释说，"因为教师的首要工作是教书。如果我瞻前顾后想太多，即使那个学生表现得不好，我也可能会给他虚高的分数。我会想，'可怜的孩子，我能做的也只有这些了'，那样我的工作就再轻松不过了。"

沃里宁似乎很清楚，期望值的变化会对他的教学产生什么样的影响。如果对孩子可怜的家庭背景过度同情，很有可能使他在教学时心慈手软，不能很好地贯彻落实严格的教学方针。"我想对他们一视同仁。"沃里宁说道。

我从来没有听任何一个美国教师说过类似的话。恰恰相反，联邦和州法律的相关规定都要求老师和校长区别对待他们的学生，他们需要核实学生的种族构成和家庭收入，并将数据结果反馈给政府。通过学生在各科测试中的分数，学校对他们高下立判。许多校长都把学校里的低收入和少数种族儿童比例牢记于心，就像棒球运动员熟知他们的击球成功率一样。这种"贴标签"的做法不能说起不到任何作用，因为美国政府本想通过这种强调教育具有不公平性的方式，来激励学生们刻苦攻读、缩小差距，然而，我很想知道这种做法能在多大程度上激发孩子们的学习欲望。

戴安·拉维奇（Diane Ravitch）是一位在美国备受欢迎的教育评论家，数年来，她一直坚持主张美国人应更多（而不是更少）地考虑学生的家庭背景。在2011年华盛顿教师集会上，她向数千名争吵不休的教师呼吁："我们的问题是贫困，而不是学校的教育。"她认为不能对孩子们一视同仁，换句话说，正是孩子们家庭背景的差异导致有的孩子出类拔萃，有的孩子碌碌无为。

而在芬兰，沃里宁所表达的恰恰是与拉维奇相反的观点。

"财富不能说明任何问题。"沃里宁说，"知识才能起到至关重要的作用。孩子们从小就知道这个道理。人人生而平等，我们都是站在同一条起跑线上的。"

我在芬兰待的时间越长，就越多地思考美国关于种族多元化的说法——将教育水平的平庸归咎于孩子的背景和差异，就跟美国对各个学校给予不平等的财政支持一样，对教育的发展毫无益处。言谈间贯穿着宿命论，不过是为了说明这种说法不无道理。美国的确有太多贫困家庭，少数种族学生的确学得不够，父母的确是很重要的因素，卫生保健和营养供给的重要性也不言而喻，这都是显而易见的事情。

但是这个说法也导致美国教育界对孩子的期待过低，所以教师才会戴着有色眼镜，以沃里宁想要尽力避免的方式看待孩子。20世纪60年代以来，很多相关研究的结果表明，如果研究者对一个班级进行测试之后告诉老师，某几个学生会在未来的几个月里学习成绩突飞猛进，那么老师们对这几个选定的学生所持的态度也会相应地发生改变，对这几个学生更认可，给予他们更多笑容，花费更多时间去思考和回答他们提出的问题，作业批改得也相应更细致。[24]

而事实上，这些孩子是随机选择的，标签是研究者故意编造的，但结果很令人失望。在学年结束的时候，老师们说，这几个被选定的学生更能活跃课堂气氛、接受新知识的能力更强、更可能在生活中取得成功。至于那些在课堂上表现良好但没有被选定的其他学生呢？同一个老师提到，他们成功的机会不大，也不是很讨人喜欢。人类思维会倾向于靠标签和模式来做出判断，所以当研究员（或大众）向老师们提供了一些楷模时，他们会自然而然地尊重这些楷模。

这个说法又说明了什么呢？那些受人尊重的美国教育界领袖以及师范学院的教育专家向年轻老师灌输"贫困才是学生成绩不理想的罪魁祸首"的思想，意义何在？让老师们相信自己能做的其实非常有限，只能眼睁睁地看着贫困这一宿命般的现实将教育拖垮，意义又何在？

对事物抱有刻板印象，也许是人类的某种天性，但是一些国家系统地突出了这种天性，而另一些国家在努力抑制这种天性。我越来越感觉到，如果不能平等地对待每一个孩子，那么教育制度的严格性也就无从谈起。一视同仁不仅应该体现在分流和财政支持上，更应该成为一种教育理念。

有意思的是，这种教育理念也延续到了芬兰的特殊教育领域。[25] 老师们认为大多数接受特殊教育的学生只是临时遇到了困难，而不是永久的学习能力低下。这种教育理念有助于解释为什么芬兰会成为世界上接受特殊教育的孩子占比最高的国家之一，这种标签是临时性的，而且绝不带任何歧视，芬兰人认为所有的孩子都会进步。事实上，芬兰的孩子们在17岁生日之前，几乎有一半的人在成长的某个阶段接受过特殊教育，特别是在小学阶段。因此这些学生通常不会大大落后于其他同学。[26]

在2009—2010这个学年，大约四分之一的芬兰学生接受过某种形式的特殊辅导——通常是在某一天的某个时间段，在他们就读的普通学校里，而当我们横向比较时，发现大约只有八分之一的美国学生在那一年接受了特殊辅导。[27]

我一边看着沃里宁跟他的学生聊天，一边回忆起数年前，在华盛顿特区的一所公立学校里，我曾驻足观察过一段时间。学校位于城市贫民区，这个区域内的很多家庭整天都在为生计奔波。我遇到了一位经验丰富的教师，她举止文雅、言谈亲切，自己出钱为教室添置了设备，并将所在的教室布置得明亮整洁。

不过，当她谈到她的四年级学生的家庭背景时，特别强调了这是这些孩子与其他同龄孩子相比突出的劣势。她似乎觉得，学生的家庭环境不理想是他们成绩落后的主要原因："这些孩子的父母在抚养孩子方面没有任何优势可言。"[28]

她说："家长根本不知道为了孩子今后的成功，他们需要付出什么。"她发自内心地为她的学生感到难过，但是同情之心又能起到什么作用呢？一年之后，她班上学生的阅读成绩甚至比刚开始时还要糟糕。他们的成绩比同一个城市与他们同时期入学的相同年级、同样来自低收入家庭的学生还要差，但是，她对学生的成绩还是表现出出奇的乐观。种族多元化的那一套说法可以解释这一切，即便在这个故事里并没有涉及种族问题。

竞争无处不在

在沃里宁的学校，所有的五年级学生两年前都参加过一次数学考试。这是芬兰政府确认学校是否恪尽职守的一种途径。跟美国不一样，芬兰的这种考试目的明确，十分有针对性，只抽样选取一部分学生进行测试，时间为一小时。

与芬兰的其他学校相比，蒂斯迪拉的学生学习成绩都在平均水平以上。这很值得骄傲。高于芬兰的平均分某种程度上意味着几乎高于全世界任何地方的孩子的平均分。

蒂斯迪拉的生源非常多元化，而且学生的数学成绩都很优秀。这所学校很有启发性，它与美国的绝大多数学校在很多方面都大为不同。首先，该校学生在经济条件和种族上确实差别很大。300名学生中，有的来自贫困家庭，住在低矮拥挤的公寓里，也有的来自富裕家庭，住在海景豪宅里。

其次，芬兰政府为该校的移民学生提供了额外的资金支持，以帮助他们提高语言能力。

最后，蒂斯迪拉的任教老师都受过高等教育。拿沃里宁来说，他经历了三次面试才获得这个职位。第一次面试时，因为没有接受大学教育而被拒之门外；第二次面试时，因为考试成绩不够高而吃了闭门羹；终于，在担任数学代课老师积累教学经验后，沃里宁在第三次面试时得到了认可。他并不觉得大学教育比自己作为代课教师的经历更有帮助，但是他也绝不会认为上不上大学是一件无足轻重的事。当我问他对美国教育有何建议的时候，他说："学校应该开始更加仔细地甄选老师，并给他们更多激励。"其中一种激励方式毫无疑问就是薪酬,另一种则是对教师行业的尊重。惩罚绝不是管理一所学校的好办法。同时沃里宁觉得,自主权对他来说跟金钱一样重要。

在沃里宁15年的教学生涯里,他曾在10所小学工作过,但是他最喜欢蒂斯迪拉。他的理由跟很多以教书育人为乐的老师一样。

"我喜欢这儿的校长。她知道该怎么做。"他说,"我能感觉到她对我的信任。而且每当我需要帮助时,我都相信她会对我伸出援手。"

蒂斯迪拉的校长米里亚·皮里宁(Mirja Pirinen)已经在这所学校工作15年了,她刚来那会儿学校还没有这么多元化。皮里宁带我到操场上漫步了一圈,操场上有一群戴着粉色头巾的穆斯林学生,在阳光下兴高采烈地跳绳。

皮里宁在该校担任了8年校长,在她的职业生涯中,没有解雇过蒂斯迪拉的任何一位长期全职教师。跟在美国一样,芬兰教师一般情况下不会因为表现不尽如人意而失去工作,他们都受到强大的教师工会的保护。不过,如果老师本身受过良好教育、刚开始工作就接受严格培训并且被给予丰厚的薪酬,那么管理起来就会更加容易。

对我而言,蒂斯迪拉就像一所示范学校。皮里宁精明能干、别具慧眼,组织能力令人信服。她是我在全世界遇到的唯一一位能说出其所在学区的政府为每一个学生投入多少资金的校长。在多数学校,这是一个神秘的数字,即使打很多电话、进行多次沟通也不一定能够获悉。从各方面来看,皮里宁都成功领导蒂斯迪拉在大量移民学生涌入的情况下完成了一次转型,使得那些不会说一句芬兰语的孩子也适应了蒂斯迪拉的学校生活。

但并不是所有居民都对这所学校如此有信心。

"这个地区的一些父母说,他们从来都不想让自己的孩子在这所学校就读。"皮里宁将这个实际情况告诉我。那些让孩子在这所学校就读的父母，有时候确实需要力排众议，不顾邻里之间的劝阻。

为什么呢？因为这些父母担心移民的孩子会影响自己孩子的学习生活。在移民人口达到6%时，他们就开始心有所虑了，而现在的移民比例已经达到了30%，他们的担心就更甚以往。皮里宁不得不更加费力地规劝这些家长，虽然学校已经种族多元化了，但教学质量和学习氛围都不会受到丝毫影响。

事实上，芬兰没有私立学校，也没有任何可以使用教育补助券的学校或特许学校（一种在美国某些城市可见的自主化程度更高的公立学校）。不过，我发现他们可选择的就学形式仍然多种多样。住在蒂斯迪拉学校附近的孩子可申请就读专门的国际科学、音乐或外语学校。这些学校也属于公立学校，但只录取成绩较好的学生（这种做法更能得到那些收入较高或者深谋远虑的父母的青睐）。

芬兰学生可选择职业培训中学，也确实约有一半的青少年选择去那里就读。芬兰政府最近投入了数额庞大的资金用于资助职业学校，所以生源资质普通的学术性学校（如金所在的学校）需要投入更大精力来留住学生。

一般而言，芬兰学校不公布考试成绩，但是皮里宁为了消除学生家长的疑虑，会将学生的成绩发布到相关网站上。由于涉及多种族学生，所以考试成绩统计数据更有参考价值，这不仅是为了彰显学校的教学成果，更是为了减轻父母的焦虑。

在几乎所有的国家，父母都想把子女送进最好的学校，这是人之常情。所以出现家长因为担心不同种族的学生影响孩子，从而不愿意送孩子去这类学校读书的情况，也是可以理解的。问题在于，"最好的学校"应该如何定义，或者说，什么样的学校才是好学校？由于缺少足够完善的信息和有效的沟通，家长们喜欢根据传闻、种族和孩子父母的收入水平等来评价学校的好坏。

如果所有人都赞同学校应该达到某种底线，就像芬兰的学校一样，那么学校之间的竞争就不会那么激烈。但是，即使是在芬兰，在更多移民涌入之后，孩子们的父母也开始变得越来越不信任学校。尽管芬兰拥有长期以来重视教育公平性的优良历史，但仍有调查显示，很多父母为了孩子的入学，情愿搬到赫尔辛基以外的地区，即使赫尔辛基的学校只有10%的移民学生。

"毫无疑问，我们都想生活在文化多样、氛围和谐的环境中。"2011年，有位芬兰母亲在向《赫尔辛基日报》解释她的孩子去其他社区学校上学的原因时说，"如果学校里有很多不会说芬兰语的学生，那么老师自然而然会花大量时间在这些孩子身上。"这位母亲虽然不了解当地学校的任何孩子的实际情况，但一些关于外裔孩子的新闻还是会不绝于耳。[29]

我想知道，如果处在一个真正自由竞争的教育市场条件下，并且家长对于学校教学质量的好坏和教师教学素质的高低具有清醒的认识，而不是仅了解学校的外观和学生们的种族情况，那事情会怎样发展呢？一些美国教育改革者和政府官员相信，更加激烈的竞争会促使学校精益求精，产生优胜劣汰的效果。

当下，美国每一批适龄孩子中约11%就读于私立学校，这个比例要比发达国家总体的平均值低。[30] 根据PISA的数据统计，虽然私立学校没有起到立竿见影的作用，但私立学校学生的PISA成绩确实比公立学校的学生要略高一些。[31] 不过，私立学校的孩子的家庭经济状况更为优渥，如果这些私立学校的学生在公立学校里上学，那么这些学生的PISA成绩恐怕要比现在低。特许学校也吸纳了全国5%的学生，不过这里的情况和私立学校相差无几，孩子们如果从特许学校转学到别的公立学校上学，其成绩也会发生很大变化。

竞争无处不在，尽管有时我们很难觉察。在所有发达国家中，大约四分之三的孩子就读的学校会以各种方式来争夺生源。[32] 不过，在美国和其他大多数国家，竞争并不激烈，或者相关信息缺乏，让我们无法下定论。据我所知，世界上的确有那么一个具备自由教育市场的地方，在那里，教育价格由供求决定，消费者可以接触到完善的教学资讯。但这个地方不是美国，也不是世界上以公立学校为教育体系主要组成部分的任何地方。

由于我很注重严格教学的重要性，所以我想知道是否能通过竞争来引进更加严格的教学方针。为了找到答案，我决定赶快去韩国辅导学院（一个充满极端情况的实验室）一探究竟。

第 9 章　年薪 400 万美元的老师

明星教师：正在首尔大峙洞附近的 Megastudy 辅导学院给学生们上课的安德鲁·金。

上英语课时，安德鲁·金会在右耳别上麦克风，用柔和而富有磁性的声音向学生讲授知识，也会在老式的黑板上写上板书来辅助讲解。他看上去并不出众，但和其他许多韩国教室里的情景大不相同，学生们在他的课上不会睡觉。

2010 年，安德鲁·金拿到了 400 万美元年薪。[1] 他在韩国被称为"摇滚明星教师"，像这样的称呼，我闻所未闻。金老师在韩国的课后私人辅导学院已经执教 20 多年了，和世界上大多数教师有些不太一样，他的薪酬是与他的教学水平直接相关的，而他也的确技高一筹。

2011 年 6 月，在金老师位于首尔的一栋豪华高层建筑的办公室里，他接受了我的采访。他的一位雇员在门口接待了我，还给我递上一瓶水。我们围坐在桌旁，金老师向我描述了他的工作现状：虽然只需要亲自讲 3

节课，但他每周的工作时间却长达60小时。他的课已经被录制成视频在互联网上出售，那些不能亲自上他课的学生，每小时只需要3.5美元就可以在网上享受他的教学服务。而在课堂以外的时间，他要给学生们在线答疑、制订教案、编写教材和练习册。他已经写了约200本书。"工作越努力，收获就越多。"金老师说，"我喜欢这种状态。"

他对自己不菲的收入并没有表现出过分的骄傲之情，但似乎也觉得拿这份薪水他当之无愧。他的大部分收入来源于每年在互联网上购买他课程的15万名学生。从他的工作现状中我逐渐意识到，"安德鲁·金"这个名字本身已经成为一个品牌。他雇用了30多名员工来帮助经营他的教学王国。他还开了一家出版公司，用于出版他自己的书。

称这个地方为一家课外辅导机构，实在是低估了它的规模和成熟度。金老师所在的Megastudy在线辅导学院已在韩国证券交易所上市。每4个韩国在校生中，就有3个参加了私人辅导学校。[2] 仅2011年，韩国家长就为孩子花费了近180亿美元上补习班，这个数字，甚至超过了美国联邦政府一年的禁毒经费。[3] 家教产业在韩国的巨大收益，还吸引了高盛集团、凯雷投资集团和美国国际集团等著名跨国集团的投资。[4]

一般来说，跨国银行家们涉足教育行业似乎不是什么好兆头。不过，能与安德鲁·金老师当面交谈，仍然是一件令人兴奋的事情。我生平第一次遇到一位收入水平可以与专业运动员相提并论的教师。面前的这位老师——一位专职教师——属于全世界那1%的精英人群。在美国，凭借金老师的抱负和才能，或许能成为银行家或律师；但在韩国，他成了一名教师，还是一名像美国的银行家和律师一样富有的教师。

金老师的经历诱惑力十足。要想吸引最优秀的人才加入教师队伍，有什么方法会比使优秀的教师成为百万富翁更好呢？也许韩国为全世界展现了一个良好的模式。

尽管如此，辅导学院的世界仍然非常神秘。作为外人，我们很难了解这个行业是如何运作和蓬勃发展的。为了了解这个行业是如何运作的，我约见了李载延，她在首尔开设了5家名为Myungin学院的连锁辅导学校。我们来到一家传统的韩国餐厅，坐在垫子上，手拿金属筷子共进午餐。

李载延深谙私立学校和公立学校之道。她曾经在公立高中和大学工作过，执教近20年。但现在，她的谈吐更像一位CEO。

"学生们就是我的客户。"她说。

她说话逻辑清晰、慢条斯理。为了招收学生，补习学校会在户外设点、派发传单，大力宣传他们的教学效果。在网上以及机构门口的巨型海报上，人们会看到毕业生的考试分数和大学录取信息。在韩国的教育市场，结果比什么都重要。

一旦学生报名入学，辅导学校就会积极融入学生的家庭生活。每天学生到校后，家长就会收到短信通知，紧接着还会收到另一条汇报学生学习成果的短信。老师每个月会打两三次电话到学生家里进行教学反馈。在韩国，如果家长不积极，会被认为是学校而不是学生家庭的问题。其实在美国，我也曾见过少数几所学校为了满足他们所谓的客户的要求，采用了这样的做法。

传统学校和辅导学校最根本的区别在于，学生会为了某个老师而报名学习，而不仅仅是看重某个机构，所以德高望重的老师总会获得蜂拥而至的学生。比如上文提到的那位金老师，他每节课约有120名学生参加，当然，辅导学院一般老师的班级规模要小得多。韩国私营教育市场将老师变成了最核心的元素。

这个系统被打造得最接近纯粹的英才教育，同时也异常残酷。辅导学院任人唯贤，教师们不一定非要有资格认证。他们没有任何福利，甚至没有底薪保障，薪水完全按照业绩来计算，而业绩考核项目包括所带的班级招收了多少名学生，学生考试分数提高了多少，在有些辅导学院中，还包括学生和家长最终的满意度调查结果。

为了找到明星教师，像李载延这样的辅导学院的院长们会上网搜寻，了解家长的评价或观看老师的讲课视频，相互竞争的补习学校经常会试图挖走对方的明星教师。但是，像电影明星来参加首轮海选那样，大牌老师都带有某种包袱。

"真正的好老师是很难留住和管理的，你需要保护他们的自尊心。"她笑着说。

不过，大多数辅导学院的教师都还没有达到摇滚明星的级别。凡是来韩国教英语的外籍教师，几乎都讲述了自己过长的工作时间、过低的工资收入等不合理的工作条件。大多数辅导学院的教师收入比公立学校的教师要低得多，而且韩国教育学院培养了过多教师储备人才，因而求职竞争十分激烈。

来李载延的辅导学院应聘的所有教师里，约有20%的申请者能够获得现场面试机会。她会要求应征者在她面前上两节模拟课，而这些是美国教师在录用之前极少被要求做的。[5]这样一来，她可以对他们是否有能力任教有直观的了解。这是一个完全符合逻辑的招聘策略。

教师们通过面试入职后，李载延还会追踪观察这些教师的表现。如果某个教师的教学表现不佳导致学生的考试成绩下滑或入学人数减少，她就会将这位教师转为试用状态。如果半年后学生的考试成绩或入学人数仍然很低，她就会解雇这位教师。李载延每年都要解聘大约10%的教师（相比之下，美国每年因为表现不佳而被解雇的教师只占2%左右）。[6]

在李载延看来，这种选拔教师上的灵活性十分有用。她能用解雇的方式来弥补自己用人不当的过失，并以此激励余下的教师努力提高自己的教学水平。据她说，相比之下，普通公立学校的教师缺乏这种激励机制，也使得其教学效果不那么理想，于是家长顺理成章地产生了对辅导学院的需求。"没有辅导学院，韩国学生的PISA成绩将会急转直下。"

普通公立学校的失败

当埃里克的朋友珍妮刚从美国搬回韩国时,她就像她在八年级的所有朋友一样报名参加了一个辅导学院。在那里,她会重复学习白天学过的几乎所有课程,如韩语、数学、科学和社会学等。大多数晚上,她会在辅导学院待到 10 点;每到考试之前,她往往会在辅导学院学习到午夜。

珍妮说,与在学校所学的知识相比,她在辅导学院学到的东西更多。当我问她原因时,她的解释简洁明了:"我认为他们更好,是因为老师上课效率更高。"

与公立学校的老师相比,大多数韩国青少年更偏爱辅导学院的老师。[7] 对 116 所高中的 6600 名学生进行的一次调查显示,韩国学生给自己辅导学院老师的打分全线高于公立学校的老师。因为学生们认为辅导学院的老师备课更充分、教学更用心、对学生的意见更尊重。而在他们眼中,辅导学院的老师做得最好的一点是,无论学生成绩好坏,老师都能一视同仁。

自由市场的激励机制很有效,至少在学生看来如此。教师对待学生更像是对待自己的客户。韩国补习机构的成功能够证明美国的特许学校模式也会蓬勃发展吗?教育市场化的竞争诚然带来了利润,也让学生和家长们的需求得到了一定程度的满足,但是孩子们真的从辅导学院学到了更多知识吗?

很难孤立地判断是什么导致了韩国如此高的 PISA 成绩。是传统公立学校的教学成果,还是辅导学院的功劳?从统计数字上来看,似乎私人辅导机构能带来更高的考试分数,尤其是在数学方面。[8] 但是随着学生一天天长大,课外辅导对其阅读能力的影响逐渐降低。世界各国的 PISA 数据显示,课外辅导课堂的质量远比课时数重要。[9] 除北美和欧洲以外,世界各地的学生参加私人辅导的现象非常普遍,但辅导质量参差不齐,甚至可以说相差很大。

在许多自由市场中,价格与质量之间没有紧密的相关性。而这恰恰就是问题所在。

私人辅导领域也存在等级划分。拿珍妮的同学来说,她的那些家境富裕的同学都请私人导师一对一进行辅导,尽管开销庞大,但却被认为是物有所值。而珍妮和她的另一些同学去了一家名为 Highest 的大型连锁辅导学院。类似的补习机构为学生提供集体辅导,虽然收取的费用也不低廉,但即使是家境贫困的韩国父母,东拼西凑的话,也还是能支付得起这些费用的。也确实有一些孩子的父母连集体辅导补习机构的费用都负担不起,这些孩子就会自学或在学校参加课后辅导班。每 10 个韩国父母中有 8 个会说支付辅导学院的学费给他们造成了一定的经济压力。[10] 尽管如此,他们仍然义无反顾地为孩子支付这些费用,并坚信他们花费越多,他们的孩子学会的相应也就越多。[11]

这种不公平性让金老师非常苦恼。尽管这种体制已经使他成为百万富翁,但他不认为自己是某种楷模。"我不觉得这是一种理想的教育模式。"他说,"这种教育模式造成了寒门难出贵子的恶性循环。"

而且金老师也同样认为,学生和家长对辅导学院的需求反映了普通公立学校的失败。这几乎成为人们普遍的看法,虽然我们很难证明这种说法是客观公正的,但也很难对其进行反驳。显然,家长认为单凭学校的教学工作是远远不够的,但这也只是他们自己的感觉而已。在任何情况下,与韩国教育部部长一样,金老师都认为芬兰的教育模式才是现存最理想的模式。

与此同时,金老师正从这种"恶性循环"中赚得钵满盆满,他计划将这份辅导学院的工作持续到 2017 年,到那时,他与 Megastudy 的合同正好到期。他希望从那以后可以通过帮助公立学校培训教师来回馈社会。因为他不想让自己 6 岁的儿子在高压锅般的成长环境里苦苦挣扎。

韩国的"双减"政策

在韩国，我没有遇到哪怕一个人称赞本国教育体系的，即便是那些从这种体系中获利的人。我们从中可以汲取的教训是，如果没有公平性（向所有人，而不是只给精英阶层提供机会），那这个体系就是扭曲且不可靠的。家长的焦虑会导致教育上的"军备竞赛"。在韩国，刻苦攻读所能获取的回报如同凤毛麟角，而且需要通过严格的筛选才能得到。韩国报纸每年都要刊登几则辅导学院的老师、学生甚至家长涉及作弊的丑闻。2007年，因为泄题，约有900名韩国学生的SAT成绩被迫取消。[12]

几十年来，韩国政府一直在试图改变国民"教育受虐狂"的现状。政府官员或好言相劝，或严词威胁，在20世纪80年代，当这个国家还处于独裁统治时，政府甚至一度禁止开设辅导学院。但辅导学院却屡禁不止，规模甚至一次比一次庞大。政府调整对策，对辅导学院的学费设置上限，但大约有一半的辅导学院都会藐视规则、收取双倍费用，甚至收取5倍于上限的费用。[13]

因为最根本的由应试教育催生的强大激励机制从未发生动摇，所以这些措施只不过是扬汤止沸。韩国孩子因为想进入本国的顶级大学而拼命学习，这难道有什么错吗？2007年，韩国最高人民法院和高级法庭的法官中，十之八九都来自首尔大学。韩国十大企业的CEO中，有四位也毕业于这所大学。[14]

为了改变这些激励机制，不只是韩国学校在培养人才时需要反思发展、革故鼎新，韩国的企业家们在招聘人才时也应该改变思想、革图易虑。一直以来，精英教育制度主导了孩子的生活，但似乎还未对成年人的人生造成影响。

我们无法确定这种等级结构是不是造成韩国社会现状的根源，但它可能有助于解释韩国出人意料的自杀率。通过研究数据我们发现，韩国青少年自杀率并不高。韩国15—19岁的孩子的自杀率要低于芬兰、波兰、美国以及其他至少14个国家。[15]然而，韩国成人的自杀率却非常高。总体而言，韩国是世界上自杀率最高的国家之一。[16]一个国家自杀率居高不下的原因通常神秘且复杂，韩国体制中致人自杀的瓶颈，不只有孩子们的教室，还有成人世界中的工作场所和大学。

韩国政府官员已经一致做出决定，在社会整体发生改变前，他们都会不懈地对这种没日没夜的学习文化进行整改，尽管这在韩国人看来很不切实际。就像一场永无止境的Red Rover①游戏，政府官员们不断冲向韩国父母们组成的强壮10倍的人墙。

我刚到韩国的那段时间，政府的最新举措是对辅导学院实行宵禁令，并对半夜还在上课的填鸭式补习班实行突击检查，以便孩子们能够早点回家睡觉。很难料到，政府的强制执行命令竟然赢得了这轮Red Rover。但是，我更想知道另一方会怎么应对。

与"学习警察"一起巡逻[17]

在6月一个周三的晚上，天空下起了雨，首尔的深夜学习巡视小组集合完毕，准备随时进行突击巡逻。我有幸获准跟随这个突击巡视组的人一起行动。开始突击巡逻之前，我们在明亮的会议室里喝茶、吃米果，四周是政府的各个办公室。

突击巡视组的组长是首尔市江南区教育办公室一名中层官员车炳哲。他戴着椭圆形眼镜，穿着黄白两色衬衫和细条纹外套。

---

① Red Rover，小孩玩的一种游戏。组两队手拉手的人墙，其中一队派出一人冲向另一队，如果突破成功，则可将对方被突破的队员一同带回本队；如果突破失败，就留在对方队伍。当所有人都处于同一战线时，游戏结束。——译者注

大约到了晚上10点20分,车炳哲在停车场点燃了一支烟。"我们10点整时没有出动。"他解释着,说话间,雷声在天空轰隆隆地响了起来,"是因为我们想多留给他们20分钟的时间。这样一来,他们被抓到后就找不到任何借口了。"

如果辅导学院在10点以后仍然营业,就会被警告一次,得到三次警告就必须停业一周。如果被发现12点以后还在营业,则必须立即关闭两周。为了查处漏网之鱼,政府还鼓励市民积极提供情报。据报道,韩国一名市民由于向政府上报各种辅导学院违规营业的信息,居然获得了25万美元的奖励。[18]与此同时,辅导学院却也总能做到"上有政策,下有对策"。辅导学院的经营者们开始给员工普及市民是怎么发现和检举违规行为的,好及时预防。到目前为止,政府已经为此投入了300万美元的奖金。

突击检查开始后,我们挤进一辆银色的车,向首尔辅导学院聚集地之一——大峙洞方向驶去。街道上挤满了赶在宵禁开始之前到辅导学院接自己孩子回家的家长。6名巡视人员沿着人行道一边走,一边观察着街道两侧的楼面,寻找可能隐藏着的辅导学院的灯光。

大约11点,他们走向一个曾经被电话举报过的补习机构。他们沿着昏暗的楼梯往上爬,跨过一个空袋子,到了2楼,这个队伍中唯一的女性成员敲了敲门。"你好!有人吗?"她叫道。一个柔和的声音从里面传来:"请稍等!"

检查人员互相递了个眼神,车炳哲示意其中一名同事回到楼下堵住电梯。

不一会儿,一个有点驼背的年长男人打开了门。见到我们后,他的脸上立即浮现出焦虑的神色,但还是让巡视组成员进到房间里来。他们脱下鞋子,开始迅速巡察整个房间。

该机构是一家课后自习馆,并不是真正意义上的辅导学院。密室一般的屋子，天花板低矮，开着日光灯。大约40个学生坐在一个个的小隔间里努力学习。当我们走过时，他们抬头看了看，但眼神黯淡、目光迷茫，似乎对我们的到来提不起什么兴趣。这个地方让人感觉幽闭恐惧，就像一个服装加工厂，只不过这里大规模生产的不是衣服，而是知识。

从政策上来说，自习馆在宵禁的时间里也是允许开放的，但车炳哲觉得有些不太对劲。学生们不约而同地根据同一课表学习，还有几个成年人在转来转去。他怀疑这是一家变相的辅导学院，正以巧妙的方式企图规避宵禁令。

其中一位穿着绿色上衣的中年妇女开始与车炳哲争论起来："我们只是在这里做自己的事情。我们并没有上课。"她皱起眉头。但车炳哲摇了摇头。

"我看到的，是你和学生们在一起。"他说。

就在这时，一个大约14岁的胖乎乎的小男孩从其中一个小隔间里走出来。他看了看四周的巡视人员，仿佛觉得没有什么特别，便摇着圆圆的脑袋从我们身旁走过，径直走向绿衣女子，举起他的作业本开始问问题。她赶快向小男孩示意不要说话，并将他拉回了房间。

结果可想而知，车炳哲通知那名年长的男人，这个自习馆将被暂停营业，并告诉他第二天来政府办公室接受处罚。这名男子静静地听着，脸上流露出痛苦的表情。

随后，这个巡视小组在附近的其他几个自习馆进行了巡查，但似乎没有发现什么违规的地方。大约在午夜时分，车炳哲站在角落里，默默点燃最后一根烟，同时望向城市中仍然明亮的多彩霓虹灯。驻足片刻，他就准备回家休息了，今晚解救了400万学生中的40个，他感到一丝欣慰。

逃离仓鼠转轮

埃里克已经开始觉得，只要能离开韩国高中，他愿意去任何地方、做任何事情。然而，为了遵守他的交流项目的要求，他不得不继续留在南山高中。所以，当他听说某家职业学院招收外国学生时，他恳求交换生项目的负责人让他转去那所职业学院。为了得到这个机会，必须主修商务汉语，但埃里克毫不犹豫地同意了。他想逃离南山高中这个高压锅式的环境，为了去那所学院，即使学习汉语的难度再大，他也在所不惜。

3月1日，他来到这所职业学院报到。这所学校位于一座小山上，周围是间歇工作的大型喷泉。这栋建筑中规中矩，但和他所待过的高中截然不同。当他走进商务汉语教室时，他发现同学们气氛融洽，正有说有笑地聊着。埃里克看到班里有个小伙子，穿着很休闲的紧身牛仔裤和皮靴。同学们围坐在一张课桌周围，耐心等待着教授来上课。一名自称高恩（Go-un）的年轻女孩向埃里克做了自我介绍，并问他来韩国之后都做了些什么。

"我来上高中。"

她怔怔看了他一会儿，问道："念了多久？"

"半年了。"

她惊讶地睁大眼睛，然后不禁点点头表示同情："哦，很抱歉听到你的经历，任何人都不应该来韩国上高中的。"

下课后，同学们仍然在教室里逗留聊天。同学们与埃里克交换了手机号码，然后一起悠闲地去食堂共进午餐。在这所职业学院里，韩国学生有充裕的时间跟这个美国学生畅谈。他们不需要时刻担心自己的考试成绩，可以充实地过一种属于自己的生活，而从此刻开始，埃里克也可以享受这种生活了。

第 10 章 严格教育的力量

重访美国：如果将各州当成一个国家，那么它们分别会是哪个国家呢？［该图来源于彼得森（Peterson）等人所著的《全球挑战》（*Globally Challenged*）一书中对美国各州和世界各国学生的数学成绩所做的统计分析。］

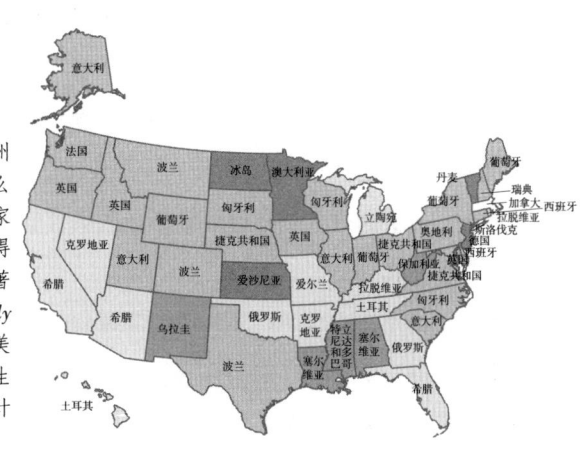

汤姆收到那封电子邮件的时候，外面正在下雪。当时，他暂住在波兰的一家青年旅社。他情不自禁地一遍又一遍读着邮件内容："恭喜您被瓦萨学院[①]录取。"

瓦萨学院是他的第一志愿，他的祖母和哥哥都曾就读于这所学校。他曾憧憬过自己在那里学习伟大文学作品时的情景，正如他也曾憧憬过自己在波兰学习肖邦的钢琴曲一样。汤姆想要攻读英语专业，瓦萨学院为新生组织了一个关于弗吉尼亚·伍尔夫的研讨会，而弗吉尼亚·伍尔夫恰好是他最喜欢的作家之一。新春伊始，他还在波兰时，就开始再次

---

① 瓦萨学院，位于美国纽约州的一所文理学院。学校成立于 1861 年，建校之初是一所女校，1969 年起才开始招收男性学生。学校目前约有在校学生 2450 人，师生比例是 1∶8。——译者注

温习《达洛威夫人》和《到灯塔去》。汤姆已经迫不及待地想去瓦萨学院报到了。

2011年夏天，这群我所谓的"外勤特工"都陆续回到了美国。出国交换留学的时光，是他们成家立业之前生命中一段独特的人生经历。回到美国，大学教育的奖金数额几乎比其他任何国家都高。上大学念书需要花费几年光阴，但一旦他们拿到了学位，得到一份好工作的概率也更大。在2011年夏天的毕业季，美国大学毕业生的失业率为4%，这个比例比较适中。对于拥有大学学历和极强适应能力的美国毕业生而言，世界宽广，前途无量。

但如果他们不去上大学，那么他们能赚到的薪水就会减半，面临的失业率也会提高一倍。也许他们有其他办法获得一份体面的工作，不过这种可能性要低得多。当晚上下班，回到家中，他们也许会继续为没读大学付出代价：没读过大学的美国人跟正常情况下大学毕业的美国人相比，其离婚率以及独自抚养孩子的概率要高出很多。甚至，他们的平均寿命都要低于大学毕业生。

如果孩子们高中就直接退学，那么他们将在一个低工资、零福利、失业率高达14%的世界里无休止地苦苦挣扎。这可能不会发生在金、埃里克和汤姆的身上，但对于与这几个孩子年龄相仿的25%左右的孩子而言，高中辍学却是板上钉钉的事情。等到金20岁时，估计会有600万名以上的美国青少年因为没有高中文凭而找不到工作。[1]

虽然还要看接下来会发生什么，但金、埃里克和汤姆这几个孩子可能会与童年时一起在幼儿园玩耍的小伙伴生活在完全不同的世界里。尽管未来充满未知，但是在如今的美国，想改变一个人的命运已经变得越发困难了。分流体系已经使孩子们从小就在不同的道路上发展，而这种彼此分开的轨迹又会一直延伸到孩子们成年以后。除非国家运行机制发生剧烈变化，否则不同道路上的孩子的人生轨迹将很难再有交集。

波兰面团，美国夹心

就在汤姆准备离开波兰的时候，另一个美国人也来到了波兰。保拉·马歇尔来自俄克拉何马州与金的家乡相距不远的地方。她来波兰不是为了学习或观光，而是为了开办工厂。

马歇尔家族经营着俄克拉何马州百麦公司。早在20世纪20年代，马歇尔的祖母就已经开始向当地餐馆销售自制的馅饼了。后来，她的父亲给麦当劳提出了一个绝妙的点子：生产顾客在车中也可以吃的便携式馅饼。这个故事在美国流传广泛、意义深远：一位年轻人成功地将油炸苹果变成了金子。[2]

几十年后，马歇尔接管了公司，她在俄克拉何马州和中国都开设了新的工厂。该公司的经营规模成倍增长，向必胜客和麦当劳供应面包、饼干等食材。尽管开设了一些分公司，但公司的一千多名员工中，大部分仍然在俄克拉何马州工作。

而现在，她要来波兰开办她的下一个工厂。她这么做的原因有很多，其中很重要的一点是，现代化工厂越来越需要能够严谨思考的技术工人。当地的波兰人使她相信，在这里招聘员工，她绝不会乘兴而来、败兴而归。"我们经过多方打探，了解到这里可以招到很多受过良好教育的人。"她说。

当我与马歇尔在咖啡店见面的时候，她非常坦诚地谈到在美国招聘员工的难度之大。"以维修工作为例。"她说，"这些工作时薪为25—30美元，但这些岗位所要求具备的技能可不只是'维修'那么简单。"在现如今的技术工作领域，维修技术人员必须能够看懂技术设计蓝图，能够以书面形式记录他们在轮值时交接了什么，能够测试复杂、动态的问题，从而找出可能的解决方案，当然还要能排除故障、解答疑难和修复主要的机械系统。

百麦公司在俄克拉何马州已经很难招到足够合格的维修技术人员，甚至近几年来，他们连招聘最低级的装配工人都很难，因为即使是装配工人，也必须能够独立思考且善于沟通。马歇尔愿意付钱让员工接受技术培训，但她渐渐发现，她招聘来的很多人根本没有阅读能力或者根本不会基础运算。马歇尔几乎对求职者的高中文凭失去了信心，因为即便同是俄克拉何马州的毕业生，如果从不同高中毕业，所具备的知识水平相差也很大（有趣的是，军方也发现了同样的问题。想要应征入伍的俄克拉何马州高中毕业生中，有大约四分之一的学生无法通过军队的学术能力测验）。

为了保证文凭的可信度，百麦公司的人力资源部首先会尝试让求职者在他们面前填写一些文件，从而观察求职者是否真正理解面试官所提出的问题。然后，他们让求职者对假想情境中的问题做出回答，以测试他们是否能清晰地表达自己的想法，并找出解决问题的方案。最后，人事部门会对求职者进行药物测试、背景调查和体能测试等。因此，往往到测试结束时，最终被留下的求职者屈指可数。

2012年，马歇尔开始在波兰着手招聘200人来操作面团制作设备。她对在波兰的招聘表现得很乐观。"在我看来，波兰很有19世纪时美国的样子。"她说，"你在上海也会有同样的感受。人们都披星戴月、栉风沐雨。"

关于考试的争论

在芬兰待了一年之后，金怀着复杂的心情回到了俄克拉何马州。这一次她告诫自己，即使其他一切仍如一潭死水，她也要在死水中掀起波澜。回到美国高中的第一天，金穿着毛茸茸的狗形拖鞋，喝了一杯从芬兰带回俄克拉何马州的咖啡，然后，她抱着她的猫乔治坐到安乐椅上，开始在网校上学习生物。

金非常喜欢在俄克拉何马州网上高中学习的想法。通过这种途径，她觉得可以重拾在芬兰时享有的自由。金可以自主规划什么时候醒来、什么时候做几何题，而且她还可以在自己的厨房里用真正的刀叉吃午饭，就像她在芬兰学校的食堂里那样。

她希望这种自由有助于激励她成长。虽然她无法控制诸如课堂教学质量或教育资源公平之类的事情，但她也许能唤起自己在学习上的自主性和动力。而且如果她真的达到了以上目的，那么理论上就几乎接近在芬兰交换时的生活了。

在网校上课的第一天，金登录了网站首页，并在控制面板上勾选了她的学业进度。到目前为止，金在网校的学业进度条都是绿色的，这意味着她正在正确的轨道上步步前行。此前，她的进度一度落后了149天。在刚上网校那天，她只观看了20分钟的几何基础知识视频课。

网校的老师们每周工作5天，每天24小时在线。她能与这些老师通过电子邮件、电话或即时消息进行沟通。在网校上课是个崭新的开始，而且一切看起来并无不妥。

网校一天的课程安排有8小时，没有直播或者面对面的交流互动。在3点半左右，金的妈妈会结束课程回到家。午夜时分，金仍然很清醒，她阅读着有关爱尔兰院校的信息，去爱尔兰深造是她最近刚刚产生的梦想。它似乎并不像之前试图交换去芬兰那样遥不可及，更何况金已然有了交换去芬兰的成功经历。凌晨1点，她上了一堂世界历史课，学习了美索不达米亚文明的相关内容。

"我是真的、真的很喜欢这种网络课堂。"她第二天告诉我。那时她刚写完一份有关信鸽的报告，她说："我一点儿都不留恋人群。"

"难道你不担心自己会被孤立吗？"我问。

"人们总是那样说。"她说，"但他们忘了一件事，就是我在高中时也曾被孤立过。"

就这样，我开始明白，金其实在以她特有的方式承受着孤独。迄今为止，她发现远离人群的缺点仅仅是，她会经常将小猫小狗当成人来交流。"我常跟它们说话，"她承认，"它们的一举一动在我眼里都变得越发可爱。"

为了防止自己的生活走入极端，金加入了一个写作俱乐部，这个俱乐部的聚会活动安排在毗邻城镇的一个咖啡馆。她还报名参加了爱尔兰舞蹈班，每周中的一天晚上上课。她的妈妈高兴地开车来回接送她，一边是因为女儿重新回到身边而满心欢喜，一边也是因为不确定女儿会在家待多久。尽管仿佛过着离群索居的生活，金仍会时不时地看来往的人群。她曾经怀念过芬兰的学校，不过就现在，对她来说，虚拟的课堂比实体的教学楼更让她满意。

金上的网校由"学者先驱"（Advanced Academics）运作管理，这是一个以营利为目的的公司，其总部设在俄克拉何马城，同时向30个州的用户提供网络课程。该公司从属于公开上市的德锐公司（DeVry），2011年，德锐公司市价为20亿美元。对金而言，网上学校是免费的，就像公立学校一样。以往会流向萨利索高中的钱，现在大多流向了"学者先驱"。

近三年来，俄克拉何马州公立学校的学生中，以不同形式使用网络教育服务的人数相比3年前已经增长了3倍。[3] 目前还没有人能断言虚拟学校和现实学校相比究竟哪个更好，但当下的情形与韩国补习辅导行业的初期情形颇为相似。然而，美国没有对考试成绩痴迷的文化环境，因此这个类比也就没什么意义。如果没有人知道产品的质量如何，或者人们不清楚产品应该是什么样子，那么一个自由市场真的会是"自由"的吗？

那一学年，金所在的俄克拉何马州发生了另一个里程碑式的事件：经过几十年的争论，俄克拉何马州终于决定像芬兰、波兰和韩国一样，要求学校在每一届学生毕业时组织结业考试。这是俄克拉何马州历史上的第一次，高中学生必须在最后一年学习结束后通过7门考试中的4门（数学、英语、生物和历史），才能拿到毕业文凭。《俄克拉何马州人》(*The Oklahoman*)在报上支持这个计划了7年之久的改革举措："让俄克拉何马州的学生具备基本的数学、科学和英语方面的知识，这并不是一个无法达成的奢望。"

这几科考试并不难。预计俄克拉何马州90%的高中应届毕业生都能顺利通过。而那些未通过结业考试的学生，每年都有至少3次重考任意科目的机会，还可以选择参加另外的考试或者完成一个项目来代替。而对于不得不接受特殊教育的学生而言，他们要想顺利毕业，不必考出和其他学生一样高的分数。

不过，在刚过去的整整一年里，俄克拉何马州的立法者们一直在为结业考试的事情争论不休。一些立法者认为，即使是为实现更加严格的教育体系而迈出这一小步，也显得过于苛刻了。民主党立法官员，同时也是一名教师的杰里·麦克皮克（Jerry McPeak）提出一项议案[4]，要求废除有关结业考试的指令，并把它与虐待儿童相提并论："我们要对一个孩子施加残酷的压力，只因为他的智力水平比不上另一个孩子？"[5]

芬兰组织大学入学考试已经有大约160年的历史了，这是一种学生和老师朝着一个明确的、共同的目标携手并进的激励方式，同时也使得芬兰的高中文凭名副其实。韩国为了支持孩子们的高考，甚至愿意变更航班时间。波兰孩子在夜间和周末还在为他们的考试而刻苦学习，而且他们会穿着西装、打着领带或身穿连衣裙去参加考试。

然而在美国，许多人仍然主张使用不同标准，他们的言论很大程度上解释了为什么美国在教育领域一直都毫无建树。按照这种逻辑，不管孩子们在学校到底学没学到知识，或者不管他们在应聘百麦公司时会遭遇什么，只要这些孩子通过了平时的必修课考试并达到学校要求的出勤天数，他们就理应获得高中文凭。按照他们的论调，孩子们应该迟一点再品味人世坎坷，高中时期还太早。这正是在当下产生的违反常理的同情心态。

但这次，俄克拉何马州的教育主管珍妮特·巴雷西（Janet Barresi）坚持己见、力排众议。"如果连我们都想着继续压低这些限制，那么学生们就更不会把这个放在眼里了。"她说，"我更关心的是学生能不能胜任一份工作，而不是他们能不能顺利和自己的伙伴们一起走个过场。"[6]

那年春天，俄克拉何马州39000名高中应届毕业生中，只有不到5%未能达到新的毕业要求，这大大超出许多教育管理者的预期。[7]很显然，在此之前，俄克拉何马州孩子的学习能力被大大低估了。有趣的是，芬兰的毕业考试要严格得多，但其未通过率却与俄克拉何马州相似，大约为6%。[8]

在俄克拉何马州，有一些未能通过结业考试的学生，就他们的成绩向学校提起重判，而当地学校董事会也会援引这样或那样的理由来减轻不及格所造成的后果，并授予他们学位证书。可以说，新出台的政策有一定的灵活性。尽管如此，俄克拉何马州的学校董事会仍然对结业考试的政策表示抗议，并通过决议、呼吁引起社会关注。"有一些孩子确实在考试中考不出好成绩，所以严苛的结业考试对他们而言是极不公平的。"奥瓦索（Owasso）学校董事会主席这样对《塔尔萨世界报》说。[9]事实上，想顺利毕业并获得高中文凭，学生们除了参加结业考试外，还有很多不同的选择，比如完成一个特定项目等。但是，这并没有减轻学校董事会主席的担忧。

当金完成了她在网校第一学年的课程时，美国在世界经济论坛的全球竞争力排行榜上位列第7。[10]尽管这是一个非常高的排名，但它已经是连续四年下跌的结果。我们不妨关注一下排名第3的是哪个国家——那个国家国土面积狭小，地处偏远的北欧大陆，物产资源稀缺，不过，当地人拥有一种我们称为"sisu"的品质。

美国的大一新生

汤姆从波兰回到葛底斯堡后，为自己制定了严密的作息时间表，按照该作息时间表，他每天要读一百多页书。那个夏天，他读了一些米歇尔·福柯①的作品，其实他的初衷只是想看看自己能否坚持阅读福柯的书。另外，汤姆还戒了烟。尽管如此，他还是很想念在弗罗茨瓦夫的生活：每逢日落，与朋友三三两两徜徉在城市的街道上，一起畅饮温热的波兰啤酒。那是一段多么惬意的日子。回到葛底斯堡家里的第一天，傍晚时分，他又想像在波兰一样拉自己的朋友出去游荡，这种想法让他的父母怀疑他的精神是不是出了什么问题。他想在咖啡馆逗留到很晚，但葛底斯堡的咖啡馆黄昏时分就会打烊。他想让母亲，葛底斯堡的首席公设辩护人，请自己喝一杯，这个在汤姆看来很合情合理的提议遭到了母亲的严词拒绝。

那年秋天，他收拾好了自己的书本和独立乐队 T 恤，准备搬去位于纽约州波基浦西（Poughkeepsie）的瓦萨学院。他搬进了一栋墙壁斑驳、红砖堆砌的学生宿舍，宿舍的屋顶有突出的屋檐，宿舍的四周绿草如茵，这正是典型的大学生活的样子。他的室友用圣诞灯和中国西藏的经幡装饰了墙壁。汤姆按原计划报名参加了弗吉尼亚·伍尔夫的研讨会。除此之外，他还开始与住在他楼下两层的一个女孩约会。

然而，开学上课之后，他在课堂上却常常感到局促不安。在伍尔夫研讨会上，汤姆意识到他并不像自己期望中的那般胸有成竹。瓦萨学院的新生中有 40% 上过私立学校，其中还包括东北地区的精英寄宿学校。

---

① 米歇尔·福柯，法国哲学家、社会思想家和"思想系统的历史学家"。他对文学评论及其理论、哲学（尤其在法语国家中）、批评理论、历史学、科学史（尤其是医学史）、批评教育学和知识社会学有很大的影响。——译者注

在分析文学作品时，他们似乎拥有一种他所不具备的流畅性。他们偶尔会援引希腊神话，这让汤姆有些不知所措。一个学生评价《雅各的房间》时以"in media res"这个词组开始，仿佛每个人都知道这个词组的意思似的。他们还读过古罗马诗人维吉尔的作品，这是汤姆从未涉猎过的。这些都让汤姆觉得芒刺在背、如坐针毡。

不过，此时此刻，远在1200千米之外的埃里克的感受却恰恰相反。

埃里克已经搬到芝加哥，准备入读德保罗大学。在韩国度过的一年时光，使他认定自己只有生活在繁华的大都市里才能感受到生命力。不管他想不想，他都可以在早上4点就吃到寿司。他很期待在即将到来的大学生活里学习政治和哲学，但是，秋天开学的时候，在与所有新生一起上必修的写作课时，他发现了一些令自己大吃一惊的事情。因为他的水平在这个班级真可谓鹤立鸡群。

不同于瓦萨学院的弗吉尼亚·伍尔夫研讨会，埃里克上的这门写作课由研究生教授，旨在使所有学生具备基础写作能力。这让埃里克感到索然无味，简直就像重新上一遍小学数学课似的，那时候他还能把加法题的答案排成自己姓名首字母的形状来找点乐趣。

早在明尼苏达州上高中时，埃里克就已经学会了如何组织架构一篇论文，以及如何查找研究资料。他原以为其他人也对这些东西驾轻就熟，然而事情并非如此。坐在德保罗大学的教室里，望着一片空白的笔记本，原本踌躇满志的埃里克忽然觉得自己像个刚刚升起就泄了气、慢慢落回地面的氢气球，本想一展拳脚，却发现毫无用武之地。

在大学里，埃里克和汤姆都亲眼看见并亲身体验了界定美国乃至世界各地各个学校的不同之处的各项因素，这也正是我写作本书的初衷。当同学们互相修改彼此的作文时，埃里克读到了同班同学写的东西。他发现，很多同学都不知道该如何组织一篇文章，该怎样展开一个论点，或者该怎么清楚地表达一个观点。他们的作文前后脱节，而且语法方面错误连篇。这并不是说这些学生不愿或不能做得更好，而是他们从来没有学过应该怎样写好一篇文章。

埃里克发现，自己更喜欢规模更小的班级。他仔细研究过芝加哥的各所高校，并开始考虑转学。这在韩国行得通，因此也许在美国也行得通。

让我们把目光转回汤姆这边。他还算比较轻松地适应了周围环境，并且不甘落后地阅读了维吉尔的作品。汤姆查阅了相关资料，发现"in media res"是一个常用的拉丁短语，指的是从中间情节入手开始叙述故事。他很快跟上了周围同学的节奏。到第二年春天时，他已经能在英语课上轻松地引用希腊神话的典故。汤姆逐渐明白很多戏谑之词都是无足轻重的废话，但他需要了解这些词语的意思。到大一期末时，他与一位古典文学教授合作撰写了一篇有关古罗马诗人卡图卢斯的论文。

不过，汤姆也已经意识到是什么经历使他现在可以如此游刃有余了。如果他的父母以前没有在每个周五的晚上都将他带到巴诺书店，如果他自己没有阅读过大量文学作品，那么他很可能不会养成每天深入阅读的习惯。如果没有养成这种习惯，汤姆势必会在瓦萨学院举步维艰。对汤姆来说，是否在葛底斯堡高中学习过大学英语课程，或者是否在结业考试中取得优异成绩都无关紧要，重要的是汤姆需要多于葛底斯堡高中所能提供的锤炼。幸运的是，他成功摸索出了锤炼自己的途径。

令人生畏的体能测试

和金一样，珍妮也回到美国继续高中学业，她们俩都还有两年才能毕业。之前，珍妮曾为选择就读韩国还是美国的高中而犹豫不决，经过深思熟虑，2011年夏天，她随家人搬到了新泽西州中部，因为她觉得美国的高中要远比她和埃里克在韩国就读的南山高中更为人性化，而事实也证明她的想法是对的。美国的高中课程难度更低，老师和同学们也更放松。

不过，她也遇到了许多意料之外的事。

那年秋天，珍妮和其他同学正在进行第一次代数 II 科目的考试，紧挨珍妮坐着的一个女孩抱怨，有一道题自己根本看不懂。而珍妮很快就解答出了这道题，这很可能是因为她早在两年前就学过这些内容，所以对这类题目了然于胸。但那个女孩一直在说她做不出来，需要帮助。这时，出人意料的事情发生了：老师竟然径直走过来为她答疑解惑！当着大家的面，老师走到她身边，并帮助她做出了那道题，在考试进行的过程中！

珍妮看着这一切，哑口无言。她很想知道，当那个女孩参加 SAT 时，没有老师在一旁指点，她该怎么办。在那之后，与珍妮同班的一个男同学也提出了同样的要求，老师再次走过去帮忙。珍妮的心绪起伏不定，她真希望她的韩国同学能看到这一幕，她甚至有些迫不及待地想赶快回家，然后上网把这件事情讲给她的韩国朋友听。

而另一件出乎她意料的事情就是，其实在美国高中也并非每件事都更轻松。到了春天，珍妮发现在美国各地的学校，孩子们都要在体育课上进行所谓的"总统体能测试"。这项测试已经存在了数十年，其标准一直以来都高得令人咂舌，甚至令人感到莫名其妙。

为了完成该体能测试，珍妮和同学们必须在 8 分钟内跑完 1600 米，60 秒内完成 44 个仰卧起坐。做仰卧起坐时，严禁腿部蜷曲及脚部离开地面。总统体能测试不像做代数题，它没有什么窍门可言。以上项目是不分男女的，除此之外，在规定时间内，男生还必须做完 13 个引体向上，而女生则必须做完 25 个俯卧撑。这个体能测试并不计入孩子们的体育成绩，但绝大多数学生和体育老师都非常看重这个体能测试，就仿佛这是一个关系到前途命运的严肃考试一样。

起初，珍妮简直不敢相信自己的耳朵，25 个俯卧撑对一个小姑娘而言可绝不是开玩笑。为什么人们的期望如此之高？珍妮百思不得其解，难道对体育方面有这么高的期待值，是因为美国的肥胖问题真的严重到骇人听闻了吗？

在韩国的体育课上，珍妮也需要参加类似的体能测试，但韩国的体能测试很容易就能达标。不同于新泽西州高中要求的8分钟跑完1600米，韩国学生只需要在9分30秒内跑完就可以。而事实上，在韩国，学生们根本没把体育考试成绩放在心上，他们通常只不过是沿着跑道走完一圈。相比而言，韩国学生更担心的是自己的数学成绩。

珍妮回家后，告诉了她在韩国的朋友们有关这个体能测试的事："这里的体能测试标准相当高、相当严格。至于学习方面，韩国的考试标准则要严苛得多！"

幸运的是，珍妮有信心通过新泽西州的体能测试。毕竟，她在韩国的时候也曾长期坚持体育锻炼，就像她孜孜不倦地努力提高数学水平一样。珍妮越来越坚信一个道理，那就是付出和回报往往成正比，付出的艰辛和汗水越多，就越能达到更高的目标。

仓鼠的转轮和不屈的孩子

在孩子们出国交换的这一学年结束时，我回到了美国。回国之后，我曾经花了很长时间来试图梳理自己的所见所闻。我惊讶于其实我们国家在教育上所存在的问题，在世界各地都不同程度地存在。我所到之处，各国的教师们多多少少都对考试、校长和家长等心怀不满、抱怨频频；反过来，父母们也为孩子的教育问题而伤透脑筋。毕竟，家长们无法近距离了解孩子们在学校究竟是怎么学习的，这令他们担忧。政客们对教师工会感到失望，同样，教师工会领导人也对政客们感到失望。

而对于核心人物——孩子们自身来说，就像珍妮曾在釜山的公交车上告诉埃里克的话一样，"毕竟都是普通的孩子"。他们有自己喜欢的老师，也会对某些老师心生反感。在我考察过的每一个国家，孩子们都会玩电子游戏、上课发短信、回家看电视，不同之处主要在于他们对待教育的认真态度。而对待教育的重视程度就像心电图的曲线一样，会随着孩子们所处的国家和地区的不同而发生改变。

总而言之，一句话："他们为什么那么在乎呢？"这是金刚到芬兰的那段日子里一直在脑海中挥之不去的疑问，也是我一直在追寻答案的问题。我到芬兰拜访过她以后，不禁开始怀疑这个问题的答案也许相当直接：那里的人们对待学校教育更严肃，是因为教育本身就是一项值得他们严肃认真地去对待的事情，而且每个人都认同这一点。

在芬兰、韩国和波兰，几乎都存在一个共识，那就是为了获得成功，孩子们都应该学会更深入地思考。在任何情况下，这种共识的形成都源于民族危机感：要想发展经济、振兴国家，仅有美好的愿景是不行的。于是，大家逐渐对凡事应该付出艰苦努力产生了共识，并随之改变了一切。

芬兰、韩国和波兰的高中，就像美国的高中对待橄榄球训练那样，在教育上很有针对性和目的性。这些国家的学生在高中结束时，需要参加一个重大的结业考试，而且考试分数至关重要。这些国家的老师对待考试也更加严肃认真，他们受过高等教育、训练有素且经过精心选拔。他们有足够的自主权去从事严肃认真的教学工作，这意味着他们能更加灵活地随着学生的身心发展和经济条件的变化来进行调整和改变。学生们也更加独立，学校培养出的是更有紧迫感且自立自强的高中毕业生。随着年龄的增长，他们也会表现得更加成熟。

在美国及其他很多国家，人们已经不再将结业考试纳入教育系统，因为人们相信不管孩子们的学业水平如何，他们成年以后总是会得到一个接一个的工作机会。我们对老师也持同样的态度：任何人都可以胜任，只要他们能上课，能遵循教学规则，并且态度良好。在某种程度上，我们拥有了想要的学校。父母不会要求学校让孩子做更有难度的阅读题目，或者趁孩子对数字还比较感兴趣时要求他们在幼儿园学习数学。然而，家长们却会出面抱怨孩子们糟糕的学习成绩，并且会带着摄像机和躺椅成群结队地来到学校，全心全意地观看孩子在各类运动比赛中的表现。

长久以来，这种心态已经对大多数美国孩子产生了微妙的影响。大部分人觉得教育体系没必要太过严格，而且他们自身也确实没有接受过严格的教育。在美国，由于物质财富的大量积累，严格的教育体系似乎变得可有可无。但是，当今世界已经发生了翻天覆地的变化。在自动化、全球化的经济环境中，孩子们需要被鞭策，他们需要知道如何去适应这个瞬息万变的社会，因为适应能力是人一生中都不可或缺的。孩子们需要更为严格的文化传统。

实现严格化有不同的方法，当然了，并非所有方法都恰到好处。韩国仓鼠转轮般的严苛教育所造成的问题就如同它所解决的问题一样多。孩子们在那样的教育氛围中郁郁寡欢，尽管高压条件下的学习可以使大多数孩子取得非常理想的考试成绩，却无法让学生们的个人能力得到有效提升。有研究证据表明，那种残酷无情的教育方式没有持续发展的前景，韩国孩子在中学看似极好的内驱力，一旦进入大学就会大幅降低。

不过，如果让我必须在仓鼠转轮式和美国及某些国家所采用的蹦蹦床式（毫无疑问，错误的选择）这两种教育模式中选一种的话，我想我还是会选择仓鼠转轮式的教育模式。这确实很无情、很极端，但也更直接、更实在。实行仓鼠转轮式教育模式的国家的孩子知道如何处理复杂的信息，更具创造性思维，他们了解坚持不懈、持之以恒的品质有多么可贵。并且，他们知道失败的滋味，能从失败中奋起，更加努力以做得更好。可以说，这些孩子为应对纷繁复杂的现代世界做好了准备。

在蹦蹦床式教育模式的国家，孩子受到了误导。大多数时候，他们沉浸在能力并不出众的所谓的教育专家们所营造的环境中浑然忘我，觉得即使遭遇失败，也不会有什么太严重的后果。只有等到高中毕业之后，他们才会惊觉原来自己被蒙蔽了双眼，现实世界并不会一次又一次地留给他们机会。在现实世界中，人们并不会为了体现世界的美好而给予他们工作上的嘉奖。当生存的处境变得越发艰难时，数学老师无法告诉孩子们怎样才能保证衣食无忧。

学习已成为一种可以购买自由的通用货币。尽管在生活中它并不是最重要的，但它已经变得比以往任何时候都更加重要了。从这层意义上说，芬兰、加拿大、新西兰等国家已经挖掘到了最完美的资源。他们的孩子在某些方面比仓鼠转轮国家的孩子更自由，因为这些孩子不必牺牲自己的闲暇时间就能够变得更加聪明。

说到幸福，不得不提及联合国发布的《2012年世界幸福指数报告》，在该报告中，芬兰人的幸福指数排名第2（仅次于丹麦）。[11] 芬兰人有许多幸福的理由，比如完善的教育体系使人们的收入水平显著提升，而收入水平的增长相应也使人们的幸福感与日俱增。"如果你想知道美国梦是什么样子，"英国工党领袖埃德·米利班德（Ed Miliband）在2012年社会流动性年会上说，"去芬兰看看吧。"[12] 在21世纪，芬兰的贫困人口接受高等教育的机会，几乎比包括美国（幸福指数排行榜位居第11）在内的世界上的任何国家都更多一些。

当考虑到教育的未来时，我开始担心起像金那样长时间没有被合理的教育体制所引导和激励的孩子。我不知道芬兰和美国俄克拉何马州的固执的孩子会不会发生什么变化。尽管如此，我却比离开美国之前更满怀希望。因为，显然没有一个国家的教育体制能尽善尽美，每个国家或地区都在教育方面存在不足，但大多数问题都是可以解决的。

不过有一件事很明确：为了给孩子提供他们应该受到的教育，我们首先要认同严格的重要性。学校存在的意义是帮助孩子学会思考，学会努力学习，以及学会如何应对失败，这是使得其他一切成为可能的核心共识。

我回到了美国，这个被经济衰退拖得一蹶不振、被政治斗争搞得四分五裂的国家。这一刻足以算作美国的危机了吧？这会不会是我们的"芬兰时刻"？或者会不会是我们的"韩国启示录"？包括教师、富家子弟和贫困家庭的孩子在内，我们每一个人是不是都应该重新审视一下现在的教育制度，并承认需要孩子们付出艰辛的教育体制才是真正能结出硕果的教育体制？从小布什总统的"不让一个孩子掉队"到奥巴马总统的"争创一流"，自上而下的政策变化都曾试图把严格的教学措施强行注入美国的教育系统，强行注入全美各地步履蹒跚的学校和家庭中。这些举措可能能够提高教育水平的下限，但绝非上限。在事实面前，人们不得不开始相信严格性的力量。人们必须下定决心。哪怕并不情愿，但我们是时候严肃认真起来了。人们也许会渐渐接受并相信我的这些发现，但实践才是检验真理的唯一标准。

问题是，他们会有所行动吗？

当我回到美国时，大多数美国人似乎都有了紧迫感，扑面而来的变化和竞争终于使他们有了坐立不安的感触。但纵观历史，仅仅开始有紧迫感还远远不够。毕竟，大多数经历过经济困难的国家并没有像韩国、芬兰和波兰那样做。这些国家缺乏领导或运气，无法认识到经济和社会的发展是所有普通公民的智慧结晶，以及获得智慧的唯一途径就是刻苦学习、勤勉工作。

2014年，俄克拉何马州计划实施一套更严格、更连贯、更明确的教学标准，被称为"共同核心"。该标准旨在教会孩子们独立思考，已经被美国44个州采纳。这套教学标准根据国际上关于孩子们应该学会哪些知识的基准而定。然而，这个决定也毫无意外地受到了俄克拉何马州立法委员的抨击。"'共同核心'是教育的联邦化，这侵犯了俄克拉何马州的地方控制权。"该州共和党州议员代表莎莉·克恩（Sally Kern）呼吁她的立法委员会同事抵制该项新标准。[13]

其实当金、埃里克和汤姆结束一年的留学交换项目回到美国时，他们也并没有意识到教育的严格性问题。毕竟在一个错综复杂的文化环境中，充斥着电子白板、自尊意识的塑造、高中橄榄球运动等形形色色分散人们注意力的事项，使得一个清晰的目标往往很难被设定。不过，一切皆有可能。

不背书包和成绩不好的孩子们

　　威廉·泰勒是华盛顿特区一所传统公立学校的数学老师，他是土生土长的华盛顿人，而且一直对数学情有独钟。[14] 作为一位新老师，他碰巧遇到了一位了解严格教育的重要性的校长。这位校长虽不完美，但却教会了泰勒很多重要的事情。例如，她曾指点泰勒不应该用罚站来惩罚犯错误的学生，而是应该想办法来帮助学生纠正错误。

　　"学校并不是良好行为的制造工厂，而是知识技能的制造工厂。"这是这位校长的远见卓识，一直以来都清晰明确。她认为如果孩子被迫待在走廊，就错过了一次学习新知识的机会。

　　她还告诉泰勒，不能让孩子离校时不带书包。他们的作业呢？学校是学习的场所，因此完成作业很重要。在这些孩子所居住的社区，每五个成年人中就有一人失业。这所学校的学生几乎都是非洲裔美国人，且大多数孩子出身贫困或接近贫困的家庭。如果这些孩子想改变命运，就必须刻苦学习，用知识来武装自己。他们的书包就像救生衣，离开了书包，他们一定会被淹没在贫困潦倒的大潮里。

　　几年以后，泰勒成了一名非常优秀的数学老师。他所带班级的学生的知识水平至少提高了一个年级。当孩子们毕业离校时，他们的学习成绩都高出或至少达到了该年级学生的平均知识水平。努力学习的重要价值观也已经深深地烙在了这群孩子的脑海里。泰勒主张严格教学，并把这种理念严丝合缝地融入自己的课堂。他不是什么英雄，他只是觉得孩子们比其他人想的更聪明、更坚强，而且采取了相应的行动来证实自己的看法。泰勒在教学方面取得了不错的成绩，当然，这跟他遇到了一位能使自己变得更优秀的领导密不可分。在华盛顿特区复杂的教师评价体系中，泰勒甚至可以根据自己所贡献的价值获取不同于其他教师的薪酬，这在全球范围内同工同酬的教育系统中很少见。他先后连续3次被评定为"高效"，这简直是罕见的"丰功伟绩"。在前任校长米歇尔·李实施的奖励计划下（虽然该计划颇受争议），泰勒当之无愧地为自己赢得了6位数的薪资。不久前，他买了自己的第一套房子。

2011年，泰勒转到一所新的公立学校任教，该校同样位于华盛顿特区一处混乱的角落里。泰勒很高兴，因为这里的校长对他表示了欢迎与支持，其他的老师们也很热心，家长们都很愿意配合学校的教育工作。他待了一段时间后发现，这里的问题在于缺乏严格的教学。

于是泰勒做了他一直以来驾轻就熟的事情：他教给孩子们各种游戏、手势和诀窍，以帮助他们节省时间、高效学习。他还战略性地将孩子们进行分组，使他们在老师不在时也能互相帮助、共同成长。

最初几周，为了使学生在课堂上认真听讲、实现自律，他不得不花费比平常更多的时间来引导孩子们。但在得到学生的尊重之后，他就不必再用这些规范来束缚孩子们了。

有一天，一个腼腆内向的小女孩走过来，对他说了一件很重要的事情。

"我妈妈想知道为什么你给我的成绩是F。"

泰勒透过眼镜低头看着她，眼睛一眨不眨。

"你的F不是我给的，"他说，"而是你自己得到的。"

"可是，我真的很努力。"小女孩轻声说道。

"我不是对你的努力评分，而是对考试结果进行评分。"

泰勒并没有更改这个小女孩的考试成绩。他一向不主张向孩子隐瞒他们的不足之处，他认为只有告诉孩子真相，才能让孩子取长补短。

他四处打听后发现，许多同事都将学生的刻苦程度作为评分的部分依据，而且分数比重占了60%之多。然而谁来告诉那些孩子，SAT看的是最终结果，而不是他们的努力程度呢？这就好比数学题，尽管演算过程千变万化，但永远只有一个正确答案。

不久，他开始听到家长们的其他抱怨，因为他总是让孩子背着装满书的书包回家，家长们认为这些书本太重、功课太难。于是，泰勒便问其他老师为什么不让学生把书带回家。他们回答说，学生们把书带回家之后也根本不会看。泰勒不禁皱起了眉，没有书本，他们怎么学习？

渐渐地，他还注意到了其他一些事。当他走过楼道走廊时，时常能看到站在教室门外无所事事的学生。他们中男孩居多，这些年轻的非洲裔男孩使他想起了自己。泰勒问这些学生站在外面干什么，这些男孩回答说，他们因为行为不端而被勒令离开教室。

一天下午放学时，他看着学生们一个个走出或跑出学校的身影，发现大部分学生都是空着手回家的，这让他的心一沉。

刚才提到的那个小女孩在那学期的期末考试中得了 F。但在那之后，她就好像如梦方醒，开始认认真真地做家庭作业，很少找借口不按时完成了。她与其他几个孩子成立了一个学习小组，甚至还会在午餐时间去教室做功课。在接下来的一学期中，她的成绩显著提高，期末考试得到了 D。而到了这一年年底，她居然在一次数学考试中得到了 C，这个成绩对她而言是相当可喜的。

当泰勒告诉她成绩的时候，她兴奋地流下热泪。"我简直不敢相信自己能做到。"小女孩说。而泰勒现在仍然可以诚实地告诉她："你做到了。"

沙漠中的斗士[①]

美国各地都有像泰勒这样的老师，甚至有的学校自上而下一直将教学严格化的理念贯彻始终，还会把某些学生成绩不理想的情况对他们如

---

① 沙漠中的斗士，亚利桑那州因 40% 的土地被沙漠覆盖而得名。——译者注

实相告。这些学校所处的地区盛行的并非主流文化,尽管如此,学校领导还是花费了很多时间说服学生家长,让他们相信孩子们远比他们想象的坚强。

在亚利桑那州和华盛顿特区的巴斯(BASIS)公立特许学校,老师们会引导学生追求学术成就,就像美国其他大多数高中为周五晚上的比赛而训练橄榄球运动员那样。在大学预修课程进阶考试时,学生们会伴着电影《洛奇》(*Rocky*)①的主题曲《老虎的眼睛》排队走进教室。[15]

2012年,亚利桑那州两个巴斯学校的学生参加了一次特别的新版PISA测试,旨在以国际标准对学校的教学成效进行测量评估。[16]在此之前,PISA仅仅用于测试某个国家或某个州的教学成果,从未用于检验某所学校的教学成果。

测试结果非常激动人心。巴斯学校学生的平均成绩不仅高于普通美国学生,而且优于芬兰、韩国和波兰学生的平均分,不仅如此,这些孩子的成绩甚至比曾在2009年世界PISA测试中拿了第一的中国上海的学生成绩还要高。

毫无疑问,美国青少年在较高等级的批判性思维测试中是完全可以名列世界前茅的。弗吉尼亚州费尔法克斯县参加该考试的传统公立中学学生的测试成绩也足以使世界各地绝大多数的青少年汗颜。

然而在相同的测试中,来自美国西部某个州一所高中的学生在数学方面的表现,却比其他23个参加测试的州的青少年都差。PISA的主办方没有公布这所学校的名字,但很显然,这所学校不能为其学生的糟糕表现找到合理的借口。因为,这所学校的学生主要来自白人和中产阶级家庭,该校只有6%的学生经济状况在贫困线上徘徊。而且,其所在的州刚刚给了它A级评分。然而,这所学校只有不到10%的学生在数学考试中

---

① 《洛奇》是一部1976年的电影,由史泰龙编剧及主演,讲述一个默默无闻的拳手洛奇·巴布亚获得了与重量级拳王阿波罗·克里德争夺拳王的机会,是一个典型的美国梦故事。——译者注

表现出了较高水平的批判性思维能力，而横向来看，巴斯学校的学生中有60%都能达标。在那所学校，学生的平均得分不仅低于芬兰、韩国和波兰，甚至还落后于斯洛伐克和爱沙尼亚。

该校学生的家长可能永远都不会知道这个测试结果，但学生们一定会有所体会。如果不是在大学伊始被要求补习数学或者连基本的物理学课程都听得很吃力的时刻，就是以后在工作时，他们误读自己就职银行的图表信息，或者算错医院护理站的药物剂量的时刻。在知识经济高速发展的现代社会中，他们终将因为缺乏必要的谋生手段而惨遭社会淘汰。这个启示逐渐会被他们亲身领悟，这也许是一种难以言说的耻辱。他们也可能会把自己人生的失败当成偶然的个例接受，但我不希望他们这么认为。

我希望他们能因此感到愤怒。也许与他们之前的那几代人不同，这一代年轻人将决定让他们自己的孩子像芬兰的孩子一样，由世界上受过最好的教育、最训练有素的专业教师来教导。他们可能会意识到，如果韩国孩子可以在高考之前就经历千锤百炼的反复失败，那么他们的孩子也可以。也许他们会得出一个结论：并不是只有波兰存在变革的可能。

历史告诉我们，伟大的领袖诚然重要，但运气的成分也往往不可或缺。政治和权力的作用都不容忽视，但所有重大的转变几乎都需要群众的响应，需要有足够多的人有感于是时候改变了。

芬兰、韩国和波兰的故事很复杂，而且远未结束。但是，它们的故事向我们揭示了多种可能。孩子们必须掌握严谨并且更难的思维方法才能在现代社会扎根立足、茁壮成长。要做到这一点，唯一的方法就是在学校里营造一种严格的智育文化，使孩子们可以感知到什么是真实的，什么是准确的。日益丰富的数据从各个学校和国家源源不断地涌现出来，孩子们自己也在试图告诉这个世界，他们的潜力究竟有多大。我希望，这些看似与主流教育观相悖的言论会如同晨钟暮鼓，在美国教育界乃至整个世界响彻云霄。

后记

写这本书是为了将我"逃跑"的企图公之于世。在我看来，在21世纪初，对美国教育的辩论就已经变得居心叵测、目光短浅和多此一举，以至于不再具有任何有价值的引导性。我想尽可能远离这种是非，看看讨论的语境是否会有变化。

数据给了我一个完美的理由：有少数国家让几乎所有孩子学会了更高层次的思维方式。这是怎么做到的呢？又是什么阻止了其他国家的教育也有这样的发展？我并没有很深入地去了解特许学校、教育券、终身教职或其他政策难题。大人都忙着在酒店宴会厅或市政厅与自己人相互较劲，而世界各地数以十亿计的孩子正在（或没有）学习如何判断和解决问题。所以，我想从这些宴会厅和市政厅的后门溜出去，花点时间去调查那些谜团。

这项调查进行了大约6个月时，我才意识到我是个疯子。写一个陌生的国家已经是一件很难的事了，同时写三个国家就几乎等同于徘徊在欺诈的边缘。一个陌生人空降到一个遥远的国家，用韩国人的话说就是"舔西瓜皮"，意思是说只接触到了表面的东西，无法真正接触到事物的本质。

我需要很多帮助，像导演一出百老汇歌舞剧一样。即便是一样的场景，也需要台前幕后很多人的帮助，可惜我没有百老汇那样的预算。但即使我无以为报，帮助我的人们还是做了很了不起的事情，我想他们这样做是因为他们也认为解开那些谜团很重要，或者，只是怜悯我而已。他们应该明白，没有他们的帮助，我一定会迷失在数据迷宫里，也无法应付其他国家的那些官僚机构。最后，是世界各地的百余名研究人员、教师、翻译、政治家、商人、外交官、学生和家长帮我找到了方向。

最重要的是，从头至尾，金、埃里克、汤姆和珍妮都给了我最大的帮助，是这几个年轻人让我得以深入他们分别位于3个大洲的学校和寄宿家庭内部，并一遍又一遍地向我耐心解释他们的所见、所闻、所想。如果没有他们，我绝对无法了解孩子们和他们所在家庭的日常生活，而恰恰是这些日常生活的场景，使人们有可能理解为什么某些政策能够见效，某些政策却完全与制定初衷背道而驰。通过电话、电子邮件、短信、各种社交网站以及面对面交流等方式，他们不厌其烦地回答我提出的那些烦琐，甚至有时是愚蠢的问题。他们在佛寺外面、高中的走廊里以及酒店大堂里耐心地坐着，让我记录下他们所讲述的经历（视频片段存档于 www.amandaripley.com）。他们还允许我同他们的家人、老师和朋友交流。我相信我在某些不自知的情况下让他们觉得难为情过，我也一直在等待他们向我翻白眼或者发脾气，但他们从来没有这样做过。

我亲自去了芬兰、波兰和韩国拜访金、汤姆、埃里克和珍妮，我还去了金和汤姆在美国的家乡。如果某个场面我没能亲眼看见，我会尽我所能地通过面谈、查阅报纸和历史文献等方式尽可能准确地还原重现。我还要特别感谢金和汤姆，他们周到且详尽的博客文章弥补了我们谈话中可能出现的遗漏。

这让我知道报道与年轻人相关的事物变得越来越容易了，因为许多青少年（尽管不是全部）都会在网上留下一些生活片段以便将来回味时不至于留下太多遗憾。对我而言，我很庆幸12岁时朋友用老式录像机录下的我扮成新闻主播的片段没有被放上视频网站。

鉴于此，我决定不将本书中所提及的孩子们的全名公布。这些孩子所表现出的自我意识和谦逊的态度，是我在采访过的成年人身上都看不到的。但是，以防万一，我想给他们一个改变心意、继续成长并在未来某一天讲述他们那时的人生故事的机会。

这些年轻"情报员"的父母同意让他们跟我交流合作，为此，我很感谢他们的信任。有时，他们还会花费大量时间跟我谈论他们的孩子，谈论他们自己对美国和国外教育的看法。同时，还要衷心感谢 AFS 国际文化交流组织、YFU 国际学生交流组织、扶轮社和美国交流计划监管机构（CSIET）的每个成员，他们非常热情地帮助我联系世界各地的交换生。

安排年轻人到离家千里之外的陌生环境中去学习和生活，这样的事情繁杂且冒险。而这些漂亮地完成了这个工作的人坚定了一个想法，那就是这个世界大而奇妙，尽早让孩子了解到这些，对我们本身而言也是一件好事。

我要感谢我一直以来合作的编辑和朋友普丽西拉·佩因顿（Priscilla Painton），还有乔纳森·卡普（Jonathan Karp）以及他在西蒙与舒斯特（Simon & Schuster）的团队的其余成员，愿意坚持相信我会写出一本不那么枯燥的关于教育的书。感谢他们使这看似遥不可及的任务成为可能，并与世界各地的人们分享这些宝贵财富。

我的经纪人埃斯蒙德·哈姆斯沃思（Esmond Harmsworth）明智地坚持建议我在一切开始前先联系好书中的主人公们。谢谢你，埃斯蒙德！将我从多年的痛苦中拯救出来，并自始至终支持我的这一想法。当我深陷写作的泥潭时，才识杰出的丹·鲍姆（Dan Baum）提醒我讲好故事是最重要的，他的一句话将我从泥沼中解救出来。

作为一名长篇作者，我需要一大群赞助商。本书得以面世，必须要感谢伯纳德·施瓦茨奖学金（Bernard L. Schwartz Fellowship）、劳伦斯·鲍威尔·乔布斯（Laurence Powell Jobs）、斯泰西·鲁宾（Stacey Rubin）和艾默生基金会的支持，以及新美国基金会的史蒂夫·科尔（Steve Coll）、安德烈斯·马丁内斯（Andrés Martinez）、费丝·史密斯（Faith Smith）和卡罗琳·埃塞尔（Caroline Esser）给我的所有建议和鼓励。我还要特别感谢新美国基金会的玛丽·劳伦斯（Marie Lawrence），她是个聪明而细致的研究人员，为我在AFS国际文化交流项目的调查以及对儿童贫困和高中体育在美国教育体系中的重要地位的分析提供了极大的帮助。还要感谢曾为教师、现就职于新美国基金会的丽贝卡·谢弗（Rebecca Shafer），她帮助我理解了世界特殊教育领域的一些研究。

这些故事中有许多都来自杂志上文章的启发，这些文章都需要很长时间来完成，也要付出很多心血来编辑，从而使它们得以出版，成为真正宝贵的财富。所以还要大力感谢《时代》杂志的迈克尔·达菲（Michael Duffy）、南希·吉布斯（Nancy Gibbs）和里克·施滕格尔（Rick Stengel），以及《大西洋月刊》的詹姆斯·吉布尼（James Gibney）、斯科特·施托塞尔（Scott Stossel）、科尔比·库莫尔（Corby Kummer）和詹姆斯·贝内特（James Bennet）等人，他们在本书出版前后都给了我很多讲好关于世界各地的孩子、老师和家长的故事的指导。

包括安德烈亚斯·施莱歇尔在内的经合组织的数据专家们做出了常人难以想象的非常重要的工作。我要感谢他们全程对我的调查研究工作的支持和帮助。在这个信息纷繁的时代，我有幸得到了教育信托基金（Education Trust）、AIR公司、美国教育部，以及芬兰、波兰、韩国的大使馆和教育部的好心人的帮助和有价值的指导。

韩国首尔和釜山，波兰弗罗茨瓦夫和华沙，芬兰赫尔辛基、埃斯波和皮耶塔尔萨里以及美国葛底斯堡、宾夕法尼亚州、华盛顿特区、萨利索、俄克拉何马州等地的学校领导非常大方地让我零距离接触了学校。还有包括纽约市的蔡平（Binh Thai）、华盛顿特区的琳恩·奥梅耶（Lynn Hommeyer）和威尔·泰勒以及韩国釜山的吴淳成（Sung Soon Oh）等老师，用自己宝贵的时间向我解释了他们的教学理念和教学生活，从而让本书的故事图景更丰富。

在波兰的翻译和研究,我主要依赖于勇敢且富有见解的马特乌什·科尔纳茨基(Mateusz Kornacki)。在韩国,杰出的翻译家和思维敏捷的记者斯蒂芬·金(Stephen Kim)全程陪我走访了两座城市的学校、辅导学院和政府办公室。我还得到了华盛顿特区的朱斯蒂娜·雅布隆斯卡(Justine Jablonska)和特雷莎·布驰斯达特(Theresa Buchstätte)、芬兰首都赫尔辛基的詹妮·桑塔霍尔马(Jenni Santaholma)以及波兰华沙的萨拉·扎罗(Sarah Zarrow)等人在翻译和研究上的协助。对于本书的事实核查部分,我要感谢雷切尔·布朗(Rachael Brown)认真细致的工作。

还要感谢凯特琳·安德鲁斯-赖斯(Kaitlyn Andrews-Rice),她是一位富有洞察力的优秀女性,她帮助我构思、进行调查和完善了本书。非常感谢凯特琳直率地指出哪些内容味同嚼蜡,哪些部分让她兴味盎然。

可以说,没有朋友、同事和家人不厌其烦地聆听和陪伴,我就不可能写出这样一本书。罗梅什·拉特内萨(Romesh Ratnesar)、莱斯利·奇尔科特(Lesley Chilcott)、迈克尔·谢弗(Michael Schaffer)、戴夫·里普利(Dave Ripley)、本·雷普利(Ben Ripley)、塔-内斯·科茨(Ta-Nehisi Coates)、罗伯特·格登(Robert Gordon)、丽莎·格林(Lisa Green)、雷切尔·多林(Rachel Dolin)、史蒂芬·法尔(Steven Farr)、卡伦·马什(Karen Marsh)、兰恩利·基普(Lennlee Keep)和考特尼·鲁宾(Courtney Rubin),他们每个人都在帮我弄清楚这本书究竟要表达什么以及为什么这本书如此重要。全美教师质量委员会(National Council on Teacher Quality)的凯特·沃尔什(Kate Walsh)在我编写关于美国教师的部分内容时慷慨地提供了大量有益的指导。新教师计划(TNTP, The New Teacher Project)组织的蒂莫西·达利(Timothy Daly)帮我分析了我所得到的美国消费数据。我的好朋友凯瑟琳·布朗(Catherine Brown)多年来出谋划策,安慰、指导和陪伴我完成本书。谢谢你,凯瑟琳。

我的丈夫，也是我最好的朋友约翰（John）一直给予我帮助和支持，他让我在写作本书时的每一个阶段的进展都更顺利。他还听到很多常人所无法忍受的对教育体制紊乱的激烈抨击，是他告诉我，这是新的21世纪，我完全可以为自己工作，并向我展示了如何做到（带着风度、勇气以及"吉人自有天相"的心态）。我的儿子麦克斯（Max）为我的书绘制了封面小样，对一些标题方案表达了反对意见，在他的地球仪上观察了很多国家。他对我研究的事情所试图做出的理解，远远超过大多数6岁孩子的理解能力。

　　在我写作本书时，我的母亲路易斯·里普利（Louise Ripley）去世了。多年前，她曾在艾奥瓦州的一所小学教书，且深爱这份工作。她认为，教育是一种严肃庄重的追求，永远不能寄希望于侥幸，她深深地相信这一点。谨以此书献给我母亲的精神，带着我的一份共鸣，两份奋斗。

附录 A　如何发现世界一流的学校

同大多数记者一样，我不想给出任何建议，而是希望通过讲述其他人的故事让读者自己得出结论。这样做，对大家都更有益。

然而，在超市、操场等地，无论我走到哪里，经常会有家长向我询问一些在现实生活中能够采取的行动，仿佛对于他们所生活的现实世界，书中没有生命的文字在他们心里没有任何意义。

在大多数国家，多数家长对于孩子就读的学校会有所选择。然而这个选择非常艰难，他们很难找到有用的信息。所以，在这个部分，我将尽量提供一些大家希望得到的信息。

每个孩子都是独特的。对这个孩子来说很好的学校，对于另一个孩子来说或许就是地狱。而且，谈到如何寻找一所治学严谨、充满活力又洋溢着学习氛围的学校，就有一些切实的问题需要提出。这是我参观访问四大洲的学校，倾听孩子、老师以及家长的心声，学习其他比我更聪明的人的研究成果之后的总结。它无法面面俱到，却是一个好的开始。

观察学生

如果想了解一所学校，你可以忽略得到的大部分信息。开放参观日？几乎毫无用处。每个学生的花费？超过一定的基准线之后，金钱在任何地方都不能转化为教育质量。世界上培养最聪明孩子的国家在每个学生身上投入的教育经费都低于美国。

班级平均人数？除了学生刚入学的那几年以外，在以后的时间里，它并没有大多数人想象的那般重要。事实上，教学质量最好的国家，其平均班级人数通常多于美国。研究也表明，教学质量比班级大小更重要。[1]

测试数据有些帮助，但是到底有多大帮助，在大多数地区都难以阐述清楚。测试本身到底是不是合理？学校教育能在孩子的家庭教育之外起到多大作用？越来越多的美国学区都掌握了类似的信息，但到目前为止，还没有对外公开。

相反，衡量一个学校教学质量的最好方法，是在上课期间看看课堂情况，哪怕只是花上 20 分钟的时间。

然而，当你参观课堂时，最重要的是弄清楚自己要关注什么。家长们通常会花大量的时间盯着教室的公告栏，其实更好的方法是观察学生。

观察所有孩子的注意力是否集中，对他们所学的内容是否感兴趣以及学习是否努力。不用关注课堂秩序，有时候，当老师没有在讲课时，喧闹嘈杂可能是学生们进行分组讨论造成的表象。有些教学质量非常糟糕的班级，其环境安静、整洁得令家长十分放心。

记住，严格的教育应该看起来就很严格。如果孩子们很快就能做完一道习题，那就不是学习，而是填写表格。他们能感受到一定的难度就对了，而且应该在他们需要时能够及时得到来自周围同学的帮助，而不是干着急或感到灰心丧气。他们不应该把大部分时间浪费在排长队吃午饭、围坐着闲聊或者分发资料上。学校里应该有你能感受到的紧迫的气氛。

一定不要把注意力全部集中在老师身上。世界上最好的课堂里，老师可能保持沉默，或者人格魅力非同寻常，甚至有一点疯狂（如同我们大多数人对学生时代的记忆）。家长短期参观后对老师的看法，并没有和老师相处一整年的孩子的想法重要。

我每到一个国家都会参观课堂。我的参观会引起学生多大兴趣？全神贯注的学生不会注意到我，因为他们有更重要的事情要做。厌学的学生会回头看看我，微笑，害羞地招招手。如果我打喷嚏，他们会递给我纸巾。宝贵的课堂时间就这样被浪费了，他们则渴盼能有东西分散他们的注意力。

我在每个国家都见到了厌学的孩子。在各个大洲，厌学就像幽灵一样，从幼儿园的孩子直至毕业生，都会有这样的困扰。在美国的课堂上，我看到一个女孩用圆珠笔在胳膊上画了一朵美丽的玫瑰花。她画得很慢很慢，每一笔都小心翼翼，就好像在服无期徒刑。我还看到一个小男孩穿雪白高帮运动鞋的双脚在桌子下面跳舞，上半身却纹丝不动。

在芬兰，我见到一个十几岁的小男孩，他对身边百叶窗的绳子非常感兴趣，就好像那绳子是降落伞的开伞索，可以带他去另一个地方。在韩国，我见过一整排的学生趴在课桌上睡觉，有的学生甚至还枕着枕头。韩国学生如果感到无聊就会睡觉，睡醒后再通宵学习。

厌学的状况通常在每个班级间差别很大。然而，在那些最好的学校里，厌学是个例，而不是常态。你参观五个教室，可能只会发现一两个学生精神或者身体不在状态，而不是八九个甚至更多，这是帮助你分辨学习环境好坏的一种方式。

和学生交谈

所有人，包括记者在内，都很少让学生来表达他们的观点。每个人都把注意力放在老师、校长、教学楼或者公告板上。在他们看来，小孩子太小不懂事，而大点儿的孩子又对此感到厌倦。而以我的经验来判断，这都不是真的。其实只要你问这方面的问题，在任何学校，学生都是最直言不讳、最能提供有用信息的人。

不要问"你喜欢这个老师吗"或者"你喜欢你的学校吗"这类问题。如果一个身材高大、面带微笑的陌生人来到你的办公室问"你喜欢你的老板吗",你会想他是不是老板派来解雇你的顾问,孩子们也会有同样的反应。在任何情况下,喜欢老师和向老师学习不一样。相反,你要问一些具体的、尊重他们的且有意义的问题。

通常,我问的前两个问题简单而直接:"你现在在做什么?""为什么?"

你会惊奇地发现很多孩子可以回答第一个问题,但对第二个却比较茫然,然而第二个问题却是极其重要的。孩子们每天来到学校,需要知道这一天的目的何在。

2011年,盖茨基金会研究发现,比起让训练有素的观察员进入课堂调查,学生在特定问题上给出的答案更有研究价值,因为这些答案惊人地预测了他们考试成绩的增长情况。[2] 随着时间的流逝,这一结果的可靠性更高。成千上万各年龄段的学生在三脚架调查(由哈佛大学的罗纳德·弗格森设计)中被要求同意或者反对36个不同的表述。你去参观学校的时候,显然不能这样进行科学有效的调查。但是,在盖茨基金会的研究中出现的与学生学习有很大关联的问题,可能会有助于你提出一些有意义的问题。例如:

1. 你每天在课堂上学到的东西多吗?
2. 学生在课堂上的表现达到老师的期望了吗?
3. 学生在课堂上都忙着学习而不是消磨时间吗?

这些问题只有学生才能回答。

一些学校已经开始利用这类调查来帮助老师提高教学质量,这是一个明智且相对低成本的主意。如果校长和教师都能运用这种课堂调查,同时花大量的时间分析结果并从中获得启示,这将是一个积极的信号。

这里还有一个问题要问学生。这个问题由华盛顿特区约翰·P.索萨（John P. Sousa）中学前校长德万·乔顿（Dwan Jordon）提出："假如你遇到了自己不了解的事，你会怎么做？"

在严格教学的课堂上，学生们都知道该怎么做。

倾听家长的心声

2011年，我参观了华盛顿特区的一所私立学校。这所私立学校门槛很高，每年收费约3万美元。我实在负担不起如此高昂的学费，但是我已经参观了许多公立学校和特许学校，因此我很想知道我的孩子都错过了些什么。

阳光温暖着整个校园。我走过大厅时，说着不同语言的孩子讨论学习的声音穿过走廊。校长办公室里放着松饼，感觉像是在享受学习的SPA一般——这是家长的梦想。

但是这次参观中发生了一些奇怪的事情，学校领导的讲话在我听来毫无意义。她说了很多有关课程的术语，以及学校会组织一些富有意义的实地考察旅行和关于整个项目实施计划含糊不清的承诺。所有来访的父母都点头称赞，没有人想提问打乱这个局面，因为这么做可能会影响他们孩子的入学机会。

随后，有位3个孩子都在这所学校就读的家长带我们参观了学校。我们看到干净漂亮的地板、色彩明亮的彩色墙壁、出色而系统的艺术课程和其他诱人的条件。终于，一位来访的父亲提出了一个很好的问题："每个学校都会有缺陷，这所学校的弱势是什么？"我抬起头，紧张地聆听这位导游的家长会说些什么。"我不得不说，数学是这里的弱项。"

我无言以对。想象一下你来到一所高级私人医院，那里只接收负担得起他们服务的病人，却发现该医院的外科手术水平很糟糕。如果这所学校的数学课程差到孩子入学之前需要做智商测试,这又意味着什么呢?那位家长每年要为3个孩子支付9万美元的学费,难道不应该享受良好的数学教育吗?

但是没有人对此提出任何异议,或许所有父母都和我一样惊呆了。那位导游家长接着说道:"哦,我也希望他们的橄榄球课程还能更好。"家长们瞬间活跃了起来。

"真的吗?什么意思?这儿没有一支橄榄球队吗?孩子从几岁起可以参加呢?"

我带着疑惑走进停车场。这也许解释了为什么和全球其他富裕家庭的孩子相比,美国富裕家庭的孩子数学成绩只排名第18位。这是因为富裕的美国家长并不像关心橄榄球一般关心数学。

美国与芬兰、韩国、波兰的教育有着巨大的差别。在世界教育大国中,家长一致赞成严格的教育对于孩子今后的发展至关重要。

无论你生活在哪里,如果能找到一个社区或者一所学校,那里的家长和教育工作者一致秉持这个信念,那么你就发现了对更多的孩子来说比最好的橄榄球课程更有价值的东西。

在寻找世界一流的学校时,一定要询问各地的家长对学校劣势的看法,仔细聆听。如果家长告诉你,他们总是积极参与到学校活动中去,那么要继续询问他们参与的方式。相比其他教育大国的家长,美国的家长参加学校活动更多,但是通常情况下,却不是以引导学习的方式。

筹集资金、参与橄榄球比赛等都是不错的选择。然而,这些如同本书中讲述的,不会对孩子的教育质量产生影响。

在世界各地,家长对孩子的学习有举足轻重的影响,但是家长教师协会会议却不是产生影响的方式。研究表明,那些在孩子学校表现积极的家长教育出的孩子并没有更优秀。家庭教育的影响实际上更大。

自认为是在教育孩子的教练型家长通常会在孩子很小的时候每天陪

孩子阅读。当孩子长大一些后，他们会给孩子讲孩子小时候的故事和全世界发生的各种新闻。他们任由孩子犯错，然后帮助他们改正，教他们一些好习惯并给予孩子自主权。换句话说，这些家长就是老师，他们相信严格教育。他们想让孩子还小的时候就尝到失败的滋味，因为他们明白，那些努力学习、坚持不懈、诚实正直和承担后果的经历会让孩子在未来几十年的生活中受益匪浅。

出于不同文化和历史的原因，来自培养了全球最聪明孩子的国家的家长似乎都明白学术能力的重要性。同样，美国家长也理解为什么教练会因为他们的子女不去训练而处罚他们。世界级的校长往往能让家长明白什么事情更重要，即使这意味着每学期要损失500美元的糕饼义卖收入。

忽略表面的闪光点

老式学校也可以是好学校。埃里克所在的韩国釜山高中有着最古朴的教室和非常简陋的计算机实验室。教室和实验室外面的泥地上，孩子们聚在一起踢足球。从某种程度来说，这个地方看起来如同20世纪50年代的美国校园。金所在的芬兰学校的大多数教室也是如此：简单的黑板或是老式的白板前安放着一排排的课桌，而那老式的白板除了与墙相连，其他设备早已无法与之连接。

汤姆在波兰就读的学校甚至没有食堂，更不用说像他就读的宾夕法尼亚公立学校那样拥有高科技剧院了。在汤姆所在的美国学校里，每间教室都有一个交互式白板，这种白板在美国的学校里很常见（事实上，在我2012年访问汤姆的美国高中时，这种白板就已经被新一代产品代替）。然而，汤姆所在的波兰学校根本没有交互式白板。

不幸的是，比较各国技术投入的数据并不多。但坊间有证据表明，美国将大量纳税人的钱浪费在了为师生购买高科技"玩具"上，没有证据能表明那些设备对学生的学习来说有任何不可替代的价值。和所有其他行业一样，电脑在节省时间和金钱方面帮助很大，它可以用于分析孩子知道些什么和哪些孩子需要帮助。但是，在全球大多数国家，给孩子昂贵的个人无线鼠标以便让他们参与课堂活动，这种运用电脑的方式是无法想象的（在世界大部分地区，孩子们只是举手参与课堂活动，而且效果很好）。

"在大多数最高效的教育系统中，教室里一般都见不到高科技产品的身影。"安德烈亚斯·施莱歇尔告诉我，"我也无法解释原因，但在那样的教育系统中，人们似乎更注重教学实践而不是数码产品。"

我为写作本书所进行的调查显示，国际和美国交换生中，有70%的学生认为美国教室的科技产品更多。没有一个美国学生在调查中提到美国学校严重欠缺高科技产品。

最聪明的国家常常把教师的薪资待遇和公平公正放在首位（把更多的资源输送给最需要的学生）。在你寻找世界级的教育时要记住，人，永远比道具更重要。

向校长提出一些有难度的问题

会见校长时，要像你在工作面试时那样，问一些你可能会向未来雇主提出的问题，从而了解学校关注的重点和校园文化，最后做出决定时才能像你买车或接受一份工作时那样肯定且自信。

在择校过程中，学校领导比其他任何因素都重要。当然，教师也很关键，但是你不能自己选择孩子的老师，只能寄希望于校长能做出明智的选择。

以下是我的提问建议及理由，供大家参考。

您是如何选拔教师的？

芬兰、韩国和其他所有教育大国在教师选拔方面相对更高效。他们要求进入师范院校的学生在高中时的成绩居于班级前三分之一。单靠这种筛选方式并不够，但在一定程度上保证了教师行业的声望和教育水平，使得其他世界一流教育政策的出台成为可能。

大多数国家没有遵循这样的逻辑步骤，因而校长就显得更加重要了。校长就像是一个过滤器，代替了教育学院和在多数地区并不健全的教师认证体系。在雇用、培训和解雇教师时，没有其他因素比校长的决策更重要。吉姆·柯林斯（Jim Collins）在他的经典著作《从优秀到卓越》（Good to Great）中写道："没有卓越的领导，再好的愿景也枉然。"[3]

看看校长是否能决定参加面试的人选和最终雇用什么人，这种常识性的自主权在许多学校都很罕见。然后询问校长是否听过求职者授课。虽然倾听求职者授课是考察一个人是否具备了一个优秀教师（现代社会要求最高、最复杂的职业之一）应该具备的卓越领导才能的最简单途径，但在很多国家，包括美国，这种做法很少见。即使是让候选人在招聘过程中对成人观众进行模拟授课，也总比什么考察方式都没有要好。

如何让教师更加优秀？

关于这个问题的回答，你听到的越具体越好。许多教师只是孤立地教学，却得不到有效的反馈，这在今天是站不住脚的。职业发展应该根据每个教师的优势和劣势量身定制，而不能以在一个大礼堂里办讲座的方式对数以百计的教师进行培训。

没有一个国家明白这一点，但还是有一些国家做得较好。在芬兰，教师们大多在培训或职业生涯中互相听课，以这种方式取长补短。还有很多国家给教师更多的时间合作、一起做教学计划，美国在这方面排名不佳。美国多数学校的教师一学年的工作时间相对较短，却没有时间分享想法和得到反馈。问问校长如何帮助教师相互协作，又会给最优秀的教师什么样的领导性角色。

您如何判断自己工作得成功与否？

优秀的领导者可以清楚地解释他们的远见卓识。假如你听到一段冗长且含糊不清、顾左右而言他的回答，或许就会明白自己正身处一个没有目标和使命感的，也就是说一所普通的学校里。在美国，大多数校长都会把成绩作为衡量自己工作成功与否的标准，这很公平，但还不够。他们也可能提到毕业率或者家长满意度调查。

但是他们如何衡量与上述数据可体现的方面同样重要的一些无形成果？他们怎么知道学校是否在训练学生更高难度的思维方式和处理他们从未见过的难题的能力？大多数标准化的测试都无法捕获这些信息。他们怎么判断学校是否在传授学生世界上最伟大的成功故事背后的秘诀，即坚持不懈、自我控制和诚实正直的品质？

他们问过学生学校需要改进什么了吗？学生们的意见是否得到了学校行动上的反馈？世界级的教育者都有一个关于学校如何发展的愿景和一些确定他们是否迷失了方向的工具，并且都会努力建立一种为了做得更好而不断发展变化的校园文化。

您如何确定教学上的严格性？
如何不断提高要求来发掘孩子们的潜力？

在纽约市成功学院特许学校里，学生每天要花一个半小时来读书和讨论，然后再花一个半小时来写作。自幼儿园开始，孩子们每天都会学习科学，这就是严格的教育。在多数纽约市的公立学校，孩子直到中学才开始每天学习科学知识。

当然，还不止这些。成功学院的学生也要学习音乐、美术、舞蹈，还要学习棋艺。哪怕天气恶劣，他们也从不逃课——成功学院与芬兰施行同一政策，他们称为"痛并快乐着"。[4]

这起作用了吗？成功学院特许学校所有四年级学生在科学学习上都表现良好——纽约市一次测试结果显示，95%的学生的表现都达到了很高的水平。成功学院在哈莱姆I区（纽约黑人住宅区）的特许学校随机录取最贫困的学生，但它与纽约市会聚了有才华和天赋学生的学校的教学成果处于同一级别。

这些特许学校的教师知识渊博且备课充分，他们对学生的能力寄予厚望，而不是担忧学生的自尊。这些学校禁止幼儿园教师用唱歌的语调和孩子们对话，因为以幼稚的语调同学生说话，是很难表现出你对他们的尊重的。

成功学院创始人兼首席执行官伊娃·莫斯科维茨（Eva Moskowitz）和阿林·拉维尼娅（Arin Lavinia）于2012年在合著的《不可完成的使命》（*Mission Impossible*）中写道："这是对学者智商的侮辱。教师的语言应该足够生动有趣，能够让孩子主动探身聆听每一个字，应该用智慧的火花吸引并保持他们的注意力，而不是用学小孩说话的方式来达到这一目的。"

家长的参与在成功学院意味着其他的东西。父母不是被要求烘烤曲奇饼干或者售卖礼物，相反，他们应该每周拿出6个晚上为自己的孩子诵读经典。就像韩国父母那样，他们最好能够在家帮助孩子提升学习能力，从而为大学做好准备。父母也都应该有孩子老师和校长的手机号码。

2011年，成功学院在曼哈顿西北部开办了一所新学校。与之前的学校相比，这个地方的社区居民更富有。和美国多数学校（包括那些最好的公立特许学校在内）不同的是，这些新开办的学校更加"多样化"。莫斯科维茨想要创建这样一种学校，学生有白人、亚裔、非裔和西班牙裔等不同人种，并且来自不同收入水平的家庭，她成功了。而且按照世界各国摸索出来的经验，这样的环境可以帮助孩子学得更好。

以下是美国的成功案例：纽约市成功学院特许学校，美国最接近芬兰教育特色的学校；华盛顿特区公立学校，教师威廉·泰勒对低收入家庭学生抱有韩国式期望；罗得岛的德博拉·吉斯特，敢于同芬兰和韩国的改革者一样提高对教师的要求。

这些世界一流的教育工作者的确存在，但是他们要对抗固有的文化和制度，这是一场十分耗费精力和时间的对抗。假如他们赢得了这场对抗，那一定是因为家长和学生站在他们周围支持他们，是因为我们相信我们的孩子不只能够应付严格的教育，还会前所未有地渴望接受这种严格的教育。

附录 B　AFS 国际文化交流组织学生体验调查

导言

如今还没有任何国家能够想出挖掘孩子全部学习潜力的办法。和医疗体系一样，教育体系具有惊人的复杂性，总是需要不断改变。为了改善教育体系，各国需要相互学习，诀窍是找出其中最为重要的分歧。

测试可以衡量技能，而全国范围内的调查可以检测学生的态度。然而，我们很难将不同国家的调查结果进行比较，因为各国接受调查的人群所生活的文化背景都大不相同。

但是，那些曾在多个国家生活和学习的人可以越过一些文化障碍，并发现某些有意义的区别。将他们的观点与定量研究相结合，可以在一定程度上帮助我们窥探到冰山一角。

每年世界各地都有数以万计勇于进取的青少年离开自己的家乡，开始在国外生活和学习的交流计划。在 2011 — 2012 学年，美国有 1376 名学生去国外交流，此外还有 27688 名国际学生来到美国。[1] 沉浸在新的文化、家庭和学校中的这些年轻学生，可以以成年研究人员无法企及的方式对不同国家的教育体系进行比较。

调查问卷设计

2012 年 5 月，本书作者阿曼达·里普利和新美国基金会研究员玛丽·劳伦斯为了尝试向这支年轻的交换生队伍学习，与 AFS 国际文化交流组织进行了合作。AFS 是一家非营利性的文化交流机构，现已与 50 多个国家和地区建立了合作关系。

我们对 2009 — 2010 学年通过 AFS 进出美国的所有交换生进行了一次在线调查（我们仅选择了这一学年的交换生，因为这些学生都已经年满 18 周岁，不需要得到父母的许可就可以参加）。

该调查的主要目的是了解本书提到的交换生所观察到的差异是否也是大多数交换生所注意到的。我们也希望能够发现学生的观点是否会发生变化，因为在 2001 年和 2002 年也进行过类似调查，那时是在美国教育体系改革之前 10 年。最后，大家都很好奇，想看看学生在各国体验的差异是否可能与各国 PISA 成绩的差异相关。

学生们对老师和课堂环境的观察与判断已被证明十分可靠。"有效教学测评项目"是由盖茨基金会为了了解什么是良好有效的教学而专门设计，并已经发现，受教于同一位老师的不同群体的学生，他们对老师的评级高度一致，并与教师的教学成果强烈相关。[2] 因此，问学生知道些什么才有意义。

为了开展调查，AFS 通过电子邮件向曾在 33 个国家和地区留学的 242 名美国学生以及从 19 个不同国家和地区来到美国的 1104 名国际学生发出了邀请信。

该调查包含 13 道问题（完整问卷见本附录末尾）。大多数问题是从笔者几年来与其他交换生的几十次交谈的内容演化而来。关于国外学校课程的整体难度和运动的重要性这两个问题，是在布鲁金斯研究所在 2001 年和 2002 年对国际学生和美国学生进行过的调查问题的基础上重新改造而来。[3] 调查问卷还包括两道开放式问答题，可以了解到封闭式的调查问题无法捕捉到的东西。出于保护隐私的考虑，所有问题均不涉及参与者身份的相关信息。

为了方便对结果进行分析，我们将这些学生先根据所在国（美国与国际学生）分为两组，在国际学生内部再分为高分国家（HAC）和低分国家（LAC），高分与低分的区分依据是各国 PISA 平均数学成绩。之所以选择数学，是因为数学学科在全球范围内更具有普遍性，便于比较，也因为数学技能往往比其他科目更能预测学生未来的收入及其他经济成果。[4]

那些 PISA 数学成绩显著高于发达国家平均水平的国家被列为高分国家，而那些数学成绩没有显著高于平均水平或显著低于平均水平的国家被归为低分国家。高分国家和地区有丹麦、芬兰、德国、中国香港、冰岛、日本、荷兰、新西兰和瑞士。低分国家有巴西、哥伦比亚、哥斯达黎加、法国、洪都拉斯、印度、意大利、拉脱维亚、菲律宾和俄罗斯。

数据的局限性

在受到邀请的 1346 名学生中，共有 202 名学生完成了调查问卷（见表 B-1），响应率为 15%。更多学生没有参加这次调查，原因可能有多种，其中之一可能是 AFS 去年从学生那里得到的电子邮件地址有很多已经变更。尽管如此，这样的响应率已经足以对学生的看法得出结论，但也存在一些风险。

来自美国的响应者中，很多学生（19%）曾留学意大利。来自国际的响应者中，有很大一群人（37%）是来到美国的德国学生。这

表 B-1 美国和国际学生响应率

主办国/本国（地区）	美国学生 调查人数	美国学生 响应人数	美国学生 响应率	国际学生 调查人数	国际学生 响应人数	国际学生 响应率
阿根廷	16	0	0.0%			
奥地利	9	1	11.1%			
比利时	12	1	8.3%			
巴西	4	2	50.0%	47	4	8.5%
智利	3	0	0.0%			
中国大陆	5	0	0.0%			
哥伦比亚				19	2	10.5%
哥斯达黎加	3	0	0.0%	5	0	0.0%
捷克共和国	2	0	0.0%			
丹麦	4	0	0.0%	51	6	11.8%
多米尼加共和国	2	0	0.0%			
厄瓜多尔	6	1	16.7%			
埃及	3	0	0.0%			
芬兰	4	2	50.0%	38	10	26.3%
法国	29	3	10.3%	62	14	22.6%
德国	16	3	18.8%	334	61	18.3%
洪都拉斯				4	0	0.0%
中国香港	2	1	50.0%	22	3	13.6%
匈牙利	1	0	0.0%			
冰岛	1	0	0.0%	11	4	36.4%
印度	1	1	100.0%	15	0	0.0%
意大利	33	7	21.2%	234	30	12.8%
日本				136	6	4.4%
拉脱维亚				5	1	20.0%
荷兰	8	3	37.5%	24	4	16.7%
新西兰	1	0	0.0%	3	1	33.3%
挪威	5	0	0.0%			
巴拿马	4	0	0.0%			
巴拉圭	9	4	44.4%			
秘鲁	1	0	0.0%			
菲律宾				14	0	0.0%
葡萄牙	8	0	0.0%			
俄罗斯	2	1	50.0%	7	0	0.0%
西班牙	28	4	14.3%			

续表

瑞典	7	1	14.3%			
瑞士	10	2	20.0%	73	19	26.0%
泰国	2	0	0.0%			
土耳其	1	0	0.0%			
HAC 合计				692	114	16.5%
LAC 合计				412	51	12.4%
总计*	242	37	15.3%	1104	165	14.9%

注：有4名学生的回答未被纳入其中。其中3名学生报告说，美国既不是其原籍也不是东道国。另1名报告说，美国既是其原籍国又是东道国。

注：塞尔维亚和加拿大也同意参与调查，但在2009—2010学年，这两个国家没有通过 AFS 相关项目到美国交换的学生。

些比例反映了 AFS 学生的普遍分布情况，在分析结果时也应该考虑到。

比如德国被计入高得分国家，因为德国青少年在 PISA 数学测试中的得分高于平均水平。这就意味着我们的国际高得分学生样本中有 54% 来自德国。但是，德国与被分在同一组的芬兰或韩国又不一样，因为 PISA 测试中，后两个国家有世界上最高的数学、阅读和科学得分。

此外，国际交换生当然也未必能代表他们本国的同龄人。有些交换生（尽管不是全部）来自高收入家庭和高得分学校，也可能比那些没有参加交流计划的学生拥有更大的学习动机和冒险精神。在他们的祖国，这些学生受到的待遇也会与他们的同学不同。有了这些区别，再加上明显的语言障碍，可能会限制他们评估其他国家教育体系和文化的能力。

抛开以上的风险，对这 202 名学生的观察展现出了非常有趣的形态。他们同意的选项往往比不同意的多。我们非常感谢这些学生和 AFS 帮助我们从一个很少参与世界上教育辩论的利益相关群体（学生们自己）中收集有益信息。

结果与分析

为清楚起见,我们将不同组别的问题和答案的措辞进行了区分。例如,针对国际学生的提问是:"与自己祖国的学校相比,那些科技产品(计算机、笔记本电脑、电子白板等)在你所就读的美国学校使用得更多还是更少?"而针对美国学生,则会以相反的措辞来提出同样的问题:"与美国学校相比,你在国外所就读学校使用的科技产品(计算机、笔记本电脑、电子白板等)是多还是少?"为了便于比较结果,我们统一将学生们的回答整理为他们"对美国教育体系的看法"和他们"在国外的体验"两类。

科技投入

国际学生和美国学生一致认为,美国学校的科技投入更多。共有70%的国际学生和73%的美国学生这样认为。与国际学生相比,虽然美国学生更可能用"多一点",而不是"多得多"(见图 B-1)这样的表达,但还没有一个美国学生说美国学校的科技投入"少得多"。

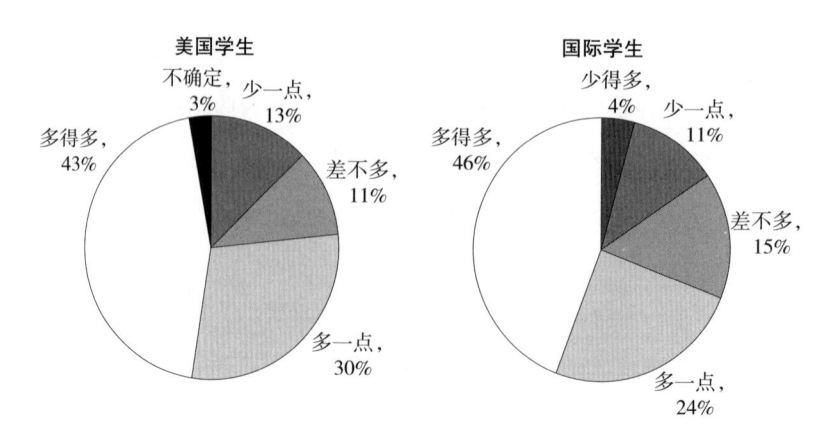

图 B-1 美国和国际学生都认为美国学校有更多科技投入

迄今为止，对世界各地学校的科技投入还没有进行过大规模的比较研究。我们连各个国家在科技上的投入都知之甚少，更不用说了解这些投入究竟有多少是用在与教育相关的领域了。

我们的研究结果表明，美国甚至比高得分国家在教育中的科技投入还多（在我们的调查中，高得分国家有61%的学生认为美国的教室配备的科技产品更多）。当然，这并不意味着科技产品与教育成果有必然的负相关性，教育成果是多方面相互影响的结果，而我们的研究结果表明，低得分国家的科技投入比高得分国家还要少（低得分国家有四分之三的学生表示，相比之下，美国的科技投入"多得多"，而高得分国家有三分之一的学生这样认为）。

不过，这一差异还可能（部分）解释了为何美国在每名学生身上的投入几乎高于世界上其他所有国家。长期以来，我们在教育科技产品上的投入一直是昂贵、片面的，同时也分散了学生的注意力。

课程难度

国际学生和美国学生一致认为，美国学校的学习难度比国外学校更低。共有92%的国际学生和70%的美国学生认为，美国学校比国外学校的学习内容更容易。不过，美国学生更有可能说美国学校"容易一点"，而不是"容易得多"（见图B-2）。

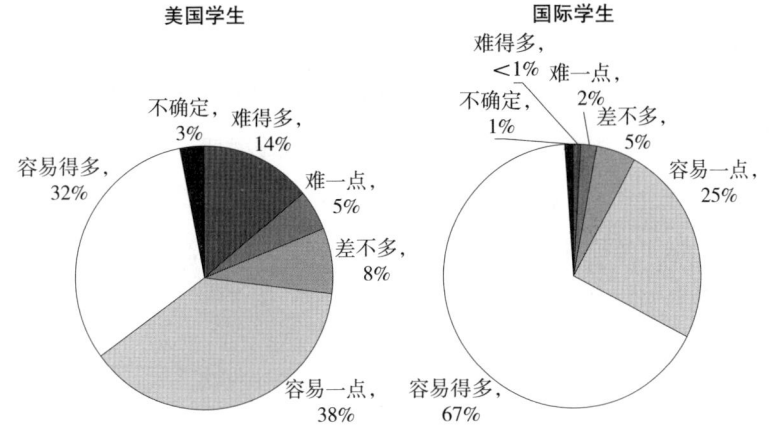

图 B-2　美国学生和国际学生都表示美国课程更容易

这些结果证实了布鲁金斯研究所在2001年和2002年对国际交换生和美国交换生的调查结果。[5] 在他们的调查中，有85%的国际学生和56%的美国学生认为美国课程更容易。

这两次调查结果的相似性表明，根据我们的样本估计，以联邦政府出台的"不让一个孩子掉队"法案为开端的教育改革这10年来，并没有使美国学生比国外学生更努力。

另一个有趣的发现是美国课程缺乏严格性。无论是来自高得分国家还是低得分国家的国际学生，都一致认为美国学校的课程更容易。然而，来自高得分国家的国际学生更有可能说美国学校比他们祖国的学校的课程"容易得多"。具体来说，有73%的高得分国家的学生认为，美国学校的课程"容易得多"，而来自低得分国家的学生持这一观点的比例仅为53%。这一发现与本书的假设不谋而合：在那些有强大教育体系的国家，学校课程的难度更大。那些国家的学习方法和养育子女的方式普遍更严格，从教师培训到标准化考试的组成也都形成了严格的体系。

然而，需要引起注意的是，那些来自低得分国家的绝大多数学生报告说，美国学校的课程内容更容易。有可能是学生想要捍卫自己祖国教育的严格性而产生的偏见，但是这不能解释为什么美国学生也表示美国课程更容易。

这种差异可能与学生如何看待学校的课程难度有关。全世界许多国家的学校，无论高得分还是低得分国家，都比美国学校更有条理、更有组织性。如果行为准则更严格，而且特别是高中时期，那么学业失败的后果也相应更严重。在某些情况下，学生可能是在对校园文化的差异做出反应，而不是针对教学内容的实际水平。无论如何，鉴于其他研究显示美国教科书、课程和教师培训缺乏严格性，那么感知严格性上的差异也就十分重要，值得我们进一步研究。

家长给孩子的自由

国际学生和美国学生还一致认为,美国父母给孩子的自由比国外父母更少。在所有响应者中,有 63% 的国际学生和 68% 的美国学生认同此观点(见图 B-3)。

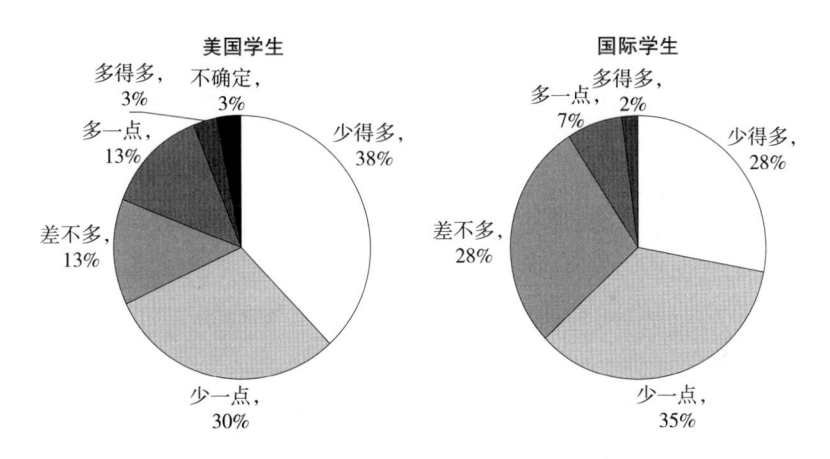

美国学生
- 多得多,3%
- 不确定,3%
- 少得多,38%
- 少一点,30%
- 差不多,13%
- 多一点,13%

国际学生
- 多一点,7%
- 多得多,2%
- 少得多,28%
- 少一点,35%
- 差不多,28%

图 B-3 美国学生和国际学生都认为美国父母给孩子的自由更少

有趣的是,高得分国家的国际学生比低得分国家的学生更容易认为,美国父母给孩子的自由"少得多"。具体来说,有 70% 来自高得分国家的国际学生认为,美国父母给孩子的自由较少,而低得分国家的学生有 45% 的人认同这一观点。

这些发现支持了表明美国孩子的生活在走向高度组织性的现有文献。[6] 存在这种差异的原因比较复杂,一时也难以解决。美国父母可能由于对犯罪和暴力普遍关注而更注重保护自己的孩子。在美国某些地区,特别是在低收入社区,这些问题确实存在。而在其他高收入地区,犯罪率虽然较低,但仍然让家长十分紧张。

无论什么原因，如果美国家长给孩子的自主权确实较少，这对教育结果来说意味着什么呢？这同样难以推断。但现有文献表明，当他们还是孩子时，让他们可以自由决策和（在有限的范围内）失误，对培养孩子的适应能力有很大作用。否则，在限制严格的高中和家庭中成长起来的青少年，当他们长大独立后，只会有危险和紧张的感觉。

体育运动的重要性

国际学生和美国学生一致同意体育运动在美国青少年的生活中十分重要。有 91% 的国际学生和 62% 的美国学生认为，美国学生比其他国家的学生更注重自己在体育运动上的表现（见图 B-4）。国际学生更有可能说美国学生对体育成绩的关心"多得多"。

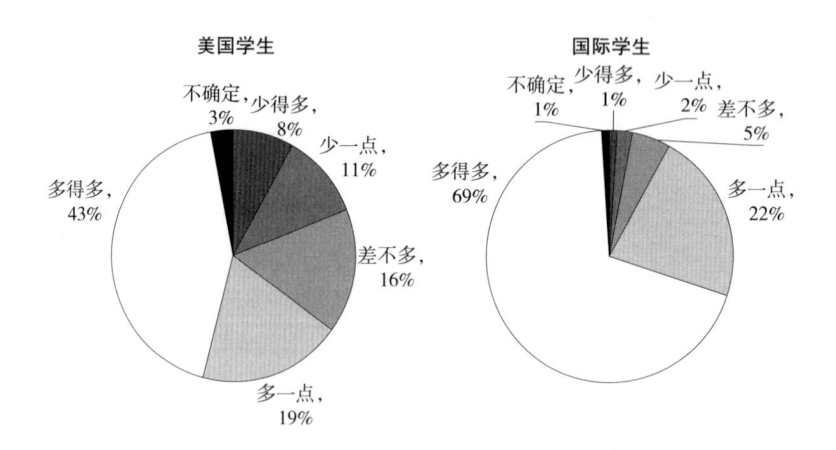

美国学生
- 不确定，3%
- 少得多，8%
- 少一点，11%
- 差不多，16%
- 多一点，19%
- 多得多，43%

国际学生
- 不确定，1%
- 少得多，1%
- 少一点，2%
- 差不多，5%
- 多一点，22%
- 多得多，69%

图 B-4 美国学生和国际学生都认为美国学生更重视体育

这些发现证实了布鲁金斯研究所的调查结果。在他们的调查中，有 85% 的国际学生和 82% 的美国学生认为美国学生对运动的重视程度高于国外学生。

对运动表现的高度重视与学习成绩之间的负相关性暂时还不能完全

确定。来自高得分国家的国际学生中有 88% 的人说，美国学生比国外学生更注重体育运动方面的良好表现；然而，几乎所有（96%）来自低得分国家的学生表示，美国学生对体育运动的成功寄予了更多的重视。这表明，虽然他们似乎没有和美国学生一样热爱运动，但来自高得分国家的学生显然比低得分国家的学生要更关心体育。

在任何情况下，运动成绩在美国高中无与伦比的重要性都应该作为一个严肃的辩论主题。体育运动当然有它的价值所在，但同时也占用了本应投入教学的资金和学生们的注意力。令人担忧的是它的相对重要性，而不是存在价值。

表扬

国际学生和美国学生一致认为，美国数学老师比国外数学老师更倾向于表扬学生。大约有一半国际学生和美国学生认为，他们在美国的数学老师更倾向于表扬学生的努力。大约三分之一的人认为，美国与国外的数学老师对学生的表扬大致相同。而两组学生中，只有不到 10% 的人认为国外数学老师更倾向于表扬学生的努力（见图 B-5）。

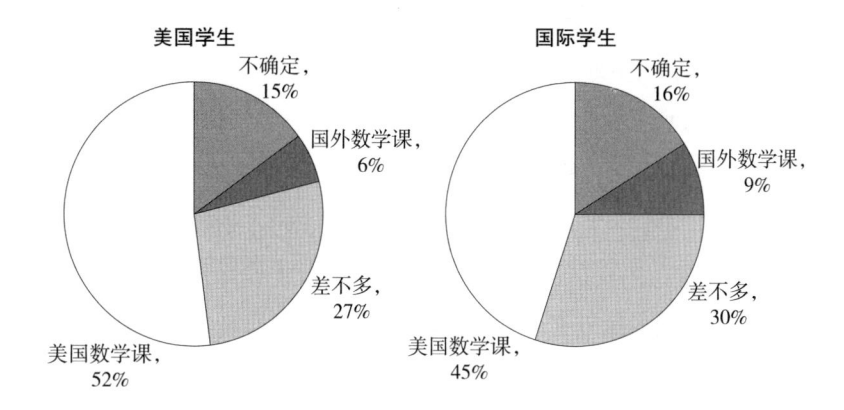

图 B-5　美国学生和国际学生都认为，美国数学老师要比国外老师对学生的表扬多

请注意，回答这个问题的样本数量较小。我们明确要求学生将他们在国内和国外所经历的数学课进行比较。那些完成了该项调查的国际学生中，只有82%的人在美国上过数学课，所以只有这部分人才能回答这个问题。而美国受访者中，有89%的人在两个国家都上过数学课并回答了这个问题。

这些结果引出了一个问题：美国教师真的像调查所显示的那样毫不吝啬地称赞孩子吗？美国毫无疑问是数学低得分国家中的一员，但正如本书其他部分所讨论的那样，美国孩子更可能被告知在数学考试中获得高分。[7]

表扬那些尚未达到发达国家平均成绩的学生，会产生什么影响呢？无处不在的表扬如何影响学习环境和学生对自己的期望呢？表扬与美国父母给予孩子更少自由的现象有关吗？美国教师和家长认为自己的孩子或学生比他们要脆弱吗？还是其他国家对孩子的关心太少呢？

表扬并不全是坏事，这不言自明。事实上，有结果表明，表扬和结果之间存在复杂的关系。相比来自高得分国家的学生，来自低得分国家的学生往往会说美国老师给予的表扬更多。来自高得分国家的国际学生中，有38%的人认为美国教师表扬学生更频繁；通过比较，有62%来自低得分国家的学生持同样观点。表扬可能对学习没有直接影响，但没有表扬也不一定做得更好。

其实，参加本次调查的一些学生在回答开放性问题时，明确表示了对美国积极的课堂文化的推崇。正如一位从意大利到美国的交换生所说："(美国)老师相信学生，相信你的潜力，而且从来不会打击你。"

一位法国学生在比较两种经历时这样描述："在法国，教师对学生的功课、成绩施加的压力更大。而在美国，教师通常会祝贺学生取得的学习成绩。"

这就是说，表扬是把双刃剑。对于学习，表扬必须是具体的、真诚的、准确的，并适度使用。这些结果表明，通常散布在美国教室的表扬可能无法满足这些要求。过多、含混不清或空洞的表扬有腐蚀作用，因为有多项研究已经表明，激励孩子承担更少的风险会使他们更容易放弃。[7] 自尊非常重要，但它来自勤奋和真正的修养，而不是奉承。

含混不清或不确定的结果

美国学生和国际学生对以下 4 个问题的回答含混不清，不得要领。它们是：

重视在学校的良好表现。大多数国际学生说，美国学生和国外学生同样重视在学校的良好表现；而大多数美国学生说，他们的同龄人对于自己在学校表现是否良好不太重视。唯一明确一致的观点是，美国学生对于在学校的表现是否良好"特别重视"的不多。只有 4% 的国际学生和 3% 的美国学生选择这一回答。目前尚不清楚为什么美国学生和国际学生在这个问题上没有达成一致，有可能是学生在跨文化背景下难以评估其他学生究竟有多重视学校生活。

数学课堂作业的难度。美国学生对这个问题的回答含混不清，但国际学生的回答显示出更清晰的偏好。具体来说，有 58% 的国际学生认为他们在本国的数学课比美国更有难度。

数学课上"保持忙碌，不浪费时间"的倾向。[8] 美国学生和国际学生在这个问题上都含混不清。在这两个小组中，大约有三分之一的人认为自己在美国的数学课比较繁忙，还有三分之一的人选择"国外"，其余三分之一的人回答说，他们在两个国家的数学课上的忙碌程度不相上下。

数学老师"要求我们全力以赴"的倾向。[9] 美国学生和国际学生对问卷中的选项均未表现出强烈的偏好。很可能是因为这个问题本身不够明确，因为这两个小组中有相当一部分的受访者选择了"不确定"。具体而言，有18%的国际学生和12%的美国学生选择了"不确定"。

调查

在此次调查开始时，参与者被划分为两个独立小组，即美国学生和国际学生。问题"你的东道国是哪一个"会被首先提出，这样，每个组的问题可能会更清楚明确，所以这对英语非母语的被调查者而言，是个关键的问题。

要求国际学生回答的问题用较大字体标出，要求美国学生回答的问题用较小字体标出。如果没有较小字体的问题出现，意味着问题的语境没有变化。

此外，学生们会被问及他们是否在交换期间选修了数学课。那些回答"是"的学生会被定向到下一页回答对比国内外数学课的问题，那些回答"否"的学生会被定向到最后一页回答整体教育体验的相关问题。

以下为调查问卷。

欢迎

首先，非常感谢您参加本次调查！

以下13个问题需要占用您约5分钟时间完成，请尽可能多地回答您能够回答的问题。如果您不知道答案，请选择"不确定"。选择"上一页"返回首页。

本次调查的目的是了解您在祖国和东道国的教育体验。结果将在《时代》杂志特约撰稿人和新美国基金会研究员阿曼达·里普利女士的一部关于国际教育的著作中公布。

点击"下一步"按钮确认您同意参与本次调查，并且授权AFS和阿曼达·里普利女士收集和处理您的答卷。本次调查完全采用匿名形式，而且AFS保证不会向任何第三方透露您参与本次调查的电子邮箱或姓名。如果您任何时候想停止参与调查，只要点击浏览器窗口右上角的"退出本次调查"即可。

研究完成后，AFS会与您联系，分享成果。您也可以在里普利女士即将出版的著作中读到本次调查的结果。

基础信息

1. 在离家参加交流计划时，你是否已经高中毕业？
   是，否

2. 在参加交换项目的这一年里，你是否获得了学分？
   是，否

3. 你来自哪个国家或地区？
   巴西，加拿大，哥伦比亚，哥斯达黎加，丹麦，芬兰，法国，德国，洪都拉斯，中国香港，冰岛，印度，意大利，日本，拉脱维亚，荷兰，新西兰，菲律宾，美国，俄罗斯，瑞士，其他（请注明）

4. 你留学交换的国家或地区是？
   巴西，加拿大，哥伦比亚，哥斯达黎加，丹麦，芬兰，法国，德国，洪都拉斯，中国香港，冰岛，印度，意大利，日本，拉脱维亚，荷兰，新西兰，菲律宾，美国，俄罗斯，瑞士，其他（请注明）

学生体验

1. 相对于自己祖国的学校，你所在的美国学校使用的科技产品（计算机、笔记本电脑、电子白板等）更多吗？
   美国科技产品多得多
   美国科技产品多一点
   两个地方科技产品差不多
   美国科技产品少一点

美国科技产品少得多

不确定

2. 将自己家乡和美国相比，你所在学校的课程更容易吗？

美国课程容易得多

美国课程容易一点

两个地方差不多

美国课程难一点

美国课程难得多

不确定

3. 相对于你所在国家或地区的父母，美国父母通常给自己孩子的自由更多吗？

美国自由得多

美国自由多一点

两个地方差不多

美国自由少一点

美国自由少得多

不确定

* 较小字体问题供美国学生回答

1. 相对于美国学校，你所在的国外学校使用的科技产品（计算机、笔记本电脑、电子白板等）更多吗？

国外科技产品多得多

国外科技产品多一点

两个地方科技产品差不多

250

　　国外科技产品少一点

　　国外科技产品少得多

　　不确定

2. 与美国课程相比，你所在的国外学校的课程更容易吗？

　　国外课程容易得多

　　国外课程容易一点

　　两个地方差不多

　　国外课程难一点

　　国外课程难得多

　　不确定

3. 相对于你美国的父母，国外父母通常给自己孩子的自由更多吗？

　　国外自由得多

　　国外自由多一点

　　两个地方差不多

　　国外自由少一点

　　国外自由少得多

　　不确定

学生体验（续）

1. 相对于自己祖国的学生，你的美国朋友认为在学校表现好更重要吗？

　　在美国重要得多

　　在美国重要一点

　　两个地方差不多

　　在美国不那么重要

在美国一点都不重要

不确定

2. 与自己祖国的学生相比，你的美国朋友认为在体育运动方面表现好更重要吗？

在美国重要得多

在美国重要一点

两个地方差不多

在美国不那么重要

在美国一点都不重要

不确定

1. 相对于美国，你国外的朋友认为在学校表现好更重要吗？

在国外重要得多

在国外重要一点

两个地方差不多

在国外不那么重要

在国外一点都不重要

不确定

2. 与美国学生相比，你国外的朋友认为在体育运动方面表现好更重要吗？

在国外重要得多

在国外重要一点

两个地方差不多

在国外不那么重要

在国外一点都不重要

不确定

学生体验（续）

1. 在交换期间，你是否选修了数学课？

　　是

　　否

学生体验——数学课

1. 仔细回忆你在美国上的数学课和参加交流项目之前在家乡上的数学课。请在每一道题下的选项中，选择最适合你的一项。

　　（1）哪里的课堂作业更具挑战性？

　　家乡的

　　美国的

　　两个地方差不多

　　不确定

　　（2）哪里的课堂上学生更忙，不浪费时间？

　　家乡的

　　美国的

　　两个地方差不多

　　不确定

　　（3）哪里的老师更要求学生全力学习？

　　家乡的

　　美国的

　　两个地方差不多

　　不确定

（4）哪里的老师更经常表扬学生？

家乡的

美国的

两个地方差不多

不确定

1. 仔细回忆你在国外上的数学课和参加交流项目之前在美国上的数学课。请在每一道题下的选项中，选择最适合你的一项。

（1）哪里的课堂作业更具挑战性？

国外的

美国的

两个地方差不多

不确定

（2）哪里的课堂上学生更忙，不浪费时间？

国外的

美国的

两个地方差不多

不确定

（3）哪里的老师更要求学生全力学习？

国外的

美国的

两个地方差不多

不确定

（4）哪里的老师更经常表扬学生？

国外的

美国的

两个地方差不多

不确定

学生体验（续）

1. 在美国就读的学校和交换之前在家乡就读的学校之间最大的区别是什么？
   【开放性问题】

2. 在交换期间，你经常在哪里学习？
   教室里
   教室外
   不确定
   其他：（请对你的回答进行解释）

1. 在国外就读的学校和交换之前在美国就读的学校之间最大的区别是什么？
   【开放性问题】

2. 在交换期间，你经常在哪里学习？
   教室里
   教室外
   不确定
   其他：（请对你的回答进行解释）

感谢

谢谢你完成本次调查问卷！

注释

开篇:"学习机器"的秘密

1 "胡扯",参见 Ripley, "Rhee Tackles Classroom Challenge"。

2 关于肯勃小学,参见 Ripley, "What Makes a Great Teacher"。失业率数据来自 D.C. Strategic Workforce Investment Plan。

3 图"各国的变化"也出现在沃斯曼因和哈努谢克的书《国家的知识资本》(The Knowledge Capital of Nations)中。

4 "美国孩子的家境要更为优渥",参见 OECD, PISA 2009 Results (Vol. II), Table II.1.1,152。

5 "数学测试结果仅排名第 18 位",PISA 是在经合组织监管下的衡量青少年批判思维能力的国际上最尖端的测试。在本书中,作者主要(但不完全)依赖 PISA 提供的数据。为了公平性和一致性,排名并未包括不是独立国家的地区(如中国香港、澳门、上海)。

此外,那些 PISA 平均得分完全一样的国家,作者给了相同的排名。(比如,澳大利亚和德国家境最优越的孩子数学平均成绩相同,于是作者将这两个国家并列排在世界第 10 位,而不是分别排在第 10 位和第 11 位。)PISA 测试没有收集学生父母的收入情况,部分原因是学生通常不知道自己父母的收入。然而,通过收集学生父母的教育程度、职业以及家中书籍和电脑的数量等信息,可以判断受试者的社会经济状况。依据这些信息，经合组织发明了学生经济、社会和文化状况（ESCS）指数。学生们对这类问题的回答往往惊人地准确，结合这些信息对学生未来做出的预测，比单纯依靠父母收入要更准确。

数据表明，那些 ESCS 指数排名前列的美国孩子在 2009 年的测试中，数学平均成绩排名第 18 位（参见 U.S. Department of Education, Table B.1.71 at http://nces.ed.gov/surveys/international/tables/B_1_71.asp）。

2003 年，数学是 PISA 测试重点关注的部分（每三年一次的测试都有不同的侧重点），美国条件最为优越的孩子排名第 21 位。（参见 U.S. Department of Education, Table B.1.70 at http://nces.ed.gov/surveys/international/tables/B_1_70.asp）。

除经合组织和美国教育部的少数研究人员外，似乎很少有人注意到这个指数，可能是因为它太难找到。相反，各种教育类博主和评论员们抓住了另一个更容易获得的分析数据。数据将美国学校按接受免费或低价午餐的学生的百分比进行分类，显示各个类别的学校的学生 PISA 得分有多么不同。这并没有错。事实上，这个被收入美国教育部公开出版物的数据的确显示了，来自低收入家庭的学生占比较低的学校，学生在 PISA 测试中的表现要更好。这是在对美国国内的学校状况进行总结时可用的方法。

然而，那些持相同观点的博主认为，这些学校的学生表现得也比芬兰或其他排名靠前的国家的所有学生更好。教育界权威人士，同时也是在纽约大学进行研究工作的戴安·拉维奇曾多次在电视和平面媒体上提出这一说法。"如果你看看最新的国际测试得分，美国那些低收入家庭的学生占比较低的学校在世界上排名第一。"拉维奇在 2011 年美国国家广场上举行的"拯救我们的学校"的集会上说，"它们排在芬兰前面！排在韩国前面！排名第一！那些贫困学生占比低于 10% 的学校和那些贫困学生占 25% 的学校，分别与世界排名靠前的芬兰和韩国的学校表现相同。

我们的问题是贫困，而不是学校。"

这很荒谬。其他国家没有评定孩子是否享受免费或减价午餐的系统，这是美国本土政策和标准。这个对 PISA 得分的分析基于仅在美国进行的校长调查，经合组织不会从任何其他国家的校长那里收集任何信息。因此，我们不能用这种"免费午餐数据"来比较不同国家的测试结果。

例如，基于芬兰对"贫困"的界定（人均收入低于中等收入 50%），该国有不到 5% 的贫困儿童。各国对贫困的界定完全不同，且与用于评定孩子是否享受免费或减价午餐的美国标准（父母收入低于美国贫困水平 185%）无关。

底线：根据 PISA 官方公布的 ESCS 指数对家庭条件不同的学生在测试中的表现进行比较。这就是作者在书中进行判断的依据。这些数据没有表明贫困学生占比较低的美国学校在世界上排名第一，但它们平均在每个学生身上投入的资金却是第一。

6　关于比弗利山庄孩子们的成绩，参见 Greene and McGee, "When the Best Is Mediocre"。

7　关于研发经费，参见 National Science Board, *Science and Engineering Indicators*。美国仍然比其他任何国家在研究和开发方面投入的资金更多。然而，这不值一提，因为这项投入占国内生产总值（GDP）的比重已经下降，且低于包括芬兰和韩国在内的其他几个教育超级大国。

8　关于到各地的采访，作者于 2012 年 3 月 27 日采访了英特尔公司前主席兼 CEO 克瑞格·贝瑞特（Craig Barrett），于 2011 年 6 月 1 日采访了戴森公司创始人詹姆斯·戴森（James Dyson），于 2010 年 8 月 18 日采访了微软公司主席比尔·盖茨，于 2011 年 12 月 5 日采访了劳斯莱斯公司前首席执行官约翰·罗斯（John Rose），于 2011 年 12 月 14 日采访了一家国际人力资源中介公司德科（Adecco）集团的高管。还对一些经济学家、政府官员以及世界各地的其他商界领袖进行了采访。

9　作者于 2011 年 11 月 9 日采访了百麦公司首席执行官保拉·马歇尔，并于 2011 年 12 月 16 日采访了百麦公司人力资源副总裁谢莉·霍尔登（Shelly Holden）。

10　"标准已经被提高了，"《大西洋月刊》的约雷斯（Joerres）说，"销售是最难找到合适人选的岗位，不是因为人们不愿意做，而是各个公司对这个岗位的看法发生了翻天覆地的变化。"

11　2009 年高中毕业率参见 OECD, *Education at a Glance 2011*, Table A2.1。

12　有关儿童贫困率的信息来源于卢森堡收入研究（Luxembourg Income Study）对全球贫困人口的状况分析。如果孩子们所在的家庭收入低于所在国家家庭收入中等水平的 50%，则被认为是贫困儿童。

科学素养国际测试数据来自 OECD, *PISA 2009 Results (Vol. I)*，挪威平均得分为 500 分，而美国为 502 分。

13　奥巴马在 2011 年国情咨文中称赞韩国教师为"国家建设者"，还在 2009 年评论"从教育到创新"（Education to Innovate）运动时不无赞美地提及了韩国家长。

14　作者对交换生的调研是与 AFS 合作进行的，参与者包括来自 15 个国家的 202 名前交换生。来自新美国基金会的玛丽·劳伦斯帮助设计和监管此次调查，并对结果进行分析。调研方法和结果的详细摘要请参见附录 B。

第 1 章　寻找最好教育的旅程

1　关于 PISA 历史的详细信息来自 2010—2012 年与安德烈亚斯·施莱歇尔的多次面对面、电话、电子邮件和视频电话采访，对托马斯·亚历山大（Thomas Alexander）的采访以及世界各地的存档剪报。关于施莱歇尔的更多详细情况参见 Ripley, "The World's Schoolmaster"。

2　关于 2000 年 PISA 测试的参与情况，参见 OECD, *Messages from PISA 2000*。关于硬币的问题来自 OECD, *PISA Released Items*。

3　关于其他国际测试，除 PISA 以外，每一个国际测试项目都基于各自的标准为大众提供了一些宝贵的数据，鉴于写作本书的目的，我最感兴趣的是哪些国家在培养学生独立思考和学习的能力，以在现代经济环境中茁壮成长。PISA 的设计也旨在于此。经合组织在 1999 年的报告 *Measuring Student Knowledge and Skills* 中，这样介绍 PISA 和其他国际测试的区别："测试的知识和技能……并不是以国家性的课程大纲为标准决定的，而是依据什么样的知识和技能被认为对未来生活非常重要。这是 PISA 测试最根本和最值得期待的新特征…… PISA 考察孩子们对成年生活的预备程度，并在一定程度上考察了教育体系的有效性。其目标是评估教育成果与教育系统想要达到的目标（由社会定义）的相关性，而不是与教学和学习的主体知识的相关性。如果要鼓励学校和教育系统将重点放在迎接现代挑战上，这种衡量真正教育成果的测试就是必要的。"

4　"而是在评价考生的创造性思维能力"，参见 Taylor, "Finns Win, but Australian Students Are a Class Act"。

5　关于芬兰教育部新闻发布会现场的信息，2011 年 5 月 13 日，参加了这次发布会的芬兰于韦斯屈莱大学教育研究所教授约尼·瓦里耶尔维（Jouni Välijärvi），在电视台接受了记者采访之后，接受了作者的采访。

6　"德国教育的悲剧"，参见 "Bildungsstudie-Durchweg schlechte Noten," FOCUS, and Bracey, "Another Nation at Risk"。

7　关于对电子游戏的批评，参见 Heckmann, "Schlechte Schüler wegen schlecht gebildeter Lehrer"。

8　美国与世界各地家境较好和家境较差的学生在 2000 年 PISA 成绩

的数据参见经合组织报告"Knowledge and Skills for Life"第141页的表6.1。

9 "美国孩子的平均水平远未达到理想状态",参见 Paige,"U.S. Students Average among International Peers"。

10 "美国孩子的糟糕表现不能归咎于移民",参见 OECD, *Strong Performers and Successful Reformers in Education*, 29。

11 相对于其他许多国家,美国在私立学校就读的学生比例并不大。然而,PISA 对美国学生的取样确实包含了私立学校的学生。参见 OECD, *Strong Performers and Successful Reformers in Education*, 47。

12 "在教育上的财力投入和孩子能学到的知识并不成正比",参见 OECD, *Strong Performers*, 28。

13 作者于2011年3月21日采访了美国教育部长阿恩·邓肯(Arne Duncan)。

14 "英国教育界最重要的人物",参见 Gove,"The Benchmark for Excellence"。

15 对 PISA 的批评,参见 Schneider, *Education Next*。我的结论是,这些批评同时也提出了重要的问题,特别是对根据 PISA 数据推断因果关系的质疑。施莱歇尔及其经合组织的同事掌握的信息当然有不完善的情况,而且他们也会有自己的偏见。不过,总的来说,PISA 的数据是弄清楚教育这个重大且复杂问题的重要的突破口。更好的做法是试图去理解各个教育系统的区别,而不是逃避。

16 题目信息来自 OECD, *Take the Test*。

17 题目信息来自 OECD, *PISA Released Items*。

18 题目信息来自 OECD, *PISA Released Items*。

19 PISA 的工作人员拒绝将作者的成绩转化成精确的数值评分,因为一个国家的平均得分通常是用所有参加考试的孩子的总分除以参加考试的总人数得出的。不同学生所得到的试卷版本不同,所以,不能准确地说与芬兰和韩国的所有孩子相比作者的成绩如何。但是因为作者只做错了一道题,所以说作者和芬兰、韩国的孩子们的水平相当是比较保险的假设。当然,作者比 PISA 的其他参试者年龄大得多,因此这个假设并不意味着什么。但通俗地说,作者可以告诉你,这个考试没有什么内容是她不希望她的孩子 15 岁时知道并能做到的。PISA 能说明很多问题,但它不属于尖端科学。

20 关于美国教育的特点,参见 Scott, "Testimony by Professor Joan Wallach Scott"。

21 关于数学成绩的排名,参见 OECD, *PISA 2009 Results (Vol. I)*。需要注意的是,来自中国上海的学生平均得分在 2009 年全球 PISA 测试中最高,但本书中,作者并没有将上海纳入排名,因为上海不是一个国家,它并不能代表中国的整体水平。如果将上海和香港计算在内,那么美国的排名将会更低。

PISA 数据可通过 PISA International Data Explorer 轻松获取,地址为 http://nces.ed.gov/surveys/pisa/idepisa/。

22 关于各国教育支出,参见 OECD, *PISA 2009 Results (Vol. IV)*, Table IV.3.21b。有许多方法可以比较各国教育支出,但所有方法都会存在不足。在比较各个方法后,依靠经合组织的数据来对比教育机构对每个 6~15 岁学生的累计支出似乎最有效也最公平。这些数据都按同等购买力被换算成了美元。

该数据的一个缺陷在于它没有将整个高中(或学前班)阶段计算在内,因为 PISA 测试的对象是 15 岁的高中生,但从我们的立场出发,这些数据确实覆盖了比较关键的年龄段。

还有个更大的缺陷是,这些数据并不包括家长花费的用于课后辅导及其他教育补充的私人支出(虽然这些数据在包括美国在内的大多数国家包括了民办学校的支出)。正如本书在对韩国教育进行详细讨论时提到的，这一花费非常高，亚洲国家尤其如此。但普遍而言，大多数教育支出均在学校体系之内，这就是这些数据的来源。

23　关于 PISA 得分与国家的长期经济增长的关系，参见 Robelen, "Study Links Rise in Test Scores to Nations'Output" 和 OECD, *The High Cost of Low Educational Performance*。

24　这一预测来自 McKinsey & Company, *Economic Impact*。

25　对 3 万名参加了 2000 年 PISA 测试的加拿大学生的纵向研究证明了 PISA 的预测力。参见 OECD, *Pathways to Success*。

第 2 章　学术能力评估测试带来的改变

1　关于"帅哥弗洛伊德"，参见 Ingram, "Family Plot."

2　萨利索学区贫困率数据来源于美国人口普查局社区调查 2005 年至 2009 年的汇总表，通过美国 Fact Finder 获得。

3　"在某个州立考试中，金和她的大部分同学表现得都不错"，2009 年，当金结束八年级课程时，她在萨利索的同学中，有 60% 在俄克拉何马州的标准化考试中得到"熟练"或"较好"的评价。参见 Oklahoma State Department of Education, "Sallisaw Public School No Child Left Behind Act Annual Report Card 2008–2009"。

"但是那个考试的简单程度也早已人尽皆知"，参见 Peterson and Lastra-Anadón, "State Standards Rise in Reading, Fall in Math"。

4　"更正式的全国统考"指的是全国教育进展评估（NAEP, National Assessment of Educational Progress），这是美国最大型的全国性考试。尽管在俄克拉何马州和其他州，取样的学生数量不足以让我们进行学区间的对比，但是，萨利索的学生在其他州考试中的表现与州平均水平相差不大，因此可以将萨利索的 NAEP 结果与全州的结果进行比较（如果这些数据存在的话）。

以金为例，2009 年的 NAEP 结果，俄克拉何马州八年级学生中有 23% 的学生数学成绩得到了"良好"或"优秀"。2011 年，这一数量小幅上升至 27%，但仍低于 34% 的全国平均水平。参见 U.S. Department of Education, *National Assessment of Educational Progress*。

5　俄克拉何马州的世界排名来自 2011 年的报告，*Globally Challenged* (Peterson et al.)。为了给美国各州排名，这份报告将 PISA 和 NAEP 数据进行了交叉统计和对比。报告第 8、9 页的数据显示，俄克拉何马州在各国和美国各州（不包括海外领地）中排名第 81 位。

6　在批判性阅读方面，金的表现确实比俄克拉何马州 40% 的大学生和全国 69% 的高中毕业生更好。这一差距为何如此之大？事实上，俄克拉何马州的毕业生只有约 6%（而全国有 48%）参加了 SAT。所以，俄克拉何马州学生 SAT 的平均成绩高于全国范围内统计的学生的平均成绩。俄克拉何马州大部分学生参加的是 ACT。

同时，如同金自己想的，她的数学表现很糟糕，仅比俄克拉何马州参加 SAT 的 5% 的考生以及全国 15% 的学生更好。写作方面，她的得分稍高，高于俄克拉何马州 14% 的高三学生，同时，高于全国 34% 的高三学生。

总的来说，金的优势和劣势与美国学生的普遍情况相差不大，她擅长阅读，而数学较差。

7　俄克拉何马州教育支出的增加是基于教育投资数额固定的假设，数据来自美国教育部为每个学生支出的统计。

8　"数千名教师助理"，在 1986—1987 学年（可用的最早的数据），俄克拉何马州有 3825 名助教；到 2010—2011 学年，该州雇用了 8362 名助教，学生人数同期增加了 11%，学生与助教比例从 155∶1 变成了79∶1。与此同时，俄克拉何马州的学生与教师的比例从17∶1变为16∶1。这些数据由美国国家教育统计中心"Build a Table"网站（http://nces.ed.gov/ccd/bat/）整理。

"师生人数比例都得到很大提高"，通过与俄克拉何马州教育部合作，我能找到的最早的学生与教师比例数据是1976—1977学年的。从那时起，这个比例已经从平均每名教师带20.21名学生变为2000—2001学年的15.01的低点。此后，这一数字略有上升，2011—2012学年为16.11。

9 在俄克拉何马州2011年的财政年度预算中，支出总额为67亿美元，其中教育支出为36亿美元。

10 在发达国家中，要求学生通过某种统一的标准化考试才能从高中毕业的国家和对学生没有这种要求的国家，前者的学生的PISA得分要高出16分以上。芬兰、韩国、波兰及其他国家都存在这样的考试。美国的一些州也存在这样的考试，但一般不是非常严格。

对于此考试在俄克拉何马的错综复杂的历史，请参见Hinton, "Legislature Junks High School Grad Test Requirement"; Killackey and Hinton, "Outlook Uncertain for Literacy Passport"; Hinton, "Governor to Require 'Literacy Passports'"; Price and Hoberock, "Legislative Roundup"。

想了解更多关于毕业考试如何对学习产生影响，请参见OECD, *Strong Performers and Successful Reformers in Education*, pgs. 49–50 and 243。对我来说，最难忘的部分是："在美国，高中生可能被灌输了某种思想，即无论他们选择低难度课程并在每门考试中都得D，还是学习高难度课程并在每门考试中都得A，最后的结果都一样。或者，他们认为他们总能进入当地的社区大学，继续自己的人生。与此相反的是，日本丰田那些想进入丰田工厂工作的同龄学生知道，自己必须选修较难的课程并取得好成绩，还要得到校长的推荐才能实现目标，所以他们会真的努力学习……与教育最成功的国家相比，美国教育系统最显著的问题是，它没有设立起能让学生主动且努力学习的有效激励机制。"

11 "孩子对大人态度的感知能力很强"，参见 Killackey, "State Education Secretary Urges High School Graduation Test"。

12 "迷惘的一代"，参见 Archer, "Bill Would Lift Required Graduation Testing"。

13 相比之下，芬兰全国只有 399 位学监，但它的面积比俄克拉何马州大，拥有 100 多万人口。请参阅 Kanervio, "Challenges in Educational Leadership in Finnish Municipalities"。

14 "萨利索高收入群体中的一员"，根据美国人口普查局提供的数据，萨利索 2006 年至 2010 年家庭收入的中等水平为 30229 美元。学监的薪酬数据来自俄克拉何马州教育部。

"但这很正常"，通常，人们不会注意教育投入的回报，尽管它是几乎所有的州预算中占比最大的投入之一。前所未有地，乌尔里希·伯泽尔（Ulrich Boser）于 2011 年对美国各学区的投入产出比进行了研究分析。报告指出，各地的差异巨大，那些教育支出最高的地区，投入产出比却很低。鉴于萨利索学区在每个学生身上投入了更少的资金，该学区的效率已经算是较高的了。欲了解更多详情，请查看该报告所附的互动图，地址：http://www.americanprogress.org/。

15 美国人对家长参与度的看法差异很大，这取决于你如何提出这个问题。但客观地说，家长的参与度是个被广泛关注的话题。2010 年《时代》杂志对 1000 名美国成年人进行民意调查的问题如下（括号中是做出肯定回答的百分比）：

你认为以下哪一项对提高学生成绩最有效？

提高家长参与度（52%）

提高教师教学质量（24%）

奖励学生（6%）

延长课时（6%）

延长考试准备期（6%）

没有回答/不知道（6%）

16 "他们在孩子学校露面的频率也已经比以往20年的任何时候都高"，参见 MetLife, *The MetLife Survey of the American Teacher*。

17 数据来自 Herrold and O'Donnell, *Parent and Family Involvement in Education, 2006–07 School Year*。

18 数据来自 Oklahoma State Department of Education, *Sallisaw Public School No Child Left Behind Act Annual Report Card 2010–2011*。

19 参见 Oklahoma High School Indicators Project, *Remediation Report, Fall 2010*。萨利索2010年毕业升入大学的学生，被编入补习班的比例为55%。俄克拉何马州整个州就读州立学院和大学的学生的补习比例为38%。2010年全国毕业生的数据尚未公布，而且将一个地区和整个国家的数据相比较是很复杂的。但作为参考，在2007—2008年，美国有约36%的大学新生参加补习课程。在两年制公立学院，约有42%的人表示自己选修了补习课程，参见 Aud et al., *The Condition of Education 2011*, Indicator 22: Remedial Coursetaking。

20 参见 Denhart and Matgouranis, *Oklahoma Higher Education*。

21 参见 Poehlman, *2011–2012 International Youth Exchange Statistics*。

22 参见 OECD, *Mathematics Teaching and Learning Strategies in PISA*。

23 美国新罕布什尔州2011级学生的表现与匈牙利和法国同级学生大致相同。有包括加拿大、日本、新西兰和芬兰在内的其他18个国家的同级学生排在美国学生前面。请参阅 Peterson et al., *Globally Challenged*。

24 参见 Lerner et al., *The State of State Science Standards: Oklahoma*。本报告对该州的理科课程标准给予 F 的评价。本报告中引用的是 2011 年更新的 Priority Academic Student Skills（PASS）理科课程标准。

25 有关门窗厂的信息，来自 Window & Door, "Therma-Tru to Close Oklahoma Manufacturing Facility"。

26 有关"蓝丝带之坡"，参见 Adcock, "Sallisaw: A Blue Town"。

第 3 章 韩国的隐形教育系统——校外辅导

1 "爱的棍棒"，在埃里克去到韩国前不久，韩国政府已经禁止体罚。这一决定颇具争议，一是校长和教育管理者们并不完全同意；二是教师们也有怨言，他们担心如果不能体罚学生，那么他们对昏昏欲睡的学生们就会束手无策。但某些类型的体罚并没有被禁止，像用所谓的"爱的棍棒"轻敲，或者做俯卧撑 20 分钟、绕操场跑。有时，更严厉的体罚方式也会重现。

一天下午，一位埃里克从未见过的年长男人走进他的教室，并叫起了早些时候制造混乱的 3 个男孩。他让他们到教室前面一字排开，让他们伸出手，手心朝下，然后用尺子轮流敲打他们的手指，埃里克说他看着这些学生不停退缩，结束后再无精打采地回到自己的座位。

在世界各地，根据全球停止体罚孩子的倡议，大约有 100 个国家明令禁止学校体罚学生，这些国家包括阿富汗、中国、芬兰、德国、瑞典、英国和波兰。到目前为止，美国还不在此列，虽然有 33 个州确实下达了体罚禁令。

更多国际相关信息，包括对受到体罚的孩子的采访，可以在以下链接中找到：http://www.endcorporalpunishment.org/。

2 数据来自韩国教育部官员，2% 是 2012 年被韩国三所顶级大学录取的所有两年和四年制大学学生所占的比例。

3 在 2011 年对 10000 名公立学校教师进行的调查中，只有 45% 的教师认为学生们会认真对待标准化考试。请参阅 Scholastic and the Bill & Melinda Gates Foundation, *Primary Sources: 2012 – America's Teachers on the Teaching Profession*。

4 在美国某些地区，做老师并不是轻松的事情，但截至 2012 年，美国并不将考试成绩当作评估教师的主要标准。某些地方，像华盛顿特区和孟菲斯，学生在一段时间内考试成绩的增长已经成为对少数教师进行评估的要素之一，其他要素还包括课堂观察等。2011 年，华盛顿特区约 6% 的教师和孟菲斯不到 2% 的教师，在学校管理层收到关于他们糟糕的评估后被解雇，数据源于 2012 年作者对这两地的教育科技部进行的采访。

5 作者于 2011 年 6 月 9 日在首尔采访了韩国教育部长李周浩。

6 参见 Lee, "The Best of Intentions", 23。

7 参见 Sorensen, "Success and Education in South Korea"。

8 "韩国的师生比是 1∶59"，参见 Cavanagh, "Out-of-School Classes Provide Edge." 现在韩国的师生比接近 1∶28。

9 参见 Seth, *Education Fever*。

10 参见 Lee, "The Best of Intentions"。

11 GDP 数据来自 Korean Culture and Information Service, *Facts about Korea*, 87。

12 参见 Kim, "Consequences of Higher Educational Expansion in Korea"。

13 明尼通卡高中的辍学率来源于明尼苏达教育部在线数据中心，2012 年 11 月获取。南山高中（埃里克的韩国高中）辍学率来源于作者 2011 年 6 月对校长的采访。为公平起见，南山高中只接收了 70% 的申请入学的学生，而明尼通卡高中必须接收辖区内的所有学生。然而，即使南山对学生有选择性，它的学生来自更贫困的家庭，约17%的学生由于父母的收入水平低而符合全额学费补助资格（这个公式很复杂，但在一般情况下，符合条件的家庭年收入约低于20000美元）。与之相比，根据美国联邦指导方针，明尼通卡高中的贫困学生率只有8%（四口之家年收入约为29000美元或以下即有资格获得免费或减价午餐）。虽然这是两种完全不同的措施，但它们给我们的粗略印象是明尼通卡高中的学生相对富裕一些。

"丰厚的薪水"，根据明尼苏达州教育部门的统计，明尼通卡高中的教师平均年收入为61000美元。根据埃里克所在的韩国南山高中校长所说，教师平均年收入约为45000美元。按同等购买力换算，这一工资水平约价值61000美元，与明尼通卡高中的教师薪酬水平相当。当然，比较教师收入的方法有很多种。在作者看来，埃里克所在两所学校的教师都能买得起相似标准的住房（尽管韩国教师的时薪低，但南山的课时和学年更长）。

14 参见 Rahn, "Student Kills Mother, Keeps Body at Home for 8 Months"; Lee, "18-year-old Murders Mom, Hides Body in Apartment"。

15 参见 Jae-yun, "Shadow of Higher Education"。

16 参见 *Korea Times*, "Education Warning"。

17 参见 Kim, "BAI Finds Several Big Loopholes in Admission System"。

18 "前5%"，参见 Barber and Mourshed, *How the World's Best-Performing School Systems Come Out on Top*, 19。值得注意的是，韩国小学教师选拔以前并不严格，多年来，教师们都是在并不出名的两年制教师学院接受培训。但在20世纪80年代初，这些教育学院成为四年制大学，开始提供更严格的培训，提高了行业地位。这段历史几乎与芬兰的故事相同，芬兰也曾将那些提供中等培训课程的学院纳入精英大学体系，参见 Coolahan, *Attracting, Developing and Retaining Effective Teachers*。这种行之有效的方法——从一开始就实行严格的培训和选拔——从未在美国得到大规模普及。

"初中教师在6个国家的联合数学测验中位列榜首"，参见 Schmidt et al., *The Preparation Gap*。

"远远胜出美国未来的教师"，李部长本人在接受《韩国时报》记者姜信武的采访时坦率证实了这一点："我们的老师比美国的更好。"

19 参见 *The Economist*, "How to be the Top"。

20 参见 Barber and Mourshed, *How the World's Best-Performing School Systems Come Out on Top*, 16。

21 "韩国教师实际进行再培训的只占不到1%"，2011年，约有750名表现不佳的韩国教师接受了为期两个月的培训，另有50名被告知要接受半年的培训。总体来说，40万教师中有800名重新接受了培训，其比例仅为0.2%。《时代》杂志驻首尔撰稿人和专业翻译斯蒂芬·金（Stephen Kim）于2011年9月从韩国教育部官员处得到了这些数字。

"有的直接拒绝接受这种再培训"，作者在首尔采访了韩国一些担心遭到报复而不愿透露姓名的教育工作者。

22 数据来自作者对李部长的采访。

23 有关教育上的科技投入，世界范围内可比较的数据非常少。它能帮助学校因材施教，因此仍存在巨大的开发利用潜能。然而迄今为止，尽管美国财政在教育上的科技投入非常大，但还没有学校因此在教育成果上有任何收益。而为本书做了贡献的美国学生均表示，他们并不怀念美国课堂上的那些高科技设备。

欲了解其他交换生对科技产品的看法，请参阅附录B和Ripley, "Brilliance in a Box."

24 参见 OECD, *PISA 2009 Results (Vol. IV)*, Table IV.3.17b。

25 参见 Yun, "My Dream Is to Reshape Korea's Education"。

26 参见 OECD, *PISA 2009 Results (Vol.IV)*, Table IV.3.17b。

第 4 章　为什么美国学生不擅长数学？

1　参见 OECD, *PISA 2009 Results (Vol. I)*。

2　参见 ACT, *Crisis at the Core*, and Hanushek et al., "Teaching Math to the Talented"。

3　参见 U.S. Department of Education, *Table B.1.71*。

4　参见 Leinwand, *Measuring Up*。这一研究发现，即使是在美国成绩最好的马萨诸塞州，对三年级学生的数学要求都低于同龄的中国香港孩子。

5　参见 ACT, *The Condition of College & Career Readiness 2011*。2011 年参加了 ACT 的高中毕业生中，只有 45% 的学生在数学方面达到了大学预科标准。该标准以在大学第一年的数学课上有 50% 的机会获得 B 或以上得分的最低分为基础。（请记住，只有一半的大学新生参加过 ACT，因此，在全国范围内，这一人群的平均水平会更低。）

6　参见 Langworth, *Churchill by Himself*, 579。

7　参见 Peterson, *Globally Challenged*, 8–9 and SciMathMN, *Minnesota TIMSS*。

8　参见 Schmidt and McKnight, *Inequality for All*。

9　参见 MSU News, "MSU Scholars Help Minnesota Become Global Leader in Math"。

10　可汗学院创始人萨尔曼·可汗（Salman Khan）在他的书《翻转课堂的可汗学院》(*The One World Schoolhouse*) 中讲述了美国学校的"烟囱效应"问题："遗传学属于生物，而概率学属于数学，尽管前者是后者的应用学科。物理学是独立于代数和微积分的学科，尽管它是代数和微积分的直接应用……我们积极但错误地将它们各自分类，使其能在规定的课时内被教授，但我们没有让学生们意识到这些学科之间的关系，这对他们的学习是不利的。"

11　参见 Boser and Rosenthal, *Do Schools Challenge Our Students*。

12 参见 Schmidt and McKnight, *Inequality for All*。

13 参见 Johnson, Rochkind, and Ott, "Are We Beginning to See the Light"。

第 5 章 芬兰教育为什么成功?

1 当作者到芬兰访问金时,想知道她对同学的印象是否会因为她所在的是皮耶塔尔萨里的普通高中,而非职业高中(内驱力不足的学生会进入这种高中)而有偏差。金不同意作者的看法并指出,她将美国选修了大学预修课程(AP)和荣誉班(honors classes)的学生与芬兰普通高中学生进行比较,仍然发现了学习态度上的差异。

无论如何,芬兰职业高中的辍学率(约 8%)仍然比美国绝大多数高中的辍学率要低得多。部分原因是受到了芬兰政府的支持,芬兰职业学校普遍比美国职业学校更受欢迎。因此,不只在金的学校,在芬兰的绝大多数学校,学生入学率都比较高。

2 参见 OECD, *Strong Performers and Successful Reformers in Education*, 238。美国很多教育改革者坚持认为,工会是美国教育成果平庸的原因。毕竟美国教师工会与政府有敌对关系的历史,多年来,某些工会领导人以数以百万计的学生为代价阻挠基本的、常识性的变革。

他们还提到,教育成果最出色的国家也有工会,但这些国家提供的证据无可辩驳地表明,教师工会是与政府一起从根本上改善整个教育系统,而不是一味地反对政府的。如果将教学变成一个知识型工人的职业,设立较高的准入标准并严格训练,这种合作是非常有可能奏效的(尚未在美国和大多数国家得到发展)。摘自 OECD, *Strong Performers*:"如同日本和芬兰,许多学生成绩好的国家也有最强的教师工会。学生成绩和工会(尤其是教师工会)的存在似乎没有任何关系,但是,有可能与教学工作专业化程度存在某种联系。"

3 作者分别于2011年和2012年亲自面谈或通过电子邮件和视频电话采访了蒂纳·斯塔拉。

4 于韦斯屈莱大学在20世纪80年代中期的录取率来自奥西·佩尔尼莱（Ossi Päärnilä），他任职于于韦斯屈莱大学人文学院，并应作者的请求亲自研究了历史录取率。录取率的不同取决于学生们对学校和专业的选择，但芬兰大多数师范类学校或专业的录取率均在5%—20%。

5 参见 U.S. News and World Report, "College Ranking Lists"。

6 参见 Walsh, Glaser, and Wilcox, *What Education Schools Aren't Teaching About Reading and What Elementary Teachers Aren't Learning*。

7 参见 Jauhiainen, Kivirauma, and Rinne, "Status and Prestige through Faith in Education," 269。

8 参见 OECD, *Improving Lower Secondary Schools in Norway 2011*。

9 参见 Afdal, "Constructing Knowledge for the Teaching Profession"。

10 参见 U.S. Department of Education, *Table B.1.70*。相对于其他国家排名前25%的学生来说，挪威表现最优秀的学生在数学上排名第20位。

11 作者于2012年通过电话和电子邮件采访了斯科特·贝瑟尔。

12 参见 Oklahoma Commission for Teacher Preparation, *Teacher Preparation Inventory 2012*。

13 参见 Koedel, "Grading Standards in Education Departments at Universities"。

14 "录取率高达75%"，参见 Northeastern State University, *Fact Book: Academic Year 2010-2011*。该大学没有提供可追溯到贝瑟尔入学时的历史录取率。

"普遍低于全国ACT考生的平均水平"，参见 Northeastern State University, *Fact Book: Academic Year 2010-2011* 和 ACT, *2010 ACT National and State Scores*。2010年，美国东北州立大学招收的新生的ACT平均分为

20.1，而美国全国的平均分为 21。（2010 年俄克拉何马州学生的 ACT 平均分为 20.7。）

15　对于本项研究的总结及对于如何提高教师素质的其他见解，请参阅 Walsh and Tracy, *Increasing the Odds*。

16　参见 Greenberg, Pomerance, and Walsh, *Student Teaching in the United States*。在美国，每年约有 186000 名新毕业的教师，约有 77000 名确实参与到了教学工作中。

17　参见 Simola and Rinne, "PISA Under Examination" 和 Landers, "Finland's Educational System a Model for Dallas"。

18　参见 Aho, Pitkänen, and Sahlberg, *Policy Development and Reform Principles of Basic and Secondary Education in Finland Since 1968*。

19　参见 Jauhiainen, Kivirauma, and Rinne, "Status and Prestige Through Faith in Education," 266–267。

20　参见 OECD, *Stronger Performers and Successful Reformers in Education*, 117-135："大学领导最初反对教学不仅仅是半专业化的论调，并担心其他半专业化的工作如护理和社会工作等的培训项目也会要求获得进入大学的资格。他们真正担心的是，师范专业的进入会稀释大学的学术标准，使大学的声望下降。然而，随着时间的推移，当大学师范专业课程设计完成和建立后，这些担忧并没有成为现实。"

21　公平地说，其他作者，其中也有一些芬兰人，批评过芬兰这种自上而下的中央集权阶段，认为这是完全错误的。他们认为之后赋予学校和教师更多自主权的措施是芬兰教育取得成功的关键原因，同时建议其他国家立即进入该阶段。

然而，芬兰那些经验丰富的教师和改革者告诉作者，先后经历这两个阶段是很有必要的。在自上而下的中央集权时期，更严格的教师培训计划建立，促使芬兰在 20 世纪八九十年代顺利进入放权阶段。如果没有先前提高底线的措施,教育系统就失去了放权需要的信任基础。

教育改革家、芬兰教育评估委员会成员,也曾是教师的伊尔梅利·哈利宁(Irmeli Halinen)在2011年接受采访时说:"这很难预料,我认为在第一阶段,加强各方的合作将会非常困难,但人们必须学会合作。政府必须学会信任教师,教师也要学会信任政府。建立相互信任是一个缓慢的过程,我认为我们在20世纪70年代初还没有准备好。"

22 参见 Jordan, "A Higher Standard"。

23 同上。

24 2012年,地方标准提高,罗得岛大学教育学院的少数族裔学生占9.24%,略高于之前四年制大学平均8.8%的比例。当然,这一比例可能会改变,但它是初期令人充满希望的信号——提高标准并不一定导致教学队伍里的白人更多。罗得岛大学的范士丹教育与人类发展学院院长亚历山大·西多尔金(Alexander Sidorkin)于2012年12月向作者提供了2008—2012年的数据图表。

25 参见 August, Kihn, and Miller, *Closing the Talent Gap*。1999年,约有23%的美国新教师的SAT或ACT成绩位列所有大学毕业生的前三分之一。高贫困率学校只有14%的教师分数位列全国前三分之一。

26 参见 National Council on Teacher Quality, "It's Easier to Get into an Education School Than to Become a College Football Player"。

27 关于美国东北州立大学现在和过去的录取要求,详细信息来自现行政策回顾、自1990年以来师范类项目的录取要求清单以及与于1985年加入东北州立大学任教的前教育系主任凯·格兰特(Kay Grant)的电子邮件交流。

28 参见 U.S. Department of Education, *Table 135*。

29 参见 Schmidt and McKnight, *Inequality for All*。

30 参见 Johnson, *Oklahoma Teacher Education Programs Under the Microscope*。

31 参见 Education Trust, "Not Good Enough"。

32 参见 Center for Research in Mathematics and Science Education, *Breaking the Cycle*。综合报告里的一句话值得在这里引用强调:"从国际上来看,美国未来的教师接受的数学培训正变得越来越简单,也越来越胜任不了数学课程的教学任务,对于中学来说,尤其如此。"

33 参见 Wang et al., *Preparing Teachers Around the World*, 21–23。欲了解更多美国教学有关的详细信息,请参阅 Greenberg, Pomerance, and Walsh, *Student Teaching in the United States*。

34 和其他需要大学学历的职业相比,2010 年,西班牙教师的收入高于所有接受调查的其他发达国家教师,包括德国、芬兰、法国、韩国、波兰和美国,参见 OECD, *Building a High-Quality Teaching Profession*, 13。

35 参见 Poehlman,*2011–2012 International Youth Exchange Statistics*。

36 作者第一次知道埃莉娜的故事是在报纸上读到的。(请参阅 Gamerman, "What Makes Finnish Kids So Smart"。)为了了解更多信息,作者找到了她,并分别于 2010 年和 2012 年采访了她。

37 参见 Boser and Rosenthal, *Do Schools Challenge Our Students*。

38 此次调查的详细信息详见附录 B。有些结果在布朗教育政策中心(Brown Center on Education Policy)10 年前对教育政策进行的调查中也有所体现。该研究所采用的学生样本更大,所以结果可能会更有说服力。总之,洛夫莱斯调查了 368 名外国交换生和出国交换的 328 名美国学生。这两组样本中,大多数人一致认为,他们在美国的课程比较容易。请参阅 Loveless, *How Well Are American Students Learning? With Special Sections on High School Culture and Urban School Achievement* 和 Loveless, *How Well Are American Students Learning? With Sections on Arithmetic, High School Culture, and Charter Schools*。

第6章　为什么韩国学生都拼命学习？

1　参见 Borgonovi and Montt, "Parental Involvement in Selected PISA Countries and Economies"。参与家长调查的国家和地区分别是克罗地亚、丹麦、德国、中国香港、匈牙利、意大利、韩国、立陶宛、中国澳门、新西兰、巴拿马、葡萄牙和卡塔尔。由于美国和其他国家选择不参与本次调查，我们不能确定这些信息是否也适用于这些国家。但有趣的是，我们在这13个地理位置等情况迥异的国家中，发现了一些规律。

关于这个调查的更通俗易懂的报告，参见 OECD, *Let's Read Them a Story*。

2　参见 Borgonovi and Montt, "Parental Involvement in Selected PISA Countries and Economies", Table 3.1b。具体来说，父母们被提问是否在过去的一学年里参加过孩子的课外活动，如读书会、校园剧、运动会或郊游。

3　同上，18。

4　参见 Henderson and Mapp, *A New Wave of Evidence* 和 Dervarics and O'Brien, *Back to School*。

5　欲了解更多有关表扬的危险和自尊教养运动（和家长可以做些什么改变的具体的想法）的信息，请参阅 Bronson and Merryman, *Nurture Shock* 和 Seligman et al., *The Optimistic Child*。

欲了解更多关于亚裔美国人和欧裔美国人教养方式之间的差异，请参阅 Chao, "Chinese and European American Mothers' Beliefs about the Role of Parenting in Children's School Success"。

另请参阅 Parmar, "Teacher or Playmate", 这是2008年的一项针对孩子在同一所幼儿园里的美国亚裔和欧裔高学历父母的研究。该研究显示，亚洲和欧洲父母陪孩子的时间以及让孩子看电视的时间也大致相同，但父母陪孩子所做的事情不同。亚洲父母每星期花3个多小时陪孩子学习字母和数字、玩字母和数字游戏、去图书馆，而欧洲父母每周只花20分钟陪孩子从事这些活动。

6　参见 Borgonovi and Montt, "Parental Involvement in Selected PISA Countries and Economies", Table 3.1b。13个国家和地区的家长被问及在过去的一学年是否参加了当地学校的管理（如家长会或学校管理委员会）时，只有不到三分之一的家长表示参加过。那些父母参与了学校管理的孩子的阅读得分，显著低于那些父母没有参与管理活动的孩子。

7　对家长作为教练的有趣分析，请参阅 Chao, "Beyond Parental Control and Authoritarian Parenting Style"。

8　卡罗尔·亨特辛格（Carol Huntsinger）和她的同事曾就华裔美国孩子的父母教养方式和学习成果进行仔细研究。请参阅 Huntsinger and Jose, "Parental Involvement in Children's Schooling"。

9　"教练型家长并不一定有高收入或是高学历，也并不一定是亚洲人"，有个显而易见的问题是，芬兰父母究竟更接近韩国还是美国父母？这很难采集到相关的对比数据，许多芬兰人私下表示，在他们国家，"玩"是基础教育的首要目标。然而，"玩"的意思有很多种，有些形式的"玩"也能让孩子同时学习和成长，而有些形式则不是如此。有证据表明，与美国不一样，让孩子完全无组织地玩乐并不是芬兰幼儿教育的核心（Hakkarainen, "Learning and Development in Play"）。作者的感觉是，芬兰人并不刻板，也不像韩国父母那样有竞争力，但一般来说，他们在家和在学校有更全面的教育方法。也就是说，芬兰和韩国都注重的自立、谦逊和直接沟通的方式可能会使许多美国父母感到不舒服。作者怀疑，韩国和芬兰家长对于孩子的能力以及对孩子如何能做得更好等方面的微妙暗示可能相似，而且值得更进一步的研究。

"即使是欧美父母，如果表现得更像教练，往往也能培养出更聪明的孩子"，参见 Huntsinger et al., "Mathematics, Vocabulary, and Reading

Development in Chinese American and European American Children over the Primary School Years", 758。

10 参见 OECD, *PISA in Focus No. 10*。

11 参见 OECD, *Let's Read Them a Story, Chapter 5*。

12 参见 Dweck, "Caution—Praise Can Be Dangerous"。

13 安德烈亚斯·施莱歇尔在 Friedman, "How about Better Parents" 中的论断。

14 参见 Lemov, *Teach like a Champion*。

15 参见 Mandara, "An Empirically Derived Parenting Typology"。

16 作者于 2011 年 9 月 7 日采访了露丝·赵。

17 这种差异能通过数据看到，也来自作者的亲身体验。当作者访问芬兰和韩国时，很明显，这两个地方都有各自的问题。但去那两个国家考察，就像以后备球员的身份旁观一场职业足球赛，同一种比赛，但他们的一切都显得更流畅、合规。无孔不入的严谨性已经将他们的水平提升到了更高层次。

18 参见 OECD, *Strong Performers and Successful Reformers in Education*。这份报告在第 231 页阐述了这种差异："许多国家宣称他们以下一代为本，非常重视教育。比较出真知……我们在进行对比的时候，一个团体在体育比赛中的排名和他们在学生学习成绩排名表上的位置，哪一个更重要？家长更倾向于鼓励子女花更多时间、付出更多努力在学习上，还是希望他们花更多时间跟朋友相处或运动？"

19 "在美国，体育运动是学生生活和校园文化的核心"，体育在美国校园的中心地位是亟待人们进一步研究的谜。我们通过 2009 年的 PISA 数据知道，有 98% 的美国中学将运动作为一项课外活动，相比之下，芬兰只有 71%。不过，我们不理解这种差异为什么会影响孩子的生活。近年的某次调查和 10 年前对交换生进行的一次调查，在体育方面达成了类似的共识：有 80% 的交换生认为，与其他国家的学生相比，在运动方面表现良好对他们的美国朋友更重要。（请参阅 Loveless, *How Well Are American Students Learning? With Special Sections on High School Culture and Urban School Achievement* 和 Loveless, *How Well Are American Students Learning? With Sections on Arithmetic, High School Culture, and Charter Schools*。）这些报告还指出，运动和学习这两者对学校和学生来说是可以同时兼顾的，它们相互间并不排斥，运动员当然也可以是学者。然而，对体育运动的提倡是如何降低学业在所有美国学生心中的地位的，这一点很难弄清（值得注意的是，其中绝大多数学生并不是，也永远不会成为真正的运动员）。欲了解更多有关运动和学业之间的权衡，请参阅 Conn, "In College Classrooms, the Problem is High School Athletics"。

"体育上所花的时间仍然比韩国学生多一倍"，参见 Won and Han, "Out-of-School Activities and Achievement Among Middle School Students in the United States and South Korea"。

20 关于作者于 2012 年 5 月 27 日通过电子邮件与蒂纳·斯塔拉老师进行了交流。

21 塞缪尔·鲍尔斯（Samuel Bowles）和赫伯特·金蒂斯（Herbert Gintis）等马克思主义社会经济学家开始研究人的个性如何影响收入，他俩写了一本书，《资本主义美国的学校教育》（*Schooling in Capitalist America*）。这本书加速了 20 世纪八九十年代和 21 世纪初，由芝加哥大学的詹姆斯·赫克曼（James Heckman）和宾夕法尼亚大学安吉拉·李·达克沃斯（Angela Lee Duckworth）及其他学者组织的针对各种非认知技能进行的研究。

22 参见 Duckworth and Seligman, "Self-Discipline Outdoes IQ in Predicting Academic Performance of Adolescents"。

23 参见 Almlund et al., "Personality Psychology and Economics"。

24 参见 Boe, May, and Boruch, *Student Task Persistence in the Third International Mathematics and Science Study*。

25 参见 May, Duckworth, and Boe, *Knowledge vs. Motivation*。

26 参见 Almlund et al., "Personality Psychology and Economics"。

第7章 波兰教育提升的秘密——延迟分流

1 想要了解布雷斯劳战役的更多详细信息以及这座城市的前后历史，请参阅 Davies and Moorhouse, *Microcosm*。

2 参见 Kamm, "The Past Submerged"。

3 评定儿童是否贫困是一项复杂的工作。评定方法有多种，但没有一种是完美的。在这种情况下，作者选择使用 LIS 对世界各地的贫困水平进行调查后的分析报告。以报告中的标准来衡量，如果孩子所生活的家庭总收入低于所在国家家庭收入中等水平的50%，就被认为是贫困。

波兰的最新数据是2004年的，这意味着它没有反映从2007年年底开始的全球经济衰退带来的影响。尽管如此，LIS 数据集是作者发现的唯一一个能让她对芬兰、美国、韩国和波兰儿童贫困情况进行比较的数据集。2004年，约16%的波兰儿童生活在贫困之中。同年，美国有近21%的儿童生活在贫困中。

值得一提的是，经合组织对世界各地学生的 ESCS 指数进行分析后发现，还有一些不同于以收入为基础的贫困衡量标准。更全面地考虑到父母的教育程度、职业以及家中书籍和电脑的数量，排除其他因素外，在2009年，15岁的波兰孩子中有21%的贫困生，与之相比，美国则为10%。请参阅 OECD, *PISA 2009 Results (Vol. I)*, Table 1.2.20。

4 参见 UNICEF, *Child Poverty in Perspective*, 2–4。

5　"平均得分暴涨了 29 分"，数据来自 PISA International Data Explorer，于 2012 年 12 月获取。

"多装了四分之三个学年里能学到的知识"，参见 OECD, *The High Cost of Low Educational Performance*, 3。

6　参见 Czajkowska, "Kids Revolt"。

7　作者于 2012 年 4 月 16 日采访了米罗斯瓦夫·汉德克，由朱斯蒂娜·雅布隆斯卡（Justine Jablonska）担任翻译。

8　参见 Mourshed, Chijioke, and Barber, *How the World's Most Improved School Systems Keep Getting Better*。

9　参见 OECD, *PISA 2009 Results: (Vol. IV)*。

10　参见 Mourshed, Chijioke, and Barber, *How the World's Most Improved School Systems Keep Getting Better*。

11　信息来自作者对汉德克的采访。

12　参见 Kruczkowska, "Reform Without Miracles"。

13　参见 Kalbarczyk, "Against Gymnasium"。

14　作者于 2011 年 5 月 18 日对耶日·维希涅夫斯基进行了采访。

15　信息来自作者对汉德克的采访，以及 Catholic Information Agency, "Gniezno"。

16　参见 Kaczorowska, "The New Need to Improve"。

17　参见 Rich, "Minister Who Got His Sums Wrong Is Forced to Quit"。

18　信息来自作者对维希涅夫斯基的采访。

19　参见 OECD, *Strong Performers and Successful Reformers in Education*, 225。

20　参见 OECD, *Learning for Tomorrow's World*, 81, 281。

21　参见 OECD, *PISA 2009 Results (Vol. IV)*, Table IV.3.21b。截至 2007 年，波兰为 6—15 岁参加 PISA 的学生每人花费了约 39964 美元；与此同

时，美国的花费约为 105752 美元。

22 需要了解阅读部分的具体测试结果，请参阅 OECD, *PISA 2009 Results (Vol. II)*, 152；需要了解数学的具体结果，参见 U.S. Department of Education, Table B.1.70。

23 参见 OECD, *Education at a Glance 2012*, Table A2.1。

24 2000—2009 年，美国学生的数学和阅读成绩基本保持不变；与 2006 年相比，2009 年科学成绩稍有提高，大约达到了发达国家的平均水平。参见 OECD, *Strong Performers and Successful Reformers in Education*, 26。

25 参见 OECD, *Strong Performers and Successful Reformers in Education*。

26 参见 OECD, "The Impact of the 1999 Education Reform in Poland"。

27 同上。

28 同上。

29 参见 Hanushek and Woessmann, *Does Educational Tracking Affect Performance and Inequality?*

30 关于实用班的情况，作者采访了葛底斯堡高中的校长马克·布兰查德及其他教师。

31 参见 Schmidt and McKnight, *Inequality for All*。"教师、校长、学监和学校董事会成员可以切实、毫无压力地看到他们赞同的分流政策实施……（事实上）背后是不为人知的数百万孩子希望的破灭。"

32 参见 Hancock, "Why Are Finland's Schools So Successful"。

33 参见 PISA In Focus No.6 以及 2009 年 PISA 数据集。

34 参见 U.S. Department of Education, Education Dashboard。

35 参见 Tucker, *Surpassing Shanghai*。

36 参见 OECD, *Strong Performers and Successful Reformers in Education*, 32。学生与教师比例并不一定能代表教学质量，但确实代表了消费能力和国家的价值观。

37 在2012年春季和夏季，作者分别通过面谈和电子邮件的方式采访了布兰查德本人。

38 参见 Boser, *Return on Educational Investment*。

39 信息来自作者对布兰查德的采访。

40 对于工人这一职业发生了什么变化的案例研究，请参阅 Davidson, "Making It in America"。

41 宾夕法尼亚州的测试（PSSA）缺乏严格性和难度已经得到证实，即有78%的八年级学生数学测试结果为"熟练"，但在NAEP测试中只有39%的学生测试结果为"熟练"。

42 参见 Pennsylvania Department of Education, "SAT and ACT Scores"。

43 "与葛底斯堡学生人均11000美元相比"，参见 OECD, "Country Statistical Profile: United States"，学生人均教育支出：非高等教育。此外，校长布兰查德估计，葛底斯堡学生2012年人均花费约11000美元。

"斯堡卡和波兰其他校长每年花在每个学生身上的费用平均仅为4681美元"，参见 OECD, "Country Statistical Profile: Poland"，学生人均教育支出：非高等教育。

44 2011年5月20日作者采访了乌祖拉·斯堡卡，由马特乌什·科尔纳茨基（Mateusz Kornacki）担任翻译。

45 对于一个国家的教育从不好到一般，从一般到优秀，从优秀到卓越这些阶段改革的精彩且深入的分析，请参阅 Mourshed, Chijioke, and Barber, *How the World's Most Improved School Systems Keep Getting Better*。该报告包括波兰及其他19个国家教育发展轨迹的详细评估，阐明了按先后顺序进行改革的重要性。

第8章 在芬兰，生活与教育是可以共存的

1 对金情绪低落的描述是基于她的博客文章："我发誓，在我的脑子里，一个是吃着冰激凌蜷缩着、抱着一盒面巾纸看爱情喜剧的人，另一个是系紧战靴、眼睛下面刷上一道厚重的黑色油膏、在努力寻找最新的方式告诉别人'我发誓我的情绪很稳定，让我证明给你看'的人。"

2 参见 *Time*, "Northern Theatre: Sisu"。

3 有关芬兰大学入学考试的详细信息来自 Sahlberg, *Finnish Lessons* 以及作者对芬兰教育工作者的采访。

4 参见 OECD, *Strong Performers and Successful Reformers in Education*, 256。

5 参见 Kupiainen, Hautamaäki, and Karjalainen, *The Finnish Education System and PISA*, 22。

6 "很多州安排有各式各样的毕业考试"，参见 Center on Education Policy, *State High School Exit Exams*。截至 2012 年，美国有 25 个州有毕业考试，这一政策对美国公立学校 70% 的学生产生了影响。

"但是学生根本无须投入'sisu'就可以轻而易举地通过这些考试"，同上。在大多数国家都有毕业考试，考试的目的不是衡量学生对工作或大学的准备程度，而且大学也并没有将这些考试的结果作为录取参考。高中最后一年，在大多数国家，那些考试不及格的学生可以补考 4—6 次。美国有 22 个州允许学生通过参加另一种考试、完成一个项目、提交自己的作品集或请求豁免来代替毕业考试。在很多州，反对考试的呼声很高。批评的声音通常来自教师工会，还有为有特殊需求的学生发起的倡议。

7 关于纽约州高中毕业会考，参见 Winerip, "Despite Focus on Data, Standards for Diploma May Still Lack Rigor"。

8 为了毕业，纽约学生需要参加 5 科高中会考，每科持续 3 小时，

总共 15 小时（而芬兰考试时间总计约 50 小时）。

9　参见 OECD, *Learning for Tomorrow's World*, Figure 3.2。

10　同上，Figure 3.6。

11　参见 OECD, *Education at a Glance 2011*, Table A5.2。

12　"美国非洲裔学生的得分平均比白人学生低 84 分"，参见 Fleischman et al., *Highlights From PISA 2009*, 14。

"白人学生也像比非洲裔学生多上了两年课一样"，参见 OECD, *Let's Read Them a Story*, 31。一般情况下，在 PISA 测试中获得 39 分相当于接受了一年的正规学校教育。

13　参见 Magnuson and Waldfogel, eds. *Steady Gains and Stalled Progress*。

14　参见 Homel et al., "School Completion"。

15　参见 Peterson et al., *Globally Challenged*。

16　参见 Hanushek, Peterson, and Woessmann, *U.S. Math Performance in Global Perspective*, 17。

17　参见 Fleischman et al., *Highlights from PISA 2009*, 14。

18　参见 OECD, *Education at a Glance 2011*, Table A5.2。

19　参见 Rothwell, *Housing Costs, Zoning, and Access to High Scoring Schools*。

20　参见 Aud, Fox, and KewalRamani, *Status and Trends in the Education of Racial and Ethnic Groups*。

21　参见 Orfield and Lee, *Historic Reversals, Accelerating Resegregation, and the Need for New Integration Strategies*。

22　参见 OECD, *Strong Performers and Successful Reformers in Education*, 159–176。

23　参见 OECD, *International Migration Outlook 2012*, Table A.1。

24　参见 Tauber, *Classroom Management*。

25　在世界各地开展的有关特殊教育的研究极不理想。各地（有时在同一国家的不同地区）以不同的方式定义孩子们的特殊需求。因此，难以进行有意义的比较。

大多数发达国家参加 PISA 测试的学生中，都有部分接受过特殊教育，但在 2003 年，他们占全球总样本的比例只有约 1.4%。此处也一样，不同的对特殊教育的定义使得我们无法对数据进行比较。（欲了解更多关于 PISA 的数据和特殊教育，请参阅 OECD, *Students with Disabilities*。）

我们知道，大多数国家似乎正趋近芬兰模式，逐渐停止把有特殊需要的孩子隔开接受特殊教育的做法，而是将这些学生归入普通班级，并对教师进行培训，鼓励因材施教。

事实上，尽管芬兰在这方面可能领先世界，但客观地说，美国比很多教育出色的亚洲国家都领先。根据美国教育部的统计数据，在美国，约有 95% 的这类学生都在普通学校接受特殊辅导。

另一方面，在韩国这个高压锅内，有特殊需要的孩子及其家庭往往会被忽略或贬低。他们在"小铁人"竞争中获胜的机会不大，所以他们被边缘化了。权洙贤（Hyunsoo Kwon）于 2005 年发表于《国际残疾人发展与教育杂志》(*International Journal of Disability, Development & Education*)的文章中说："人们经常将有特殊需要的学生视为难对付的、不负责任的、不适应社会生活和无能的代名词。"高中生金颂儿（Kim Song-ah）在《韩国时报》上说，虽然需要特殊辅导的学生每天也会参加一部分普通课程的学习，"但没有人（包括同学和老师）真正关心他们的存在……坦率地说，我们都无动于衷"。根据韩国教育科技部提供的信息，2007 年，只有不到 1% 的韩国学生接受过特殊教育服务，超过三分之一的人转入了特殊学校。

讽刺的是，被归为需要特殊辅导的孩子占比越高，这个国家的制度似乎就越公平。但是，被贴上这样的标签后，孩子们一定要继续留在正常的班级，让训练有素的、能满足不同孩子的不同需求的教师来教导。

这种模式与一种在国际上很多相关研究中都能找到的观点相呼应：在世界各地，将不同能力和背景的孩子聚集在同一个教室，往往会让教室里每一个人的表现都有所提升。

26 "接受特殊教育的孩子占比最高的国家之一"，参见 Kivirauma and Ruoho, "Excellence Through Special Education"。

27 "四分之一的芬兰学生"，参见 Official Statistics of Finland, *Special Education*。

"八分之一的美国学生"，参见 U.S. Department of Education, *Digest of Education Statistics, 2010: Table 45*。

28 "没有任何优势可言"，参见 Ripley, "What Makes a Great Teacher"。

29 关于芬兰学生家长对移民学生的看法，参见 Lyytinen, "Helsinki Parents at Pains to Avoid Schools with High Proportion of Immigrants"。

30 "约 11% 就读于私立学校"，参见 U.S. Department of Education, *Digest of Education Statistics, 2010: Table 3*。

"要比发达国家总体的平均值低"，参见 OECD, *Education at a Glance 2011*, Table C1.4。

31 "私立学校没有起到立竿见影的作用"，参见 OECD, *Strong Performers and Successful Reformers in Education*, 47。

32 "大约四分之三的孩子就读的学校会以各种方式来争夺生源"，同上，45–46。

第 9 章 年薪 400 万美元的老师

1 作者于 2011 年 6 月 7 日在首尔对安德鲁·金进行了采访。虽然无法证实他的薪水数额，但这一数值的确在韩国最成功的辅导学院教师的收入范围内。

2 参见 Statistics Korea, *The 2010 Survey of Private Education Expenditure*。

3 参见 Lee, "Private Education Costs Fall for 2nd Year"。

4 参见 Yoon, "Foreign Investors Eye Education Market"。

5 参见 National Council on Teacher Quality, *Teacher Quality Roadmap*, 12。接受本次调查的洛杉矶教师中，最近被聘用的教师中只有 13% 的人在面试时被要求试讲。

6 参见 U.S. Department of Education, *Table 8*。

7 参见 Kim and Su-ryon, "Students Rely on Hagwon More Than Public Schools"。

8 参见 Choi, Calero, and Escardíbul, *Hell to Touch the Sky*。

9 参见 OECD, *Quality Time for Students*, 14。平均而言，高得分国家的学生课后补习以及自学所花费的时间更少。

10 参见 Kang, "67 Percent of Private Cram Schools Overcharge Parents"。

11 参见 Na, "Cram Schools Turning to NEAT to Boost Revenue"。

12 参见 Arenson, "South Korea"。

13 参见 Kang, "67 Percent of Private Cram Schools Overcharge Parents"。

14 参见 Chae, Hong, and Lee, "Anatomy of the Rank Structure of Korean Universities"。

15 参见 OECD, "Child wellbeing Module—CO4.1"。

16 参见 OECD, "Suicides", 2010。

17 作者于 2011 年 6 月 8 日采访了车炳哲，另参见 Ripley, "Teacher, Leave Those Kids Alone"。

18 参见 Na, "Bounty Hunters"。

第 10 章　严格教育的力量

1　参见 Manyika et al., *An Economy that Works*, 2。

2　作者无法在书中高度还原保拉·马歇尔说的那些生动的故事。想要了解更多关于她如何从一个十几岁的妈妈成长为百麦 CEO 的故事，请参阅她的书《甜如派，坚如钉》(*Sweet as Pie, Tough as Nails*)。

3　参见 Eger, "www.school.com"。

4　俄克拉何马州众议院 2755 号法案，题为"从自由走向成功法案"（Freedom to Succeed Act）。

5　参见 Greene, "Graduation Testing Bill Advances"。

6　参见 Rolland and Pemberton, "Raising Bar for Final Tests Leaves Some Feeling Worry"。

7　截至 2012 年 9 月，俄克拉何马州教育部门官员这样估计。

8　关于芬兰大学入学考试的更多英语信息，可点击以下链接找到：http://www.ylioppilastutkinto.fi/en/index.html。该网站的芬兰语版本记录了从 2010 年起的未通过率，由蒂纳·斯塔拉翻译。

9　参见 Archer, "Owasso Board Joins High-Stakes Testing Protest"。

10　参见 World Economic Forum, *The Global Competitiveness Report 2012–2013*。

11　参见 Helliwell, Layard, and Sachs, eds, *World Happiness Report*。

12　参见 Miliband, "On Social Mobility"。

13　参见 Rolland, "National Group's Plan to Be Used"。

14　参见 Ripley, "What Makes a Great Teacher"以及作者于 2009—2012 年进行的采访。

15　作者于 2013 年 4 月 9 日采访了华盛顿巴斯学校的联合创始人奥尔佳·布洛克（Olga Block）和迈克尔·布洛克（Michael Block）。

16　参见 America Achieves, *Middle Class or Middle of the Pack*。

附录 A 如何发现世界一流的学校

1　有关班级平均人数，参见 Rotherham, "When It Comes to Class Size, Smaller isn't Always Better"。

2　参见 Bill & Melinda Gates Foundation, *Learning About Teaching*。

3　参见 Collins, *Good to Great*。

4　参见 Moskowitz and Lavinia, *Mission Impossible*。

附录 B　AFS 国际文化交流组织学生体验调查

1　参见 Poehlman, *2011–2012 International Youth Exchange Statistics*。

2　参见 Bill & Melinda Gates Foundation, *Learning About Teaching*。

3　关于布鲁金斯研究所，参见 Loveless, *How Well Are American Students Learning? With Special Sections on High School Culture and Urban School Achievement* 和 Loveless, *How Well Are American Students Learning? With Sections on Arithmetic, High School Culture, and Charter Schools*。

4　参见 Hanushek, Peterson, and Woessmann, "Teaching Math to the Talented", 12。

5　参见 Loveless, *How Well Are American Students Learning? With Special Sections on High School Culture and Urban School Achievement* 和 Loveless, *How Well Are American Students Learning? With Sections on Arithmetic, High School Culture, and Charter Schools*。

6　参见 Hofferth, "Changes in American Children's Time, 1997–2003"。

7　参见 Henderlong and Lepper, "The Effects of Praise on Children's Intrinsic

Motivation"。

8　这个问题的灵感部分来源于"三脚架调查"所采用的问题。"三脚架调查"是由哈佛大学罗纳德·弗格森设计，被盖茨基金会用于进行有效教学测评项目的研究和分析（请参见 Bill & Melinda Gates Foundation, *Learning About Teaching*）。当然，我们并不是想复制此调查，只是其中某些问题能很好地帮助受访者评估数学课的相对严格性。

9　同上。